本教材出版受到西安文理学院历史文化旅游学院
旅游管理国家级一流本科专业建设经费资助

旅游产品设计实训教程

杨 瑞 主编

图书在版编目(CIP)数据

旅游产品设计实训教程 / 杨瑞主编. — 西安：西安交通大学出版社，2022.9(2024.7 重印)
ISBN 978-7-5693-2766-3

Ⅰ.①旅… Ⅱ.①杨… Ⅲ.①旅游产品-产品设计-教材 Ⅳ.①F590.7

中国版本图书馆 CIP 数据核字(2022)第 160011 号

书　　名	旅游产品设计实训教程
	LÜYOU CHANPIN SHEJI SHIXUN JIAOCHENG
主　　编	杨　瑞
责任编辑	王建洪
责任校对	郭　剑
封面设计	任加盟
出版发行	西安交通大学出版社 (西安市兴庆南路 1 号　邮政编码 710048)
网　　址	http://www.xjtupress.com
电　　话	(029)82668357　82667874(市场营销中心) (029)82668315(总编办)
传　　真	(029)82668280
印　　刷	西安日报社印务中心
开　　本	787mm×1092mm　1/16　印张 13.125　字数 312 千字
版次印次	2022 年 9 月第 1 版　2024 年 7 月第 3 次印刷
书　　号	ISBN 978-7-5693-2766-3
定　　价	39.80 元

发现印装质量问题，请与本社市场营销中心联系。
订购热线：(029)82665248　(029)82667874
投稿热线：(029)82665379　QQ：793619240
读者信箱：xj_rwjg@126.com

版权所有　侵权必究

前言

《旅游产品设计实训教程》为旅游管理本科专业"旅游产品设计"课程的配套教材,受西安文理学院旅游管理国家级一流本科专业建设经费资助,是2018年教育部高等教育司第二批产学合作协同育人项目和陕西省"十三五"教育科学规划课题的重要研究成果。本教材是"旅游产品设计"课程教学改革的研究成果,经过多年课程教学实践积累而成,改变了以往教材重理论而缺乏实训案例与标准的现状。同时,本教材基于立德树人的育人理念,将习近平总书记文化和旅游融合发展重要论述、大学生社会实践重要讲话,以及"十四五"文化和旅游发展规划等思政内容纳入教材,做到知识传授、价值塑造和能力锻炼三者融为一体,注重培养学生的文化自信、职业素养和实践精神。

全书分为旅游产品设计基础、一日游产品设计实训和创新主题游产品设计实训三个部分,共五个实训项目。全书各篇均提供教学内容说明和项目实训指导说明、学生能力要求及学时分配,便于教师组织开展教学活动。本书所有案例来自专业旅游网站的产品库,紧跟旅游新产品发展趋势,并附有翔实的案例分析和实训步骤,便于师生掌握和参考。本实训教材可以培养和训练学生旅游产品综合分析能力、产品设计能力、活动策划能力、团队组织能力、文案写作能力等,对于提升旅游管理专业学生综合素质具有重要作用。

本教材三个部分内容之间的关系是:第一篇旅游产品设计基础部分主要通过对旅游产品相关知识的阐述及旅游网站国内游、出境游、主题游产品形态的分析,使学生掌握旅游产品设计的原则与方法,了解我国各类旅游产品设计最新动态,从而为创新主题游产品的自主设计打下坚实的基础;第二篇一日游产品设计实训部分则根据教学的实际情况,组织学生分组完成一日游产品方案的设计、组织、协调、实施和总结的全过程,让学生在实践中反思总结旅游产品设计各环节,通过产品方案的前后对比真正理解旅游产品设计的基本原则和方法;第三篇创新主题游产品设计实训部分是基于学生对前两个部分理论和实践内容的理解和掌握,通过对主题游市场的调研和分析,设计出符合市场需求、具有创新性的主题游产品,并能对产品进行包装展示,全面提升学生的专业素养。三个部分内容按照旅游产品设计流程和学生认知规律,从理论到实践,以项目任务为主线,做到了内容之间的相互衔接和相辅相成。

  本教材按照"旅游产品设计"课程标准64课时设计,适合项目化教学以及过程考核的课程教学模式。

杨 瑞

2022 年 7 月

目录

第一篇 旅游产品设计基础

第一章 旅游产品设计理论 …………………………………… (008)

第一节 旅游产品概述 ………………………………………… (008)
一、旅游产品的概念 …………………………………………… (008)
二、旅游产品的特征 …………………………………………… (010)
三、旅游产品设计内容 ………………………………………… (011)

第二节 旅游产品类型 ………………………………………… (012)
一、空间尺度 …………………………………………………… (012)
二、运动轨迹 …………………………………………………… (012)
三、空间分布形态 ……………………………………………… (014)
四、组织形式 …………………………………………………… (017)
五、旅游目的 …………………………………………………… (018)

第三节 旅游产品设计原则与步骤 …………………………… (018)
一、旅游产品设计的原则 ……………………………………… (019)
二、旅游产品设计步骤 ………………………………………… (031)

第四节 旅游产品市场调研 …………………………………… (037)
一、市场环境分析 ……………………………………………… (037)
二、资源与设施分析 …………………………………………… (038)
三、问卷设计 …………………………………………………… (039)
四、市场需求分析 ……………………………………………… (042)
五、市场供给分析 ……………………………………………… (043)
六、可行性分析 ………………………………………………… (043)

第五节 中国旅游区与世界旅游区认知 ……………………… (046)
一、中国旅游区划分 …………………………………………… (046)
二、世界旅游区划分 …………………………………………… (049)

· 1 ·

第二章　旅游产品形态分析 ……………………………………………(058)

第一节　国内观光游产品形态分析 ……………………………………(058)
一、国内旅游市场分析 …………………………………………………(058)
二、国内观光游产品案例分析 …………………………………………(060)

第二节　出境观光游产品形态分析 ……………………………………(089)
一、出境观光游市场分析 ………………………………………………(089)
二、出境观光游产品案例分析 …………………………………………(090)

第三节　主题游产品形态分析 …………………………………………(115)
一、主题游市场分析 ……………………………………………………(115)
二、主题游产品案例分析 ………………………………………………(117)
三、研学旅行产品分析 …………………………………………………(133)

第二篇　一日游产品设计实训

一、一日游产品设计目标 ………………………………………………(152)
二、实训计划 ……………………………………………………………(152)
三、实训指南 ……………………………………………………………(158)

第三篇　创新主题游产品设计实训

一、旅游产品设计目标与要求 …………………………………………(191)
二、旅游产品设计方案主要内容 ………………………………………(191)
三、案例分享：学生个人创新主题游旅游产品设计方案样例 ………(192)

附录　"旅游产品设计"课程教学效果调查问卷 …………………(200)

参考文献 ……………………………………………………………(201)

第一篇

旅游产品设计基础

教学内容说明

"旅游产品设计基础"的主要内容包括旅游产品设计理论与旅游产品形态分析,旅游产品设计理论着重让学生了解旅游产品的类型、设计原则和设计步骤等基础知识,使学生初步了解旅游产品设计原理和过程,为创新旅游产品设计提供范式;旅游产品形态分析主要通过分析专业旅游网站不同类型的典型产品,让学生了解不同类型旅游产品的形态特征和设计模式,从而对旅游产品设计有一个感性认识,并掌握产品形态分析的基本方法。

项目实训指导说明

本篇项目实训内容为"旅游产品形态分析"。根据中国旅游分区和世界旅游分区的区域划分,结合旅游网站产品库"跟团游"国内目的地省份和出境目的地国家,以及各类型"主题游"产品情况,划分出以下旅游产品形态:国内各旅游区省份,如东北区(黑龙江、吉林、辽宁)、西北区(陕西、甘肃、青海、新疆、宁夏)等;出境各旅游区国家,如北美(美国、加拿大)、大洋洲(澳大利亚、新西兰)等;主题游产品类型,如人文类产品(深度人文、全球旅拍、蜜月婚拍、禅修养生、宗教文化)、节庆类产品(全球婚礼、体育赛事、马拉松)等。

根据以上所划分出的国内各旅游区省份、出境各旅游区国家和主题游各类产品,形成三大项目任务,即项目一——国内观光游产品分析报告、项目二——出境观光游产品分析报告、项目三——主题游产品分析报告。每个项目要求学生分组完成,各组按照所分区域将任务分配到每位同学,并根据各类产品案例模式、步骤和方法撰写报告,最后进行归纳汇总,形成小组区域产品形态报告,在课堂上进行分享,使学生对各区域各类型旅游产品形态特征有全面的认识和了解,从而达到本篇的实训目的。

学生能力要求

要求学生具备线上调研能力、分析能力、概括与综合能力、团队合作能力、文字表达能力、作图能力、PPT制作能力、汇报讲解能力。

学时分配

32学时。

思政元素

1."十四五"时期文化和旅游发展面临重大机遇,也面临诸多挑战,需要我们胸怀中华民族伟大复兴战略全局和世界百年未有之大变局,深刻把握我国社会主要矛盾变化,立足社会主义初级阶段基本国情,准确识变、科学应变、主动求变,在危机中育先机、于变局中开新局,以创新发展催生新动能,以深化改革激发新活力,奋力开创文化和旅游发展新局面。

2.《"十四五"文化和旅游发展规划》在丰富优质产品供给方面明确提出,坚持精益求精,把提供优质产品放在首要位置,提高供给能力水平,着力打造更多体现文化内涵、人文精神的旅游精品,提升中国旅游品牌形象。

通过本篇章的学习,加深学生对于国家丰富优质产品供给,坚持旅游高质量发展重要论述的理解,并能结合旅游产品设计基本理论,立足地区旅游发展实际,不断培养自身开拓创新思维,了解服务社会的责任担当。

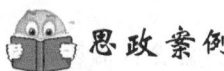

思政案例

【案例一】　　　　　冬奥会落幕,遗产资源将如何造福旅游业?

3月13日晚,随着延庆赛区主火炬台缓缓熄灭,北京2022年冬残奥会正式宣告闭幕。奥林匹克盛会重回北京,让中国首都拥有了"双奥之城"的美誉,同时激起了全民冰雪运动的热潮。《北京2022年冬奥会和冬残奥会遗产报告集(2022)》显示,截至2021年10月,全国冰雪运动参与人数为3.46亿人,居民参与率达24.56%,实现了"带动三亿人参与冰雪运动"的目标。

在新冠疫情尚未消除的形势下,和冬奥直接相关的旅游活动难以开展,不少旅游人只能靠买"冰墩墩""雪容融"吉祥物获得一些参与感。但不可忽视的是,冬奥会所带来的会后效应将持续释放红利。热闹之后,北京冬奥会给旅游业留下了什么?

一、写进政府工作报告:冬奥遗产如何为旅游所用?

2022年全国两会,"用好北京冬奥会遗产"被写进了政府工作报告,北京市也在2022年的重点任务清单中明确提出,要"最大限度发挥冬奥遗产作用""充分放大冬奥效应"。冬奥遗产涉及领域众多,最直接能为旅游所用的就是奥运场馆。北京冬奥组委新闻发言人严家蓉透露,北京冬奥会和冬残奥会各个场馆正在积极筹备尽快向公众开放,不少场馆计划在"五一"前开放。

近日,位于石景山区的首钢园已经恢复对外开放,吸引了众多市民游客参观。这里正是中国运动员谷爱凌、苏翊鸣夺冠的"福地"。据悉,首钢滑雪大跳台"雪飞天"在赛后并不会被拆除,根据初步方案,它的赛后利用主要围绕举办世界级赛事、训练专业运动员、承接首发首秀首展商业活动、开展市民文化娱乐等场景,增加普适性和惠民性,在一年四季都将得到充分利用。与此同时,本身作为工业遗产的首钢园,也成功转型为京西一大"网红打卡地"。自2016年北京冬奥组委入驻首钢办公区开始,园区从无人问津的老工业遗址逐渐变为创新园区,并引入了餐饮、商业、住宿等多种业态,包括香格里拉酒店、洲际酒店等国际酒店品牌也选择在此安营扎寨。

可以说,好的奥运场馆,通过合理的规划,足以成为旅游的"流量担当"。就像为北京2008年夏奥会建造的鸟巢和水立方,在十几年后的今天已经是北京的地标,两个场馆不仅可供游客参观,同时还能承办各类大型演出和赛事活动,其后续效益已经远远超过了奥运场馆本身。

二、"冰天雪地也是金山银山",京张体育文化旅游带未来可期

自冬奥申办成功至2021年10月,我们完成了"带动三亿人参与冰雪运动"的目标,北京冬奥会将中国人民的情谊传递到了世界各个角落,同时,奥运会也让举办地北京和张家口发生了巨大的变化。抓住这场冰雪盛会的契机,2019年底,京张高铁开通,使两地之间交通时间大大缩短,现在从北京到张家口仅需50分钟的车程;近年来,北京延庆区、张家口市强化基础设施建设,推动冰雪体育+旅游扶贫就业……这些都充分印证了一句话——"冰天雪地也是金山银山"。

后冬奥时代,京张两地又有了新的任务。日前,文旅部、国家发改委、国家体育总局联合印发了《京张体育文化旅游带建设规划》。规划提出,到2035年全面形成区域体育文化旅游产业布局、产品供给及高质量产业发展体系,旅游方面具体规划包括"建设滑雪旅游度假地""推出冰雪旅游主题精品线路""建设高品质、复合型的冰雪旅游基地"等。

京张体育文化旅游带虽脱胎于冬奥,但不限于冬季旅游,而是以冰雪为媒,将这条"体育文化旅游带"打造为全季节宜游的旅游目的地。

冬奥圣火已经熄灭,但冬奥遗产为旅游业留下了希望的火种。北京冬奥组委总体策划部副部长曾表示:"创造丰厚的冬奥遗产,为主办城市和广大民众带来长期、积极的收益,是北京冬奥会筹办工作的重要内容,符合国际奥委会的改革精神,是成功办奥的重要标志之一。"我们可以相信,后冬奥时代旅游,大有可为!

(资料来源:旅业链接TLD.冬奥会落幕,遗产资源将如何造福旅游业?[EB/OL].(2022-03-18)[2022-06-30]. https://baijiahao.baidu.com/s?id=1727544472365020574&wfr=spider&for=pc.)

【案例二】　　　　　　　　**构建冰雪体育旅游全域产业链**

一、冰雪体育旅游产业的冬奥机遇

2022年冬奥会是我国冰雪体育旅游迎来跨越式发展的重要契机。2015年我国获得冬奥会举办权后,将冰雪体育产业的发展上升到了国家战略地位,并相应提出了"带动三亿人参与冰雪运动"的战略目标,标志着从战略规划上将冰雪体育旅游产业同冰雪体育产业进行了有机结合,既符合产业链整合发展的内在要求,又体现出了体育运动的社会学功能。

1. 外部政策环境为冰雪体育旅游的发展提供了机遇与保障

早在2016年,习近平总书记就提出了"冰天雪地也是金山银山"的重要论断,这不仅是有关加强生态文明建设的科学论断,还为冰雪体育旅游明确了发展基础,即在建设良好的生态环境基础上去发展相关产业。围绕2022年冬奥会和新时代文旅融合发展战略,我国相继出台了一系列冰雪旅游行动计划,文化和旅游部、国家发展改革委和国家体育总局在2021年2月联

合颁布的《冰雪旅游发展行动计划(2021—2023年)》中就明确提出,发展冰雪旅游的目的在于"以2022北京冬奥会为契机,加大冰雪旅游产品供给,推动冰雪旅游高质量发展,更好满足人民群众冰雪旅游消费需求,助力构建新发展格局"。

2. 冬奥会为冰雪体育旅游的发展提供了"温床"

大型国际运动赛事是一种特殊的节庆活动,2022年冬奥会可以作为助推器,从而以旅游为主导打造区域内乃至全国范围内的"体育赛事+体育节庆+冰雪旅游"的知名品牌。滑雪旅游是张家口旅游产业的一张名片,已经拥有了一定的知名度和产业基础,通过冬奥会的承办,可以进一步推动体育基础设施的建设和冰雪体育旅游服务水平的提高。

同时,2022年冬奥会还能够帮助冰雪体育器材生产商实现器材生产、宣传、营销、物流、仓储等全产业链的发展,在此基础上可将温泉、民俗、古商贸文化、葡萄酒养生等资源进行整合,构建冬季旅游特色产品体系,形成冬季旅游目的地多元化产业结构。2022年冬奥会使张家口成为集"休闲+购物+娱乐"为一体的华北地区首选冬季旅游目的地,可以促进体育与旅游相互融合、共同发展,带动区域内整体经济发展,并能够起到示范作用,助推国内相关区域的经济结构转型升级,为组团结构的城市发展模式找到非均衡、跨越式发展的可能实现路径。

3. 2022年冬奥会是思想交流与创新的平台

冰雪体育旅游产业的从业者要从该产业的经济学与社会学逻辑出发,充分考虑到其交叉性、融合性和可持续化发展的特征,对现有的冰雪体育旅游产品进行评估,并与生态旅游、文化旅游等其他旅游形式相结合,创新深度开发的模式与路径,全面完善和丰富旅游产业结构,构建以冬奥会为主题的观赏型、参与型、文化与休闲型相结合的全域全产业链冰雪体育旅游产品,形成新型的、有特色的、生命周期长的、系统的冰雪体育旅游产业规模。

二、后奥运时代冰雪体育旅游的发展

2008年北京夏季奥运会的举办对于中国体育产业发展具有划时代的意义。从体育机制创新角度来看,实现了利益关系调整、产权制度创新和政府职能转变等方面的重大变革;从国际化水平来看,扩大了对外交往的范围,深耕了国际体育合作的内容,变革了国际体育交往的机制;从体育旅游产业发展来说,通过从国家体制向全民健身、社区体育的转换,以"绿色奥运、人文奥运、科技奥运"的理念为导向,充分开发体育旅游资源,在一定程度上拓宽了体育旅游产业的范围与规模。因此,从2008年北京奥运会所带来的重大意义来看,必须要充分考虑到"后冬奥时代"冰雪体育旅游产业的可持续化发展方向。

在顶层设计方面,国家发展改革委、文化和旅游部、国家体育总局等组织机构需要出台相关战略规划,积极培育市场主体,培育消费市场,优化消费结构,应鼓励和引导相关地区政府结合本地市场需求,推动冰雪体育旅游与当地文化、商业、娱乐等结合,出台配套支持政策,同时努力培育具有较高知名度和影响力的龙头企业;打造具有国际竞争力的知名冰雪旅游企业,同时强化特色经营、特色产品和特色服务,开展形式多样的冰雪体育旅游项目,引导消费者树立正确的冰雪体育旅游消费观;促进冰雪旅游消费,打造一批国家体育消费试点城市,国家文化和旅游消费试点城市、示范城市,推进冰雪旅游消费机制创新、政策创新、模式创新、支付手段创新等配套机制建设。

在产业集群规划与品牌塑造方面,需要持续推动冰雪体育旅游主题度假区和景区建设,要以京津冀为带动,东北、华北、西北三区协同,南方省市因地制宜,加快建设京张体育文化旅游带,相关地区应在国家政策扶持下建设一批交通便利、基础设施完善、特点鲜明、服务优质的冰雪体育旅游主题度假区和A级旅游景区,打造冰雪体育旅游的明星品牌。同时,应引导各地加大冰雪旅游设施建设力度,提升产品服务水平,推动健身休闲、竞赛表演、运动培训、文化体验一体化建设。尤其是在全球新冠肺炎疫情尚未得到全面有效控制的背景下,鼓励冰雪资源富集、基础设施和公共服务完善、冰雪产品和服务一流的区域打造冰雪体育旅游主题的国家级和世界级旅游度假区和景区,促进境外旅游消费回流。

在产品内容设计方面,要充分发挥冰雪体育赛事的带动作用。后冬奥时代应大力拓展冰雪竞赛表演市场,依托滑冰、冰球、冰壶和滑雪等观赏性强的冰雪运动品牌赛事,探索冰球、高山速降、速度滑冰等职业联赛建设机制,引导培育冰雪运动商业表演项目,打造冰雪体育赛事旅游目的地。同时,以高水平冰雪赛事和群众性冰雪赛事活动为依托,扩大冰雪赛事旅游参与人口;助力乡村振兴战略,大力发展乡村冰雪旅游,推动建设雪乡、雪村和雪庄,开展民间冰雪体育娱乐活动,丰富冰雪旅游供给。

在产业管理思维方面,应该积极培养融合性思维。要将冰雪体育旅游产业与文化融合,深入挖掘各地传统冰雪文化资源,丰富冰雪旅游文化元素,打造以滑雪旅游节、冰雪马拉松、冬季三项等冬季体育旅游节庆活动为支撑的冰雪文化体育旅游季;促进冰雪体育旅游与教育融合,大力推广青少年冬季冰雪运动,推进冰雪运动进校园;有效利用政府购买和社会资金参与的手段,鼓励有条件的北方地区中小学开展冰雪运动项目学习,鼓励南方地区大中小学积极与冰雪场馆或冰雪运动俱乐部建立合作,推动冰雪体育研学旅游项目的开展;促进冰雪体育旅游与科技融合,大力发展"互联网+冰雪体育旅游",推动冰雪旅游与大数据、物联网、云计算、5G等新技术结合,在不断整合线下冰雪体育旅游资源的基础上,借助网络平台,培养消费者形成线上购买线下消费的习惯,以此增大线上资金的引流,努力打造"一站式服务"模式,构建成熟完善的"互联网+冰雪体育旅游"生态圈。

(资料来源:公克迪,田璐.构建冰雪体育旅游全域产业链[J].中国名牌,2021(7):71-73.)

思考:根据上述冬奥遗产旅游和冰雪体育旅游资料,谈一谈对设计相关旅游产品的启发。

第一章
旅游产品设计理论

本章导读

本章是旅游产品设计的基础理论，内容包括旅游产品的概念、特征和内容，旅游产品的类型，旅游产品设计的原则和步骤，旅游产品市场调研的主要内容，中国旅游区和世界旅游区的划分。本章为学生进行旅游产品形态分析及创新主题游产品设计提供依据。

学习目标

掌握旅游产品的概念、特征和内容；掌握旅游产品的类型；掌握旅游产品设计的原则与步骤，以及旅游产品市场调研的主要内容；了解中国旅游区与世界旅游区的划分。

第一节 旅游产品概述

本书中的旅游产品，是指由旅行社针对不同的目标市场，将食、住、行、游、购、娱等各种旅游要素组合而成的综合性产品，其表现为旅行社根据不同消费者需求而设计的多种旅游线路，我们称之为旅游线路产品。对于旅游产品设计初学者来说，容易忽视在旅游产品设计中空间概念的应用，基于此，有必要分别从区域旅游规划、景观设计和旅行社产品设计角度对旅游产品的概念进行阐释，以明确旅游线路和旅游产品之间的关系。

一、旅游产品的概念

（一）从区域旅游规划的角度

从区域旅游规划的角度来探讨旅游线路，是指在一定的区域内，使游人能够以最短的时间获得最大的观赏效果，由交通线把若干旅游点或旅游城市合理地贯穿起来，并具有一定特色的路线[1]。它是对未来区域内景区、景点的可能组合提出的一些线路设想，至于是否采用这些设想，如何实现这些设想，则需要依据实际情况而定[2]。这种视角讨论的旅游线路，可以被认为是一种区域内的产业布局，是区域内的空间协调、关联与组织等，特别强调一条线路中的旅游资源和旅游城市的空间组合，从宏观视角，在一个较大的区域范围内，将旅游产品中的各要素

---

[1] 马勇，舒伯阳.区域旅游规划：理论·方法·案例[M].天津：南开大学出版社，1999.
[2] 吴凯.旅游线路设计与优化中的运筹学问题[J].旅游科学，2004(1)：41-44，62.

建立在空间维度之上,是具有很大柔性组合空间的弹性线路。这类定义往往会淡化旅游产品中的市场属性和服务属性。

(二) 从景观设计的角度

从景区、景点和景观设计的角度,对旅游线路概念的界定,是指在一个固定的地域范围内,为方便旅游者观赏而设计的行走路线。如把风景园林路分为风景旅游道路和园(景)路,而园(景)路既是分割各景区的景界,又是联系各个景点的纽带,是造园的要素,具有导游、组织交通、分化空间截面和构成园景的艺术作用①。这类定义从微观视角,更突显旅游线路的空间属性,强调区域的分割与整合,指出旅游线路的刚性特点,某种意义上它仅涉及旅游通道,和"游览线路"是同义词。同时由于时空的局限性,该类旅游线路中的服务要素较少。

(三) 从旅行社产品设计的角度

从旅行社产品设计的角度来定义旅游线路,则有以下三种说法,一是指旅行社或其他旅游经营部门,以旅游点或旅游城市为节点,以交通线路为线索,为旅游者设计串联或组合而成的旅游过程的具体走向②。二是指旅行社或其他旅游经营部门,在特定区域内利用交通为外来旅游者设计的,联络若干旅游点或旅游城市,并提供一定服务的相对合理的线性空间走向,它将区域内各种单项旅游产品有机地组合在一起,并涵盖旅游者在旅游目的地的各个旅游活动环节,从而表现出综合性的特点③。三是作为旅游产品的旅游线路在时间上从旅游者接受旅游经营者的服务开始,到旅游活动完成,脱离旅游经营者的服务为止,包含了旅游业的"食、住、行、游、购、娱"六大要素,而旅游产品的销售,最终也必须落实到具体的旅游线路上,一个地区旅游线路的开发水平、完善程度及销售成功与否,最终会影响到该地区旅游开发的成败,而旅游产品销售的成败与旅游线路设计水平的高低是密切相关的④。这些概念均指出旅游线路是旅游产品的核心组成部分,是某种组合弹性的商品形式。从旅行社视角定义的旅游产品,既包含旅游线路的地理空间属性,又包含旅游产品本身所具备的市场和服务属性,所涉及的空间领域,可以是更大尺度的区域范围,也可以是小尺度的区域范围,而因其最终要面向市场销售,旅游产品呈现的形式则更为具体和丰富。

综上所述,旅游(线路)产品是指在一定地域空间内,旅游部门(旅行社、旅游景区等)针对旅游目标市场,凭借旅游资源及旅游服务,遵循一定原则专为旅游者旅游活动设计,并用交通线把若干旅游目的地合理地贯穿起来的路线。旅游(线路)产品不仅是旅游者在整个旅游过程中的行动轨迹,更重要的是包含了旅游者在整个旅游活动中的日程安排和为旅游者提供的食、住、行、游、购、娱等一切服务内容及其价格。本书中所讨论的旅游(线路)产品则为旅行社经营的包价旅游产品。

---

① 吴为廉.景园建筑工程规划与设计[M].上海:同济大学出版社,1996.
② 徐明,谢彦君.旅游学概论[M].北京:北京国际文化出版公司,1995.
③ 朱国兴.区域旅游线路开发设计:以皖南旅游区为例[J].皖西学院学报,2001(4):105-108.
④ 吴国清.旅游线路设计[M].3版.北京:旅游教育出版社,2015.

二、旅游产品的特征

(一)综合性

由于游客的旅游活动具有综合性,这就要求旅行社等旅游企业提供给游客的旅游产品具有综合性,这种综合性首先表现在它是能够满足游客吃、住、行、游、购、娱等方面综合性需求的,由多种旅游吸引物、交通设施、住宿餐饮设施、娱乐场地各项活动以及相关服务构成的复合型产品。其次,综合性还表现在旅游产品的设计涉及众多行业和部门,其中既有直接为旅游者服务的饭店业、餐饮业、娱乐业、交通运输业以及旅行社业等,又有间接为其服务的农副业、商业、建筑业、制造业等行业和海关邮电、通讯、公安、银行、保险、医疗卫生等部门。它既是物质产品和服务产品的综合,又是旅游资源、基础设施和接待设施的综合,还是各种直接或间接为游客提供服务的行业和部门的综合。

(二)不可贮存性

旅游产品在时间上具有不可贮存性,这就意味着旅游产品不能像一般商品那样被有效地贮存起来,以备将来出售。游客一旦购买旅游产品之后,旅游企业在规定的时间内必须交付有关产品的使用权,一旦游客不能按时使用就必须重新购买,在此期间旅游企业为生产所付出的人力、物力、财力等资源就是一种浪费,因此对于经营者而言,销售机会一旦丧失,折旧已经发生,人力已经闲置,资金已经占用,造成的损失永远得不到补偿,如饭店的一间空房,若今天未被游客占用,那么这一天理应转移的价值便不可能实现,应该实现的价值无形中就损失了。这种不可贮存性加剧了旅游产品供需之间的矛盾,旅游企业应采取措施避免,一方面设法使旅游产品的开发具有一定的弹性,如可在旅游淡季停掉或调整一些线路;另一方面可通过价格等有效手段调整销售高峰期或低峰期的产品需求量,使之与供给相适应,实现产品结构上的稳定分布。

(三)不可分割性

旅游产品的不可分割性,是由旅游服务的生产和消费的同时性决定的,旅游产品在生产的同时,消费也即刻启动,消费结束时,生产将不再进行。旅游产品的生产、经营和消费常常发生在同一时空背景下,生产和消费密不可分,往往处于一个过程的两个方面,旅游产品的生产者与消费者直接发生关系,游客只有而且必须加入生产的过程中,才能最终消费到旅游产品,这就决定了旅游产品的设计开发和销售获利具有高度的一致性。

(四)可替代性

由于受各种复杂因素的影响,旅游市场对旅游产品的需求弹性很大,在旅游市场中存在着平季、淡季和旺季的区别。旅游产品这种较大的需求弹性,使得旅游产品的销售风险增大。同时,不同的旅游产品之间又具有可替代性,因而旅游者有了更多的选择余地,更增加了其选择的随机性,旅游产品的竞争则更为激烈。

(五)脆弱性

旅游产品的脆弱性首先表现在旅游产品内容涉及的要素众多,在产品落地实践中需要考虑到各方面因素以及协调诸多行业部门,才能保证旅游接待工作的顺利进行,任何一部分的超前或滞后都会影响到旅游活动的正常开展,甚至会影响到旅游产品整体效能的发挥。其次,旅游产品的销售容易受到战争、社会动乱、安全事故、自然灾害、瘟疫、国际关系、政府政策、经济状况等诸多环境因素的影响,如2020年席卷全球的新冠肺炎疫情,使全球旅游业遭受重创,遏制了民众的出游愿望,前期旅行社预售的旅游产品遭到游客退团退款,很长一段时间旅游产品的销售陷入了困境。

(六)周期性

旅游产品的生命周期是指旅游产品正式进入市场,到最后退出市场的全过程,主要包括四个阶段,即投入期、成长期、成熟期和衰退期。旅游产品的生命周期通常是以销售额和利润额的变化来衡量的,图1-1为一个典型的旅游产品生命周期曲线。

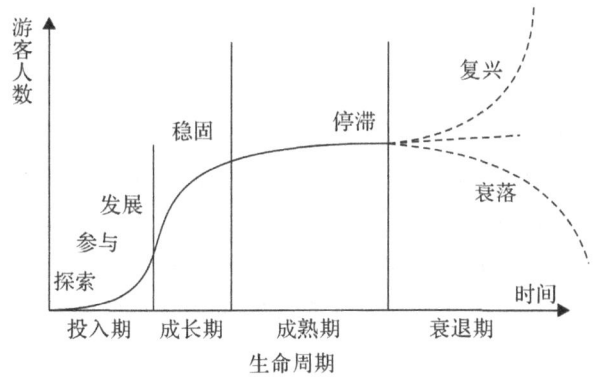

图1-1 旅游产品生命周期曲线

(1)投入期,也称作引入期或介绍期,是旅游产品引入市场,销售缓慢增长的时期。

(2)成长期,是旅游产品被市场迅速接受和利润大量增长的时期,同时开发和销售的费用都有所下降。

(3)成熟期,是旅游产品已被大多数的潜在购买者所接受,市场需求量渐趋饱和而造成销售增长趋缓的时期。

(4)衰退期,是旅游产品销售下降的趋势日益增强,利润迅速减少的时期。

三、旅游产品设计内容

完整的旅游产品应包含的内容如下:

(1)产品主题:针对某一特定市场所推出的旅游产品,要确定产品主题,一般包括主要旅游目的地和游览时间,也可添加产品特色和交通方式等。

(2)旅游时间:包括总的旅游时间以及整个旅游过程中的时间安排。

(3)旅游目的地:包括主要旅游资源的类型、级别,主要游览景区、景点的特色等,旅游目的地决定了旅游活动的主要内容。

(4)旅游交通:包括旅游交通方式及工具,即从旅游客源地到旅游目的地的交通方式和等级、旅游目的地内部的交通方式和等级、某些特种交通方式的使用等。

(5)旅游食宿:包括旅游住宿的酒店或宾馆的等级和客房的标准、旅游餐饮的种类和标准等。

(6)旅游活动安排:旅游产品设计的核心所在和重点内容,旅游活动的安排直接影响到旅游线路对旅游者的吸引力。

(7)旅游服务:主要以接待和导游的服务为主,旅游服务的质量直接影响旅游产品的质量和旅游活动的效果。

(8)价格:游览行程中所涉及的吃、住、行、游、购、娱等活动的总体价格。

第二节 旅游产品类型

本章节中的旅游产品类型即指旅游线路产品类型,旅游线路产品类型按照旅游线路产品的空间尺度、运动轨迹、空间分布形态、组织形式和旅游目的等不同标准,有以下几种划分形式。

一、空间尺度

按空间尺度划分旅游线路产品有两种标准,一是根据旅游者所涉及的地理区域或行政区域的等级,可分为洲际旅游线路、国际旅游线路、国内旅游线路、省内旅游线路、市内旅游线路、县内旅游线路等。二是根据旅游线路空间跨度,可分为大中尺度旅游线路和小尺度旅游线路,大中尺度旅游线路一般指一个较大范围内,各种旅游点、旅游项目与旅游交通线路的空间组合,涉及面较广,而小尺度旅游线路则称为游览线路,是景区内联系各个景点的观览线,涉及面小,主要是景区规划的内容。

二、运动轨迹

这里的运动轨迹是指旅游者在旅游过程中的空间移动过程。根据旅游者的运动轨迹,旅游线路产品可以分为周游型旅游线路、逗留型旅游线路和节点型旅游线路三种。

(一)周游型旅游线路

周游型旅游线路是指当旅游者在旅游过程中,在空间留下的运动轨迹成为一条闭合环状的线路,即旅游者在外出旅游时,以旅游者客源地为起点,经过若干个旅游目的地后回到客源地中间所经过的路线不重复且成环状,如图1-2所示。此种线路多适用于大中尺度的旅游活动,如携程网青藏川藏旅游大环线旅游线路,从西安出发,途经成都—稻城亚丁—拉萨—西宁—兰州,再回到西安,如图1-3所示。

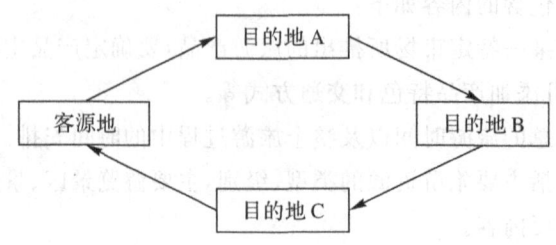

图1-2 周游型旅游线路示意图

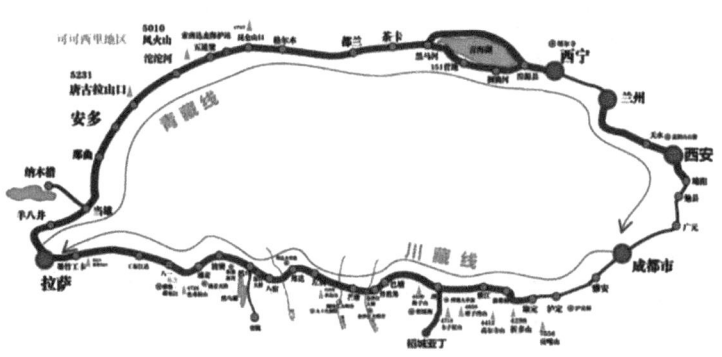

图1-3 青藏川藏旅游大环线

(二)逗留型旅游线路

逗留型旅游线路是指旅游者的旅游目的以度假、休闲、探亲、修养等为主,在一个旅游目的地的逗留时间相对较长。与周游型旅游线路相比,逗留型旅游线路所涉及的旅游目的地及相关单位少,交通、住宿、餐饮、旅游活动安排相对简单,设计难度小,主要体现在对各种交通工具之间的衔接要求相对较低,时间安排比较宽裕,旅游者重复利用同一线路的可能性较大[①]。一般旅行社的度假型旅游产品多为逗留型旅游线路产品,如马尔代夫阿雅达海岛度假产品,主要围绕阿雅达度假村的设施及周边海岛风光,设计体验享乐型度假活动。

(三)节点型旅游线路

节点型旅游线路是指旅游者的空间运动轨迹呈节点状,即旅游者以某一地点(这一地点可以是旅游者的常住地,也可以是临时驻地)为中心,以放射状的路线到该地点的周边进行的旅游活动。旅游者在中小尺度的空间旅游时,往往会采用节点型旅游线路。例如,某个旅游目的地(游憩中心)的周边有较多的旅游景点,而各旅游景点距离旅游目的地(游憩中心)路程较近,当天能返回驻地,因此在设计旅游线路时,往往会采用多次当日往返的节点型旅游线路(见图1-4)。如携程网新疆天山天池+吐鲁番+南山牧场3日2晚私家团线路,以新疆乌鲁木齐为中心,每天游览周边一个景区(城市),实现当天往返(见图1-5)。

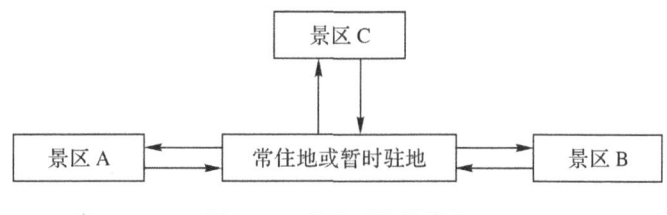

图1-4 节点型旅游线路

---

① 楚义芳.关于旅游线路设计的初步研究[J].旅游学刊,1992(2):9-13,57-60.

DAY1：乌鲁木齐集合—火焰山—坎儿井—乌鲁木齐
DAY2：乌鲁木齐—南山牧场—乌鲁木齐
DAY3：乌鲁木齐—天山天池—新疆古生态园—乌鲁木齐散团

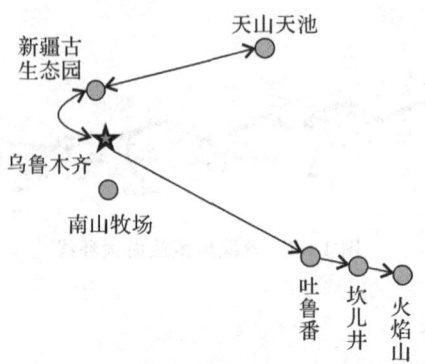

图1-5　新疆3日2晚私家团行程

三、空间分布形态

旅游线路产品按照空间分布形态可以分为两点往返式旅游线路、单通道式（单线贯通式）旅游线路、环通道式（环行贯通式）旅游线路、单枢纽式（单点轴辐式）旅游线路、多枢纽式（多点轴辐式）旅游线路和网络分布式旅游线路[①]。

（一）两点往返式旅游线路

两点往返式旅游线路，在旅游城市内部表现为驻地与景点的单线连接，在远距离旅游时主要表现为乘坐飞机往返于两个旅游城市之间，如桂林—广州（见图1-6）。

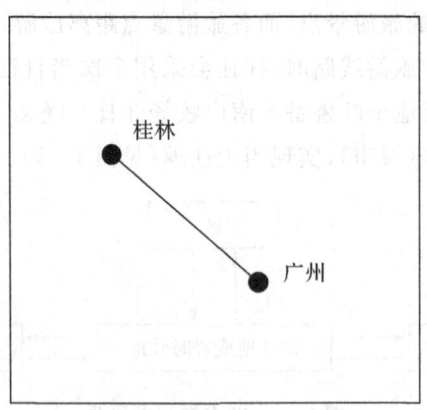

图1-6　两点往返式旅游线路

---

① 吴国清.旅游线路设计[M].3版.北京：旅游教育出版社，2015.

(二)单通道式旅游线路

单通道式旅游线路主要为若干旅游城市(或景点)被一条旅游线路串联,旅游者沿途可以观赏各种不同的美景,如沿京九铁路的旅游专列哈尔滨—沈阳—天津—井冈山—深圳(见图1-7),这类线路通常以乘坐火车进行旅游为主。

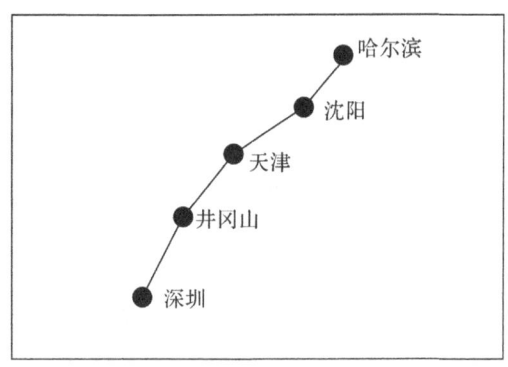

图1-7 单通道式旅游线路

(三)环通道式旅游线路

环通道式旅游线路由于没有重复道路,不走"回头路",接触的景观景点也比较多,是单通道式旅游线路的变化形式,如北京—上海—广州—西安—北京线路(见图1-8),就是封闭的环通道式旅游线路。

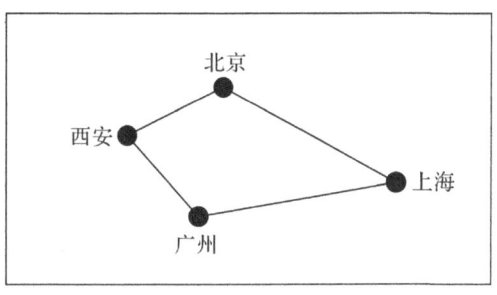

图1-8 环通道式旅游线路

(四)单枢纽式旅游线路

单枢纽式旅游线路是旅游者选择一个中心城市为"节点",然后以此为中心,向四周旅游点做发散状往返性的短途旅游,大多为一日游。此类线路特点是有明显的集散地,便于服务设施的集中和发挥规模效益。如以西安为核心辐射东、南、西、北四个方向,形成西安—铜川、西安—渭南、西安—柞水、西安—咸阳4条可当日往返的旅游线路(见图1-9)。

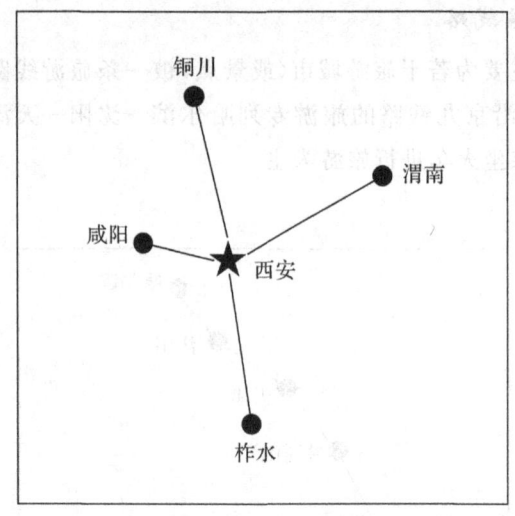

图 1-9　单枢纽式旅游线路

(五) 多枢纽式旅游线路

多枢纽式旅游线路以若干个重要的旅游城市(镇)为枢纽,连接其他的旅游目的地,几个枢纽旅游城市(镇)之间有线路直接相连。该线路一般运用于旅游大区以分散客流聚集,有利于缓解某一枢纽在旅游高峰时的承载压力,如"宁—沪—杭"旅游线路就有多个枢纽旅游城市(见图 1-10),在一定程度上缓解了长三角地区的客流压力。

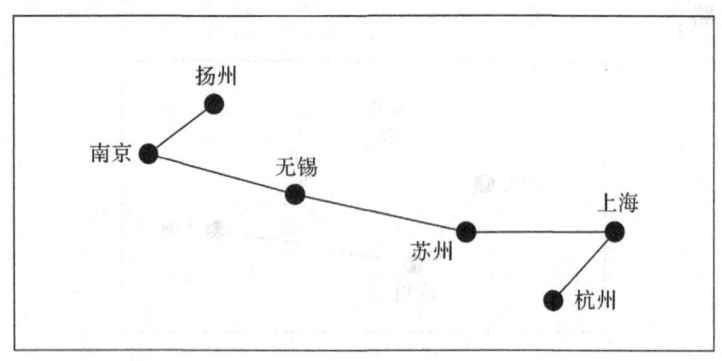

图 1-10　多枢纽式旅游线路

(六) 网络分布式旅游线路

网络分布式旅游线路通过公路将区域内各景点覆盖其中,可供旅游者任选景点与道路,是比较理想的旅游线路。这种类型的线路设计要求城市公路网比较发达,城市周边景点集中,城市间距离适中,线型组合灵活,比较适合于自驾游,如山东潍坊、青岛、威海、烟台 4 个城市,可以灵活组成多种自驾游线路(见图 1-11)。

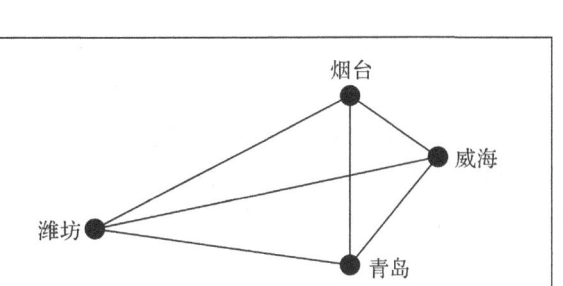

图 1-11 网络分布式旅游线路

四、组织形式

根据旅游者在旅游过程中的组织形式,旅游线路产品可划分为包价旅游线路、拼合式旅游线路、跳跃式旅游线路以及自助型旅游线路。

(一)包价旅游线路

包价旅游线路是指旅游企业根据市场需求及旅游地的类型组合成的旅游路线,路线包括"食、宿、行、游、购、娱"等各项内容及价格,并通过一定渠道销售给旅游者。包价旅游线路可以分为全包价旅游线路和部分包价旅游线路。全包价旅游线路的价格中包含了所有费用,即交通费、住宿费、门票保险费、导游费等,旅游者一次付费,购买该产品后就不用再付相关的旅游费用。部分包价旅游线路的价格中只含有部分旅游服务的价格,至于含哪些服务的价格,是旅游企业和旅游者事先商定好的,即旅游者付费购买的服务由旅游企业提供,没有购买的服务,临时由旅游者付费再行购买。

根据市场需求的不同,目前有两大类包价旅游线路产品,即团体综合服务包价旅游线路和散客综合服务包价旅游线路。

1. 团体综合服务包价旅游线路

此类包价旅游线路一般是针对 15 人以上的旅游团,旅游款项一次性预付给旅行社,各种相关服务全部委托一家旅行社来办理,其综合服务可以全包,也可以部分包。团体包价旅游线路的约束多,集体活动时间多,但价格优惠,对旅游者来说有安全感。

2. 散客综合服务包价旅游线路

散客综合服务包价旅游线路也可以实行全包价或部分包价,但不享受团体优惠,旅游过程中集体约束少。

(二)拼合式旅游线路

拼合式旅游线路是指在整个旅程设计中有几种分段组合线路,旅游者可以在购买时自己选择和拼合,并且在旅程中可以改变原有的选择(分段)。

(三)跳跃式旅游线路

跳跃式旅游线路是指旅游企业提供的只是整个旅程中几小段线路或几大段线路的服务,其余皆由旅游者自己设计。跳跃式旅游线路可以看成是一种半自助式的旅游线路,旅游者有较大的自由度与自主权,这种线路的设计相对简单。

(四)自助型旅游线路

自助型旅游线路是指旅游者无须借助旅行社,完全按照自己的选择进行线路安排,旅游过程中的食、宿、行、游、购、娱所有事情全部由旅游者自己完成。旅游者更乐于进行DIY式的自助旅游,以获取更大的满足感。人们可以直接到旅游网站查询,预订"机票+酒店"式的自助套餐(自助旅游)来安排自己的游程,旅游网站也会为游客提供便捷而富有个性的自由行系列产品。

五、旅游目的

根据旅游者的旅游目的,旅游线路可分为观光游览型旅游线路、休闲度假型旅游线路、会议商务型旅游线路及各种专题型旅游线路。不同目的的旅游线路,其特点也不同。

(一)观光游览型旅游线路

目前观光游览型旅游线路是我国主要的旅游线路形式,该类型线路是为一般无特殊要求的观光旅游者设计的,针对的是无差异型市场,以内容丰富多彩的自然风光和民族风情为主,旅游形式以观光为主,能够满足多数旅游者观光游览的需要,属于旅游中的基本层次。观光旅游者希望能够在较短的时间内游览更多的景点,因此这种旅游线路所包含的旅游景点较多,而在每一个景点停留的时间较短,游客重复利用同一线路的可能性较小。

(二)休闲度假型旅游线路

休闲度假型旅游线路多用于满足旅游者休息、度假的需要,旅游线路串联的景点少,而游客在每个景点停留的时间长,旅游线路重复利用的可能性高。选择休闲度假型旅游线路的旅游者追求的是放松身心和修身养性。

(三)会议商务型旅游线路

会议商务型旅游线路主要针对的是具有会议商务需求的旅游者,旅游者外出旅游的目的地、经费及时间都是根据会议和商务的需要来确定的。他们追求的是行程的快捷、方便、舒适、高效,对价格并不敏感。会议商务型旅游者一般不会购买旅游企业现成的旅游线路产品,他们需要的主要服务是票务、订房、订车、宴会等专项服务,在商务活动的过程中,有可能会开展游览活动。例如,会展旅游即属于会议商务型旅游线路的组成部分。

(四)专题型旅游线路

专题型旅游线路是指具有某一主题的旅游线路,线路中大多数景观或活动属性相同或内容专一,具有较强的主题性。例如,科考探险、红色研学、蜜月婚拍、体育赛事、越野自驾等旅游线路。

第三节 旅游产品设计原则与步骤

旅游线路产品是旅游企业利用交通线串联若干旅游点或旅游城市(镇)所形成的具有一定特色的路线,是联系客源地与旅游目的地的重要环节。对于旅游者来说,其最大的愿望是在舒适度不受影响或体力许可的前提下,花较少的费用和较短的时间尽可能游览更多的风景名胜,而这一目标的实现要求旅游产品的设计必须遵循科学的原则,只有在正确的原则引导下,才能够设计出合理的旅游产品。

一、旅游产品设计的原则

(一)市场需求原则

旅游者所在地区、年龄、文化和职业的不同,对旅游市场的需求是不一样的。随着社会经济的发展,旅游市场的总体需求也在不断变化。成功的旅游产品设计,必须首先对市场需求进行充分的调研,以市场为导向预测市场需求的趋势和需求的数量,分析旅游者的旅游动机,并根据市场需求不断地对原有的旅游产品进行加工、完善、升级,开发出新的旅游产品来符合旅游者的需要,这样才能最大限度地满足游客的需求,对旅游者产生持续的吸引力。

根据旅游者的需求特点,针对不同的旅游市场,除了要以人为本强调产品的普适性与个性化,设计出多种类型的旅游产品以满足旅游者的现实需求,还要从发掘潜在的需求和创造未来的需求角度去设计旅游产品,以此来刺激旅游者,开辟未来旅游市场。

目前旅游市场上推出的私家团、定制游、邮轮游以及各种主题游产品,都是针对特定市场而设计。如在主题游产品里就有针对户外运动爱好者推出的滑雪、徒步登山、潜水、高尔夫、高空项目、骑行、游艇帆船等旅游产品;针对热爱大自然的人群,推出极地探索、动物观察、自然野奢等旅游产品;针对喜爱摄影的人群,推出全球旅拍旅游产品;针对婚庆旅游人群,推出全球婚礼、蜜月婚拍旅游产品;针对喜爱历史人文的人群,推出博物馆之旅、名人探访、禅修养生、文化艺术等旅游产品;针对观赛爱好者,推出体育赛事、马拉松等旅游产品。

同时,旅行社可结合不同时期的风尚和潮流来设计旅游产品,创造性地引导旅游消费。例如,2020年国庆期间上映的《我和我的家乡》带火了杭州千岛湖周边的电影拍摄地,杭州康辉阳光国际旅行社顺势而为,设计了一个"让我们跟着电影《我和我的家乡》玩转千岛湖"的本地两日游产品,将电影中的拍摄地富文网红小学、抹茶茶园和下姜村作为景点设计到线路中,市场反馈较好。所以,旅游产品设计者要善于捕捉与旅游相关的社会热点,热播影视剧、综艺节目、网红现象等,都有可能成为旅游产品中的设计元素。

(二)合理化原则

旅游产品设计的合理与否,直接关系到游客旅游体验的好坏。因此,在设计这些旅游产品时,既要重点突出产品的主题,又要围绕主题对住宿、餐饮、交通、游览、购物等环节进行合理的时间安排、数量控制和顺序调整,具体而言,旅游产品设计的合理化原则主要体现在以下几个方面。

1.旅游点选择的合理性

旅游者对旅游产品选择的基本出发点是以最小的旅游时间和旅游消费比来获取最大的有效信息量和旅游享受,就旅游者的空间行为而言,高级别的旅游目的地是首选,因此在一条旅游线路中应该包含必要数量的、著名的、富有价值的旅游地,特别是自然环境和文化环境与常住地差异较大的旅游地,以满足游客追新猎奇的心理需求。

2. 旅游产品结构顺序与节奏的合理性

在交通合理方便的前提下,同一线路旅游点的游览顺序应由一般的旅游点逐步过渡到吸引力较大的旅游点,遵循体验效果递进原则,把高质量的旅游景点放在后面,使旅游者兴奋度一层一层上升,在核心景点达到兴奋的顶点。好的旅游产品,就如同一首和谐优美的交响乐,要有序幕—发展—高潮—尾声的过程,富于节奏感和韵律感,这样才能极大调动旅游者的游览兴趣,促使游程顺利完成。例如,我国改革开放初期,设计了一条广州—西安—桂林—北京的旅游线路,既遵循了自然和人文相结合,古老和现代相辉映的设计理念,在城市的安排顺序上,也符合游客的情绪发展过程。从广州入境,外国游客看到的是改革开放后中国的现代城市风貌,与头脑中之前的中国形成了鲜明的反差,重新认识了正在发展中的中国,在情绪上带有一些新奇感和熟悉感。第二站来到了十三个王朝的建都之地西安,参观游览半坡、秦兵马俑、华清池、大雁塔、城墙、钟鼓楼、乾陵、法门寺等古建陵墓旅游资源,游客被西安的历史文化所震撼。第三站来到有着"山水甲天下"之称的园林城市桂林,游览漓江、独秀峰、七星岩、芦笛岩等奇山秀水,体验少数民族风情,游客在自然山水中游玩时,情绪上是放松和舒缓的。最后一站来到北京,安排游客游览明清故宫、颐和园、圆明园,而当外国游客终于登上万里长城时,不由为中国劳动人民的智慧所折服,感叹"不到长城非好汉!"此时,游客的情绪已经达到了最高潮。在北京的最后几天可以让外国游客体验北京的胡同文化和京剧表演等民间艺术,既放松又使游客深入感受中国首都北京的独特魅力,在情绪上将这种新鲜感持续保持到离境,这种设计安排会给游客留下非常美好而深刻的印象,比逆向设计效果要好很多。

再如,某旅行社推出的周末亲子游产品北京2日1晚私家团,行程内容包括入住龙庆峡周边"风拾光居"亲子民宿并打卡拍照,游玩龙庆峡和北京八达岭野生动物园,其中龙庆峡和八达岭野生动物园距离民宿都不远,考虑到亲子游特点,将八达岭野生动物园放在第二天上午进行,一方面能让游客恢复体力和精力进行游玩,另一方面野生动物园是孩子最感兴趣的项目,将它放在最后能将孩子的兴奋情绪调动起来,从而获得最佳的游玩效果。

当然,在旅游产品设计中,也要充分考虑旅游者的心理状况、体能和精力,并结合景观类型组合排序等,使旅游活动安排做到劳逸结合,有张有弛。例如,对于中老年人来说,节奏慢、旅途舒适的产品较为适合;而节奏快、富有挑战性和刺激性的旅游产品,会更受年轻人的青睐。

3. 时间安排的合理性

朱镇、黄秋云(2019)指出旅游线路设计质量评价指标有三个,即感受舒适性、产品经济性和服务可执行性[1],其中感受舒适性是从游客角度测量旅游途中交通、游览和休息等方面的舒适水平,以旅游地理的空间行为测量范式,通过旅途中各类时间的配比结构来衡量感受舒适性控制能力,具体包括游览地游交时间比、自游时间比和休旅时间比,可通过公式进行计算(见表1-1)。如"游览地游交时间比"过高预示着因行程距离增加而带来的旅途疲惫感;"自游时间比"过高反映了自主时间过多,根据具体内容可判断是"自助游"或者过度购物;而"休旅时间比"则反映了夜间休息与白天外出旅游时间的平衡,过高说明游程安排不紧凑,过低则易产生

---

[1] 朱镇,黄秋云.大尺度旅游线路的设计质量评价体系与检验:以欧洲出境观光游为例[J].旅游学刊,2019(1):23-32.

旅途疲倦,甚至身体不适。研究结果显示,"游览地游交时间比"和"休旅时间比"可作为游客感受舒适性的重要判别标准。

表1-1 旅游线路的设计质量评价体系与测量指标

质量准则	指标	含义	公式
感受舒适性	游览地游交时间比(TDR)	游览时间与景区间交通时间比,数值过低指示行车时间过长,疲惫感增加	$TDR=\dfrac{游览时间}{景区间交通时间}$
	自游时间比(TSR)	整体游览时间中自主旅游安排时间(包括购物和休闲体验)占比,数值过高可指示"购物团"或"自助游"	$TSR=\dfrac{自主安排时间}{游览时间}$
	休游时间比(TRR)	夜间休息与白天交通游览时间和之比,反映晚间休息与游览安排的配比,过高和过低均存在问题	$TRR=\dfrac{夜间酒店休息时间}{总游览时间+景区间交通时间}$
产品经济性	毛利率(GPM)	反映线路盈利能力	$GPM=\dfrac{线路毛利}{线路销售额}\times 100\%$
	游览地天均成本(DC)	反映在游览地每天的支出,数值较低指示低端产品或存在恶性竞争	$DC=\dfrac{总成本-国际交通费-签证费}{游览地游览天数}$
	国际交通费用占比(IFR)	反映国际交通费用占整个线路成本的比重,过高反映成本控制能力弱	$IFR=\dfrac{国际交通费}{总成本}\times 100\%$
服务可执行性	游览时间天均误差(EDT)	反映天均实际游览时间与预期游览时间的误差,数值越低指示时间控制能力越好	$EDT=\dfrac{实际游览时间-预期游览时间}{游览天数}$
	成本误差率(EC)	反映实际成本与预期成本之间的误差比率,数值越低指示成本控制能力越好,毛利率将提高	$EC=\dfrac{实际支出-预期成本}{预期成本}\times 100\%$

从旅行社实践操作来看,旅游产品的时间安排是否合理,首先,要看旅游产品中的各项活动内容所占时间、景点的地理位置和景点与景点之间的间距是否恰当。其次,要在旅游者有限的旅游时间内,尽量利用快捷的交通工具,缩短单纯的交通运行时间,以争取更多的游览时间并减轻旅途劳累。因为旅游交通费往往是游客的主要开支,所以最好能将旅游目的地附近的景点顺便游览,当然,如果遇到一些美丽的景观公路则另当别论。再次,不论是为期一天的短途旅游,还是为期半个月的长途旅游,都要适当留有自由活动的时间。目前对于中、长途的旅游线路,无论国内游还是出境游,在设计旅游产品的时候,设计者大都会在旅途中留有一天

或两天自由活动的时间,以缓解旅途的紧张和疲劳,增加跟团游的自由度,这一点已经成为跟团游产品的设计趋势。最后,在有效的时间内适当安排景点数量。如果时间紧张的话,要抓住重点,可放弃一些次要的旅游点,所以并不是每一天安排的景点越多越好,而是要充分考虑时间因素,人一天中精力最好的时间是10~12个小时。根据朱镇、黄秋云(2019)的研究,休旅时间比以 1 为均衡值,即白天旅游与夜间酒店休息时间要基本符合旅游者日常生活(早 8 点出发,晚 8 点入住酒店)。在这个时间段内,排除路上所耗费的时间及用餐时间,剩下的就是游玩参观时间,通过了解每个景点的游览时间,一天到底能安排几个景点是能够计算出来的,因此,在设计旅游产品时,一定要清楚知道出发地到目的地、景点到景点之间的时间和距离,以及在每个景点停留的时间,才能合理安排每一天的行程。学者李山等(2005)认为,旅行社一般以每日 4~6 个景区(点)作为参照标准进行产品设计,会取得较为满意的效果[①]。

需要注意的是,出发地到目的地旅游大巴单程车程尽量不要超过 3 个小时,若超过 3 小时就要考虑更换更为快捷或舒适的交通方式或者不安排返程,在当地住宿一晚,以避免因往返车程时间太长而造成游客过度疲惫,影响第二天旅游的状态。当然,这种调整的前提是在当地有足够的住宿接待能力,以及交通条件足够便利,总之,时间(点到点之间的距离和时间以及在景点停留的时间)安排的合理性是旅游产品设计中必须要考虑的因素。

例如,山东济南+泰山+曲阜+青岛 5 日 4 晚旅游线路,若全程均选择乘坐旅游大巴进行游览,从济南—泰山(76 千米)车程耗时 1 小时 25 分,再从泰山到曲阜(97 千米)车程耗时 1 小时 45 分,最后从曲阜到青岛(372 千米)车程耗时 5 小时,很明显前三个点之间车程耗时较合理,而最后从曲阜到青岛车程耗时太长,旅游大巴的舒适度不足以支持这么长的旅途,游客会感觉疲惫,因此这一段可以改为舒适度较好的高铁,3 个半小时即可抵达青岛,这样既不会使游客感到旅途劳累,又可给游客更多在青岛自由活动的时间(见图 1-12)。线路具体行程如下:

第一天:济南(宽厚里、解放阁、黑虎泉、趵突泉、李清照纪念堂、万竹园、明府古城、西更道街、翔凤巷、王府池子、曲水亭街、百花洲历史文化街区、大明湖景区)

乘车前往泰安入住酒店

第二天:泰山风景区(可选择乘坐缆车至南天门,登玉皇顶;也可以步行登山,步行途经云步桥、五松亭、十八盘、升仙坊、碧霞祠,抵达南天门,登玉皇顶)

乘车前往曲阜入住酒店

第三天:曲阜(孔庙、孔府、孔林、孔子博物馆)

乘坐高铁前往青岛入住酒店

第四天:青岛(青岛啤酒博物馆、信号山公园、八大关、第二海水浴场、中国水准零点景区、小麦岛公园、西海岸夜景)

入住青岛当地酒店

第五天:青岛自由活动(黄岛金沙滩/唐岛湾滨海公园/"琴岛之眼"摩天轮)

返回温馨的家

---

① 李山,王慧,王铮.中国国内观光旅游线路设计中的游时研究[J].人文地理,2005,82(2):51-56.

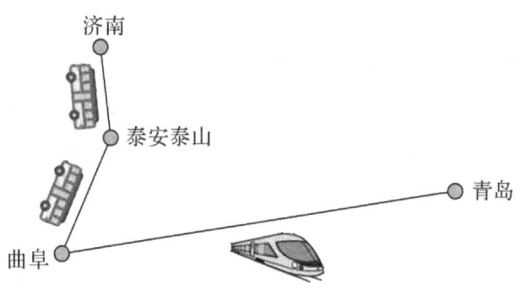

图 1-12　山东济南+泰山+曲阜+青岛 5 日 4 晚旅游线路

4. 游玩内容要和人对环境感知的强弱相吻合

根据人体的生物钟规律,经过一夜睡眠后,每天上午是人在一天之中精力最为充沛的时候,对于旅游者来说,上午的猎奇、感知欲最旺盛,心理上希望并且在实际上能够收集和感知的环境信息量最大,因此,上午的游览最好是安排在沿途及景点上的景物比较丰富的景区,以满足此时游人想多感知信息的心理需求。如果上午游览的景观丰富度和环境信息量不足,就容易使人产生这个旅游产品的游览内容不够丰富甚至平淡的感觉。经过上午半天的参观游览,尤其是中午进餐之后,人体的血液多流入胃肠消化道,而大脑则处于相对缺血的状态,于是会出现常言所说的"饭饱神虚"的现象,此时旅游者对获取和感知环境信息的欲望大为减退,因此中饭之后的沿途及景点上的景观安排应当相对淡化一些。午餐一两个小时之后,人的大脑又逐渐兴奋起来,这时的游览内容也应当相应丰富起来。总之,游览内容的丰富度应尽量与游客一天中对旅游环境感知欲望的强弱相吻合,恰到好处地为游客提供适量的感知景物对象,以满足其旅游感知需求①。

5. 购物环节安排的合理性

购物是旅游行程中不可或缺的重要环节,游客在旅游过程中可以选购的旅游商品种类非常多,一般包括旅游工艺品、纪念品、文创商品、文物古玩及仿制品、土特产品等。在设计购物元素时,应该选择当地知名度较高并具有代表性的商品和购物场所,且购物次数不应过多,一天的购物次数尽量不要超过 2 次,以免占用客人游览的时间。购物一般安排在游览和用餐之后,很多景点周边和特色小吃街上都有旅游购物场所,如在西安的回民小吃街和书院门碑林博物馆周边就分布着很多纪念品商店和摊位,游览和用餐完毕后游客可以自由选购,产品设计中只需留有一定的时间即可。对于那些具有特色的旅游购物品商店,设计时应该将其名称、停留时间标注清楚,对商品内容也要做专门的介绍,这种购物场所往往被安排在行程的最后,既符合游客旅游购物的心理,又有利于游客大量采购各种物品,还没有携带不便的困难。例如,一些出境旅游产品因为考虑到游客的购物需求,会把适合购物的国家或城市放在游程的最后,如法意瑞出境旅游产品一般会把法国巴黎安排在游程的最后而不是第一站,其中非常重要的原因就是巴黎不仅是世界时尚艺术文化之都,还是知名的购物天堂,旅游产品设计者往往会给游客在巴黎留够时间享受自由购物的乐趣。

---

① 管宁生.关于游线设计若干问题的研究[J].旅游学刊,1999(3):32-35.

6.合理利用交通工具

观光旅游产品设计中,交通方式会受到旅游目的地与客源地之间距离的影响,一般情况下,直线距离在 250 千米以内的短途旅游,汽车是主要的交通手段,火车为辅助;直线距离在 1000 千米以上的远距离旅游,飞机是主要的交通方式,火车为辅助;对于 250~500 千米中等距离的出游,火车为主要交通方式,汽车为辅助;对于 500~1000 千米中长距离的出游,火车为主要交通方式,飞机为辅助;一些沿海、沿江的旅游目的地,还开辟有轮船交通,如上海—普陀山,但轮船已不是现代旅游交通的主角。另外,交通工具的选择要以安全便捷和舒适为基本标准,在保证预算的前提下,尽量减少游客的候车时间[①]。

(三)不重复原则

最佳的旅游线路产品应是由一些旅游依托地和尽可能多的不同性质的旅游点串联而成的环形(或多边形)路线,我们称其为环形旅游支线[②](见图 1-13)。环形旅游支线主要应用于各旅游点与旅游依托地距离在一天行程以上,且各旅游点按一定顺序可以形成环状路线时,旅游者便没有必要返回依托地过夜,而是就近住宿,再前往下一个旅游点。这样做的原因在于旅游者的游览活动并不仅仅局限于旅游景点上,旅途中沿线的景观也是旅游观赏的对象。在游览过程中,如果出现走回头路,就意味着要在同一段游路上重复往返,相同的沿途景观要再浏览一遍,旅游者会感到乏味,减弱旅游的兴趣(尤其是乘坐旅游大巴时)。这种重复对旅游者来说就是一种时间和金钱上的浪费,是旅游者最不乐于接受的,因此在旅游产品设计时应尽量避免旅途重复。环形旅游支线主要在中大尺度的旅游线路中应用较多。

当旅游依托地周围的旅游点与依托地距离在一天行程之内时,为减少改换住宿地点的麻烦,增加游客的安全感,一般是重返原住宿地过夜,然后再前往其他旅游点,这样就形成了放射型旅游支线(见图 1-14)。采用这种类型旅游线路的原因,一是由于旅游者对中心城市有归属感,觉得中心城市食宿条件比周围景点或小城市好得多;二是周围城市之间没有方便的交通联系,或者虽有交通也不及与中心城市的联系方便;三是路程短,可以在一日内游览完并返回,这些因素使得游客宁愿走回头路,也不愿在周围景点过夜。目前,这种旅游线路在国内的短途旅游中比较常见。

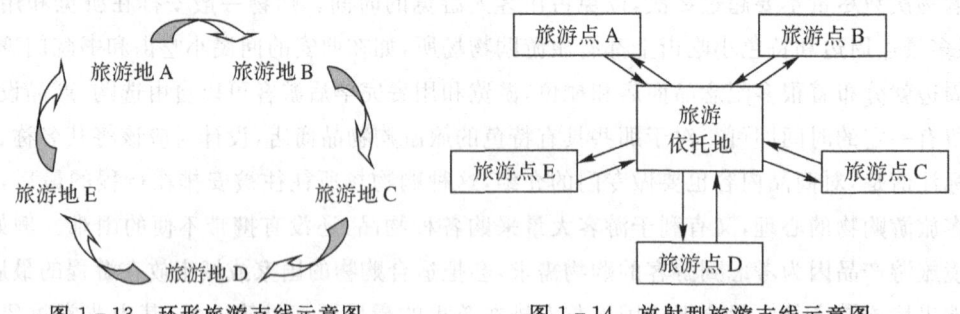

图 1-13 环形旅游支线示意图　　图 1-14 放射型旅游支线示意图

---

① 李山,王慧,王铮.中国国内观光旅游线路设计中的游时研究[J].人文地理,2005,82(2):51-56.
② 吴国清.旅游线路设计[M].3 版.北京:旅游教育出版社,2015.

(四)多样化原则

多样化原则体现在旅游产品设计中,就是将行程中的吃、住、行、游、购、娱等各种要素,组合成多种类型、不同档次的旅游线路以供市场选择,以适应不同经济水平的旅游者需要,尽量避免设计中的单一性。如在设计游览活动的时候,无论是每一天的行程还是整条线路的行程,要遵循游览类型多样化原则,做到自然和人文景观相结合,动态和静态景观相结合,即便同属人文景观,也要做到类型的差异化。例如,西安城区的一日游活动设计,市区人文景观较多,尽量在日程中安排不同类型的景点,可以这样设计,上午参观陕西历史博物馆,之后游览城墙,在城墙上游客可以选择骑自行车,下午参观慈恩寺、大雁塔,晚上到附近的大唐不夜城网红打卡地感受"大长安"的夜生活,这几个景点虽然都是人文景点,但是类型多样,有动有静,游客不会感到单调,如果再融合当地的民俗、演艺表演等活动,会给行程增色不少。切忌一日行程中同一类型的景点反复设计,如一天参观三四个博物馆。即使是餐饮的设计,也要注意设计的多样化,比如根据客人的消费能力,可以将当地的特色餐馆和小吃街等餐饮元素穿插设计到行程里,而不是从头到尾都让客人吃团餐。同样,在多日行程的设计中,也要考虑多样化,在结合当地交通、地形地貌、旅游资源和游客自身条件的情况下,将自然景观和人文景观穿插着设计在行程中。

总之,在旅游产品设计时,为增加旅游乐趣,要使景点选择尽量富于变化,避免单调重复,当然,多样化并不意味着多多益善,要兼顾合理化原则,根据情况来安排景点数量,行程不能过于紧张,避免把轻松愉快的旅游变成一次疲劳的参观活动。

(五)主题突出原则

主题和特色可以使旅游产品充满魅力,具有强大的竞争力和生命力。个性化旅游需求,推动旅游产品走向主题化。旅游产品的特色或主题的形成,主要依靠将性质或形式有内在联系的旅游点串联起来,并在旅游交通、食宿服务、娱乐购物等方面选择与之相适应的形式。

为迎合不同人群的旅游需求,目前主题旅游产品已呈现出多样化趋势,如携程网推出了户外运动、自然探索、深度人文、节庆赛事、教育游学等类型的主题游产品,而途牛网则推出亲子游、蜜月游、爸妈游、红色旅游等主题游产品。若想成功地设计一个主题游产品,就要紧紧抓住细分人群的核心需求,如"全球旅拍·新疆6天5晚私家团"主题线路的设计,是针对喜欢旅拍的人群,他们的核心需求就是在旅游途中拍出最漂亮的照片,但普通人自己拍往往达不到这种拍摄要求,且后期的修片也比较困难,若能找专业摄影师随团拍摄则效果更好。同时,要选择最美的拍摄地,一般旅拍产品容易出片的往往是一些优美的自然风光旅游地,国内这样的旅游地比较多,其中新疆景色优美,地貌类型多样,有雪山、草原、湖泊、峡谷、沙漠,还有少数民族风情和最美公路,且当地独具特色的餐馆和民宿,也会成为旅拍的重要元素。找到了细分市场的核心需求和旅游目的地之后,接下来就是将各种元素按照合理化原则和多样化原则进行搭配,组合成线路,因为是旅拍产品,因此在行程表达时除了参观游览,还要重点强调每个景点的拍摄时长,这样从特色、景点与活动选择、行走方式上都紧扣主题,这是典型的主题型旅游线路的设计思路。"全球旅拍·新疆6天5晚私家团"旅游线路的具体设计内容如下:

全球旅拍·新疆6天5晚私家团

❖ 线路行程特色

1. 2~4人私家小团
2. 摄影师随行旅拍
3. 住伊宁梵境民宿
4. 独库公路——魔界穿越
5. 撒欢那拉提空中草原
6. 赛里木湖环湖游览活动

❖ 线路旅拍特色

1. 拍摄地点：赛里木湖、那拉提、巴音布鲁克、独库公路
2. 拍摄内容：人像、公路、草原、网红打卡
3. 拍摄时间：摄影师随行(除去头尾2天)
4. 照片后期：简修10~15张、底片全送、全拍全送
5. 摄影师风格与资质：风趣幽默、国家认证摄影师

❖ 行程安排

第一天：全国各地—乌鲁木齐

自由活动，推荐新疆维吾尔自治区博物馆/新疆国际大巴扎/红山公园/水磨沟公园。

入住乌鲁木齐锦江国际酒店

第二天：乌鲁木齐—赛里木湖—伊宁市(摄影师一路随行)

前往赛里木湖，自费特色体验卡丁车、帆船、彩虹滑道，进入赛里木湖、环湖游览拍摄(120分钟)，点将台、西海草鱼、克勒涌珠、松树头看海。

入住梵境民宿

第三天：伊宁市—那拉提

前往那拉提风景区，自费特色体验蹦蹦床、射击场、漂流、骑马、摔碗酒、直升机。空中草原游览拍摄(60分钟)。

入住西部尊茂那拉提度假酒店

第四天：那拉提—巴音布鲁克

前往巴音布鲁克草原，自费体验骑马、东归印象特色歌舞演艺。九曲十八弯游览拍摄(60分钟)。

入住西部尊茂那拉提度假酒店

第五天：巴音布鲁克—独库公路—安集海大峡谷—乌鲁木齐

前往独山子和独库公路，沿途游玩拍摄(60分钟)，游览安集海大峡谷。

入住乌鲁木齐锦江国际酒店

第六天：乌鲁木齐—返回温馨的家

在设计主题游产品时，切忌呆板和单一。各种主题游产品，如节庆、赛事、蜜月旅拍、游学等，除了围绕细分人群的核心需求设计核心产品外，也要围绕所在城市设计其他类型的游玩活

动,才能避免单一。如体育赛事产品,观赛是球迷的核心需求,为球迷在赛事举办地安排一两场赛事观看是产品中必然要设计的环节,但赛事时间一般不会持续一天,那么空下来的时间除了安排跟赛事有关的体验性活动,比如和球星互动,到赛场或俱乐部参观等与核心产品有关的活动之外,可以安排游客到城市周边特色景区进行游玩,以增加产品的丰富性,尤其是跨国远程旅游线路产品,安排游客在城市周边特色景点进行游览必不可少,这也提升了产品的性价比。

所以,要把握好"主题性"和"多样性"之间的关系,既要围绕"主题"进行设计,不能喧宾夺主,又要避免单一设计某一主题类型的资源或活动,造成游客的审美疲倦。要做到这一点,就要考虑产品中主题元素的数量与类型的多少,数量少类型又单一,如宗教类线路,三天行程中只安排了一处宗教景观参观,剩下都是其他类型的游玩活动,虽然行程内容丰富多样,但是喧宾夺主,忽视了信仰宗教游客的核心需求,让人感觉不到这个产品跟宗教文化有什么太多的关联,从而与大众化旅游产品混淆。主题元素也不是越多越好,尤其是单一类型的主题元素,再如宗教类产品,如果三天行程,每天都让游客参观三四处宗教景观,客人会不会厌烦呢?答案是肯定的,因为这样设计不仅同类型景观数量过多,而且活动类型还单一,只有参观,客人能不烦吗?其实我们可以围绕核心需求,在资源类型和活动类型上进行多样化设计,就有可能避免上述情况的发生。如佛教文化之旅,佛教资源的类型和风格是多样的,有佛窟和不同宗派的佛寺,有位于城市中的佛寺还有处于深山中的佛寺,此时可以结合当地资源穿插设计于产品中,在活动类型上则要深入挖掘佛教文化内涵,除了参观礼佛之外,客人可以听高僧讲学,在一些有条件的寺院,游客可以学习武术强身健体,甚至品尝一次素斋、学习茶艺和书法等,这些活动都是跟核心产品有关的延伸性产品,既与主题密切相关又动静结合,体现了多样化原则。即使有些宗教场所不具备开展相关活动的条件,我们也可以在保证相当类型和数量的核心资源的前提下,选择文化类资源或活动作为辅助,如游览博物馆,参观一些特色建筑,观看一次非物质文化表演和传统手工艺制作流程,甚至爬一座名山等,都可以安排进来。当然,不能设计和主题类型差异过大的项目,像宗教类产品如果安排游客到游乐场去玩过山车,就有点儿偏离主题了。

另外,主题游产品设计要注意把握灵活性原则,兼顾设计的合理性。例如,陕西省历史文化类资源丰富,尤其是周秦汉唐时期的文化遗存特别丰富,在设计一个反映周秦汉唐文化的旅游产品时,有人按照朝代更迭的顺序设计行程,游客从外地来到陕西后,第一天到周秦文化遗存较为丰富的宝鸡参观雍城遗址、周公庙和宝鸡青铜器博物馆;第二天到西安临潼区参观秦始皇陵和秦始皇兵马俑博物馆;第三天到咸阳参观汉茂陵博物馆和西安汉长安城遗址;第四天继续在西安参观唐大明宫遗址和大唐芙蓉园景区,这条线路呆板地按照历史朝代的时间顺序去设计,违背了合理性设计原则。首先,四个地区按照地理位置从西向东依次是宝鸡—咸阳—西安—西安临潼区(见图1-15),很明显按时间顺序设计的路线会反复走回头路,没有考虑所选城市和地区地理位置的设计,在线路走向上完全没有章法,而且第一天到宝鸡参观,没有考虑到路上所耗费时间,以及参观三个景点所造成的游客疲惫状态,行程安排过紧。其次,将西安这座省会和交通枢纽城市放在了行程的最后,无论从交通方便程度和吃、住、行、游、购、娱六要素的丰富程度,还是游客的游玩心理来看,都是不合理的。最后,因为是"周秦汉唐"文化主题,仅仅考虑相关历史遗迹,而舍弃其他旅游资源,不仅类型单一,在景点安排和行程节奏上也有问题。实际上,西安东、西游线的设计都是围绕西安,或以西安为起点或以西安为中心,向周边地区辐射。因此设计主题游产品时,首先要考虑线路是否合理,然后在保证主题特色的前提下,灵活安排每日行程。

问题产品1:"周秦汉唐文化之旅"

D1:出发地—宝鸡

雍城遗址、周公庙、宝鸡青铜器博物馆

D2:宝鸡—临潼—咸阳

秦始皇帝陵博物院

D3:咸阳—西安

汉茂陵博物馆、汉长安城

D4:西安

唐大明宫遗址、大唐芙蓉园

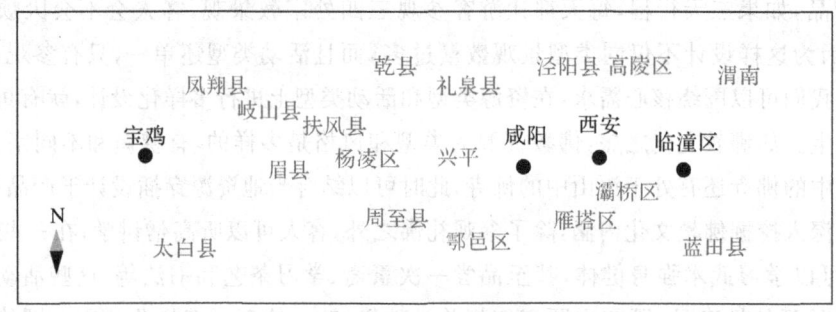

图1-15 关中地区部分行政区域位置简图

在设计主题游产品时,还有一种错误倾向是细分人群定位不准确、贪多,从而导致核心需求把握不准,主题元素过多且庞杂,弱化了产品的主题性,而且也有可能造成价格偏高,产品的性价比低,影响市场销售。例如,某旅行社设计了一个海南蜜月之旅——"天涯海角"大型婚庆主题游产品,具体内容如下:

问题产品2:海南蜜月之旅——"天涯海角"大型婚庆主题游

❖ 行程特色

1. 各具特色的浪漫婚礼全程体验

2. 浪漫享受10大主题活动

3. 尊贵享受8大VIP服务

4. 携手畅游10大名胜区

❖ 形式新颖

√城墙婚礼

√赐婚赐福赐宝仪式

√彩车古城巡游

√嘉宾现场模拟主婚、证婚——为未婚情侣颁发《鉴证爱情证书》,为新人颁发《结婚纪念证书》,为已婚夫妇、金婚老人颁发《婚龄纪念证书》,为欢乐家庭颁发《五好家庭证书》

√数码摄影师、摄像师全程拍摄

√ 空中婚礼

√ 潜水婚礼

√ 爱情宣誓仪式

√ 锁定同心锁,悬挂同心结、小灯笼、许愿符

√ 小花童献花,携手穿越幸福门

√ 共切婚礼蛋糕仪式

√ 浪漫烛光点火仪式

√ 放飞蝴蝶,放飞爱情鸽

√ 趣味游戏,评选"最默契情侣""最佳夫妻相""最佳才艺家庭"

√ 掷漂流瓶

√ 天涯海角大型蜜月庆典仪式

√ "酒店洞房"浪漫之夜

√ BBQ烧烤晚会

√ 南山观音祈福

√ 乘皇家游轮举行游轮婚礼

√ 西岛狂欢

√ 住四星级标准酒店

√ 豪华空调蜜月大巴接送

√ 著名嘉宾主持人,优秀导游讲解

√ 黎族少男少女欢迎仪式

√ 幸运大抽奖,赠送蜜月礼包

❖ 市场人群

未婚情侣、新郎新娘、已婚夫妇、欢乐家庭、金婚老人

❖ 行程简介

第一天:举行城墙婚礼。参加赐婚赐福赐宝仪式、彩车巡游,享受空中婚礼、黎族歌舞盛大欢迎仪式,入住三亚酒店洞房。

第二天:西岛海上游乐世界举行潜水婚礼。游览曾举办三届世界小姐总决赛的美丽之冠,海滩举办掷漂流瓶活动,晚宴享用海南知名的"椰子宴"。

第三天:举行天涯海角大型集体蜜月庆典。前往中国南山佛教文化圣地南海观音寺祈福、撞吉祥钟,享受游轮婚礼,参加蜜月舞会。

第四天:举行黎族婚礼。参观游览鹿回头,在大东海广场沙滩漫步,在亚龙湾锁定同心锁。

第五天:参观游览博鳌亚洲论坛纪念会址—博鳌水城—玉带滩—万泉河—热带植物园。

第六天:返程。

这个产品是以蜜月婚庆为主题的婚庆类旅游产品,但是行程内容里出现了多个婚礼,让消费者眼花缭乱。婚礼在一个人的一生中非常重要,很多人一辈子就举行一场婚礼,我们排除行程中某些文字的宣传噱头,此产品中也有四个婚礼,一个是城墙婚礼,规模浩大;第二个是三亚

的天涯海角婚礼,比较隆重;第三个是潜水婚礼,非常浪漫;第四个是黎族婚礼,具有特色。那么我们从消费者的心理感受上来说,有没有必要参加这么多场婚礼?从报名的市场人群来看,几乎覆盖了所有家庭,但并不是所有的人群都能参与所有的婚礼,比如潜水婚礼,一些年纪大身体条件不好的人群就不能参与,那么这些人在现场要干什么呢?这个产品另一个主题是蜜月,一般来说婚礼举办完了,就可以享受二人世界的蜜月时光。婚礼和蜜月看似两个主题,但放在婚庆类旅游产品里其实并不冲突,可是该产品中婚礼一个接一个,景点多且安排紧凑,虽然也有一些温馨的活动,但时间有限,对于真正想要度蜜月的小两口,反而没有什么独处的时间,满满的集体行程,无法满足这些追求个性和自由的年轻人的需求。设计者想要面面俱到,照顾到所有相关人群的需求,误以为这样产品的销售面就能更广泛一些,但结果却适得其反。产品中过多的主题元素不但没有强化主题,反而弱化了主题,归根结底就是因为没有把握住核心市场人群的核心需求。主题游产品不同于普通观光游产品,一个细分市场要对应一个核心需求,要围绕这个核心需求来进行产品设计。

另外,举办这些婚礼要动用很多资源,成本偏高,导致产品的价格较高,市场反馈不佳,其中重要的原因在于成本居高不下,已经超过了当地消费者的经济承受能力,这还是由于产品中元素过"多"而造成的。

综上所述,该产品的问题在于:细分市场过多,核心需求无法准确定位,所有市场都想兼顾,反而弱化主题;婚礼过多,婚礼和蜜月特点均不突出;行程中个别项目不是所有人群都能参加;成本高,价格居高不下,市场反馈不佳。

对于这样的产品,最好的解决办法就是重新梳理细分市场,只针对某个细分市场进行专线设计,在原产品的基础上,将其拆解,重新组合成系列产品。比如,专门针对有婚礼蜜月需求的市场人群,可以选择一场婚礼隆重举行,余下行程可结合当地有特色或和主题相关的资源进行设计,一定要给新人至少留有一天自由活动的时间,主动营造私密、独处、自由和休闲的氛围感。

(六)时效性原则

旅游活动与自然景观气候条件等目的地的客观环境密切相关,旅游产品的时间安排,应选在目的地最美丽的季节向旅游者展现当地最动人的景观。例如,春天樱花盛开的日本,夏季凉爽宜人的北戴河,秋天漫山红叶的北京,冬季白雪皑皑的长白山等旅游产品,应该安排在最能显现目的地特色的时间,否则旅游者非但欣赏不到美景,反而有可能身心疲惫。例如,8月的海南正值酷热难耐的夏季,在这一时间出游会大大消耗旅游者的体力,不能获得最佳的旅游体验。

(七)经济性原则

旅游产品的设计还应遵循经济性原则[1]。一方面作为以盈利为目的的企业,旅游产品必须能为旅行社带来一定的经济效益;另一方面旅游产品的价格应该符合目标市场的消费,不能超过旅游者的经济承受能力。旅游产品中的景点数量不能无限制增加,饭店等级也不能无限制提高,旅游产品的设计应在保证旅游活动顺利进行,旅游体验得到满足的前提下加强成本控制,降低各种消耗,使旅游者以最低的成本完成旅行。

---

[1] 戴斌,张杨.旅行社管理[M].4版.北京:高等教育出版社,2020.

二、旅游产品设计步骤

(一)明确方向

一个成功的旅游产品设计必须要进行创新,要对旅游市场有足够的敏感度,要设计出具有市场区分度的创新性旅游产品。首先,要明确设计方向,根据所在旅行社的经济实力和产品研发能力,在企业擅长或重点规划的产品领域里去寻找设计灵感。例如,有些旅行社专门做研学游或做海外游学业务,那么设计者就要在研学或海外游学领域去寻找资源,分析细分市场的核心需求;或者在某一阶段,所在旅行社要重点推出周边游系列产品,那么设计者就需要在城市周边寻找资源,构思产品。总之,只有明确了方向,线路设计才能有的放矢。

其次,要准确把握旅游市场需求趋势,寻找设计突破口。这要求旅游产品设计者不仅要关注旅游领域的最新资讯,还要多关注社会、时尚、娱乐、体育、影视、科技等领域的新闻资讯,而且要善于将社会热点、网红现象和所要设计的旅游领域相结合进行产品设计。设计者要学会通过旅游OTA平台分析所关注的领域中现有旅游产品的特点,了解这个领域旅游产品的开发趋势,发现设计空白点,从而找到具体产品的设计方向。例如,有一款针对苏州当地亲子市场的服装设计主题游产品,这是一个面向10到15岁女孩的产品,而且只在苏州同里花间堂·丽则女学酒店里学习服装设计课程,没有安排其他的活动。于是有设计者尝试在保留原有服装设计的主题思路下,结合苏州当地旅游资源,在课程之外添加更具吸引力的亲子活动,如赏花、采摘、骑行、主题乐园等,最后一天将亲子共同完成的服装设计作品通过一场服装表演秀进行展示并颁奖,将活动推向高潮,同时将孩子的年龄放宽至低龄儿童,且男孩和女孩都可以参与。这个产品还可以进行拆解,形成系列产品,既可以面向当地市场,也可以向外地市场推广,这就是针对亲子游产品设计空白进行改良后的部分创新产品。再如结合热播影视剧设计旅游产品,2017年随着《三生三世十里桃花》的热播,有旅行社针对该影视剧拍摄地云南普者黑设计出主题旅游产品,受到了市场的热捧,这是根据社会热点设计产品的成功案例。创新性产品可以是全面创新产品,也可以是部分创新产品,甚至还可以是某个元素的创新。例如,2019年西安大唐不夜城为了增加与游客的互动性,根据西安吉祥物"唐妞""唐宝",设计出两款不倒翁行为艺术表演,一下带"火"了西安旅游,大唐不夜城成为西安的又一网红打卡圣地,一些旅行社及时抓住这一契机,纷纷在旅游产品中增加了大唐不夜城的活动,不仅丰富了游客的夜生活,还提升了产品的吸引力,这是利用网红元素创新旅游产品的真实案例。

所以,明确设计方向,了解旅游市场发展趋势,寻找创新元素,是旅游产品成功推向市场的第一步。

(二)确定主题

主题是旅游产品的灵魂,游客在筛选旅游产品时,首先对比的就是产品主题,一个目的地明确、特色突出的主题很快会吸引游客的注意力,所以确定主题对于旅游产品设计来说至关重要。首先,要根据客源市场的需求,找到适合的目的地和主要的旅游资源。其次,要会提炼特色,进行主题命名。设计者需要了解旅游产品主题要素的基本构成,即至少要有主要目的地(景点)+行程天数+产品类型三个要素。如杭州+乌镇+苏州+西塘4日3晚跟团游,就是一个非常典型的跟团观光游产品主题,那么沿着这个思路还有自由行、私家团等主题产品命名,如三亚亚龙湾5日自由行,内蒙古呼伦贝尔+满洲里+额尔古纳6日5晚私家团。最后,要根据行程内容提炼特色,放在主题里。这个特色可以是人群市场细分的特色,如高端亲子游云南西双版纳5日4晚私家团,全球旅拍·西藏林芝+纳木错6天5晚私家团,高尔夫·昆明春城、滇池+丽江雪山6天5晚私家团;也可以是行程中主要资源的特色,这个特色应该用更时尚更有趣更生动更具代表性的词汇进行包装,才会显得与众不同,引人注目。

如西安臻知堂国际旅行社推出的几款研学产品的主题就非常突出,设计者将湖南卫视、合心传媒联手推出的大型生活服务纪实节目《向往的生活》作为旅游产品主题命名的依据,推出了"向往的旅行"系列研学产品,分别是向往的旅行——"别样过端午"之袁家村一日游、向往的旅行——国宝的森林派对之汉中佛坪两日游、向往的旅行——终南山探险两日游。这个系列产品结合陕西省自然资源,涉及了节俗、动植物、登山探险等领域,题材丰富,主题命名十分生动有趣味。如何将目的地的资源特色和当下流行时尚、网红现象相结合并融入主题中,使之成为旅游产品的主题特色,非常考验产品设计者的创作能力。

我们再以西安臻知堂国际旅行社针对西安本地人文旅游资源所提炼出来的系列产品主题举例。西安作为十三朝古都,历史悠久,文化底蕴深厚,文物遗存丰富且类型多样,高级别的景区博物馆众多,如西安城墙、钟鼓楼、大雁塔、秦始皇兵马俑博物馆、西安半坡博物馆、陕西历史博物馆、西安碑林博物馆等,其中尤以盛唐文化著称,比较知名的有大明宫遗址公园、大唐芙蓉园、大唐不夜城等景区,开发研学旅游产品的条件得天独厚。基于此,臻知堂从西安市众多的人文旅游资源中选出适合做研学游的景区,精心设计了不同类型的5款研学产品,接下来我们来欣赏一下设计者对这几款线路的部分主题命名:

汉字魔方——书写碑林千秋事,字传华夏五千年;

历史密码——解读历史密码,纵览文明华夏;

你是下一个梁思成——斗拱有榫知轻重,钩心斗角悟方圆;

大唐荣耀——穿越千年时光,梦回大唐盛世;

长安十二时辰——行走曲水丹青,感悟唐韵盛景。

仅从旅游产品部分主题就可以判断出产品应该涉及书法、历史、建筑、盛唐文化等领域,如果再结合副标题,就可以知道行程的主要目的地。而这五个旅游产品主题最成功之处,则在于不露声色地将热播电视剧剧名、名人、书籍和行程中核心资源特色巧妙结合,让人眼前一亮。这个案例告诉我们如何根据核心资源特色提炼主题,并巧妙命名。

除此之外,很多旅行社还在产品主题中添加了自己的服务、赠送项目、酒店、交通、导游、门票等特色,其目的就是要让游客第一眼就被自己设计的产品主题吸引。例如,北京本地游玩产品的主题为"3日2晚跟团游【2万人销量·错峰游】『5环内免费接·长者立减100元/人·品质保障』金牌导游服务,打卡拍照#美景,升旗仪式+故宫+八达岭『当好汉』+颐和园+天坛+圆明园+鸟巢水立方【可选提前入住&延住】",此产品就是将"金牌导游""5环内免费接""长者立减100元""提前入住或延住"等各类服务特色和优惠措施作为吸引消费者的亮点放到了主题中。

总之,主题的确定对于提升旅游产品吸引力非常重要,可以在常规的主题要素中,结合目的地资源、细分市场和提供的各类优质服务来提炼主题特色。

(三)前期准备

前期准备是旅游产品设计是否成功的关键性步骤,涉及对吃、住、行、游、购、娱各类资源的整合。就以"游"这个要素来说,同样的旅游城市,旅游产品设计所针对的客人不同,那么选择的景点就会不同,所以旅游产品设计者一方面要了解客源市场的核心需求,另一方面要充分了解目的地旅游资源,不仅要知道这个城市有哪些景区景点,还要知道它们分布的位置、历史文化内涵、景区价格、开放时间以及景区内环境功能分区、提供的各类设施、活动项目和活动场所等,然后根据客人的特点和需求筛选适合的景区和游玩项目。其他吃、住、行、购、娱等要素也是一样的,只有充分了解,才能更好地筛选、整合和设计。同时,旅游产品设计者根据情况,可以适当融入旅行社自身的服务特色和活动设计,如在行程安排的舒适度、自由度和专业程度方面的特色,设计跟游客一起互动的活动等。

在这个过程中要特别注意两点,一是在具体设计旅游产品时,要学会站在旅游者角度去考虑特色和行程细节。二是要会利用地图,确定旅游目的地和各景点景区的地理位置,从而估算它们之间的距离,合理安排每天的行程。

(四)具体呈现

当客源市场、主题、旅游目的地和旅游资源等各要素都明确之后,接下来就是如何呈现旅游产品,呈现的具体步骤为:产品名称(紧扣主题)—行前导入(引发遐想)—资源详情(展现细节)—日程安排(行程景点甄别、交通选择、合理可靠)—产品定价(注重实用)。

(1)产品名称。结合前文所述,产品命名其实就是主题命名,要紧扣主题和设计方向来命名。产品命名的基本结构为:主要目的地(景点)+行程天数+产品类型。在这个结构的基础上,可以添加旅游产品的各种特色,如细分市场特色、行程内容特色和服务特色等。

(2)行前导入。这部分内容就是设计者用身临其境的语言导入,触发消费者对该产品的遐想。好的行前导入会有两大功能,即简介功能和宣传功能,它往往会将行程中核心资源的价值和特色,展现在消费者面前,让消费者马上理解该产品的亮点所在,并对所描述的内容产生浓厚的兴趣。如某"厦门+鼓浪屿+福建土楼4日3晚跟团游"产品的行前导入内容如下:

❖ 交通工具特色

全方位升级体验陆地航空舱大巴车/皮质沙发座椅/USB充电口/车载Wi-Fi/K歌系统/动车同款窗帘/不仅限于市区行程使用,土楼路程较远,同样升级航空舱大巴车,让旅程更舒适/空座率15%,空出最后一排,给旅途乘车营造宽敞、轻松、和谐的氛围。

❖ 行程特色

升级双土楼景区,赠田中赋土楼群(由7幢土楼组成,土楼与自然环境融为一体,土楼的建筑天际线与地形地貌形成了一幅壮美画卷,充满了诗情画意),展示土楼原貌、土楼山水和土楼艺术。安排船游鹭岛,土楼行程返程安排船游厦门港,车去船回,不走回头路,打卡夜幕中的厦漳大桥、鼓浪屿风景区、厦门海沧大桥,欣赏两岸灯火阑珊,聆听海面浪花此起彼伏。安排土楼内用餐,增加土楼内用餐体验,深入解析土楼,近距离观赏土楼。

❖ 景点特色

云水谣古镇:千年古道,潺潺流水,数百年古榕树群独木成林。

云水谣影视基地:打卡屏幕同款水车,360°出片,让你美出图。

世遗土楼：怀远楼，双环圆形土楼；和贵楼，沼泽上的"诺亚方舟"。

世遗鼓浪屿：漫步于鼓浪屿小岛上，绿树红砖相映成趣，万国风情，应接不暇，在这座文艺炸裂的海岛，邂逅每一份感动。

经典厦门市区（南普陀/沙坡尾艺术西区/胡里山炮台）：蓝与绿的交响，山与海的天堂，穿梭"海上花园"之中，领略鹭岛厦门的山水风光，走近街巷，探访闽南的人间烟火，古朴与潮流的碰撞，解读不一样的老厦门……

❖ 服务特色

科德航空体验馆，空乘制服体验，走近驾驶舱，圆儿时的蓝天梦。

特别选取厦门大学出品矿泉水，不只是解渴，更是一种情怀。

鼓浪屿无线耳麦，免费租赁，全程聆听专业讲解，视听盛宴两不误。

携程 24 小时接送机，专车接送 0 等待，初次到访，落地无忧，专属旅游管家 24 小时在线，有问必答，封顶 18 人，精致小团，服务周到，行程舒适，专业团队踩线实践，精心打磨行程线路。

❖ 酒店特色

严选厦门市区 5 钻酒店 3 晚连住不挪窝，奢享整夜精致好眠。

厦门喜来登酒店：酒店靠近主要旅游景点和交通枢纽，地理位置优越，装修现代、时尚，以精致家私搭配，更显舒适气派，服务体贴入微。

厦门日航酒店：位于风光旖旎的环岛路，与金门岛隔海相望，各大商场林立，交通出行便利。

厦门泛太平洋酒店：酒店地处厦门金融中心，步行 10 分钟即可到达，前往鼓浪屿的国际邮轮中心码头、山海健康步道、咖啡酒吧一条街、海湾公园等众多打卡地均分布在酒店四周。

（3）资源详情。资源介绍在产品行程中必不可少，是游客具体了解景区资源特色的重要环节。资源介绍的文字不能烦琐，要将其所在位置、建筑特色、历史文化渊源、主要价值和游览亮点展示出来，让游客在最短时间内理解并被吸引。如"厦门＋鼓浪屿＋福建土楼 4 日 3 晚跟团游"旅游产品，它对主要资源特色的介绍如下：

云水谣景区：云水谣景区位于福建省漳州市，是南靖土楼的一部分，是电影《云水谣》的拍摄地。景区包括了云水谣古镇、和贵楼及怀远楼三个景点，三个景点沿着长教镇的一条小河展开，中间是云水谣古村，北头是怀远楼，南头是和贵楼。

√ 云水谣古镇：历史悠久的古老村落，拥有世界文化遗产和贵楼、怀远楼、千年古榕树群和千年古道。溪岸边，由 13 棵千年老榕树组成的榕树群蔚为壮观，其中一棵老榕树树冠覆盖面积 1933 平方米，树丫长达 30 多米，树干底端要 10 多个大人才能合抱，是村里的一大特色。古道旁，有一排两层老式砖木结构房屋，那就是长教镇已有数百年历史的老街市。电影《云水谣》曾在这里取景拍摄。

√ 和贵楼：又称山脚楼，建于清代雍正十年，其意义是劝世人弘扬以和为贵的传统美德。和贵楼是以松木做地基建造在沼泽地上，由于松木木质的特殊性，和贵楼经历过数次地震仍然不倒。院子中的空地，踩上去软绵绵的，竹竿插进泥土会出水。

√ 怀远楼：目前建筑工艺精美、保护较好的双环圆形土楼。怀远楼为二环楼，建筑师是振成楼的建筑师，楼的设计相当工整且有特点。楼前平地有块用鹅卵石排成的太极图案。土楼和村子被水稻田和茶山包围着，一幅安宁的田园图。

√田中赋土楼群：位于漳州市南靖县书洋镇田中村，倚靠狮尾山，傍临潭角河，由七幢土楼组成。土楼与自然环境融为一体，土楼的建筑天际线与地形地貌形成了一副壮美画卷，充满了诗情画意。大学楼是接待体验中心，竹林楼是土楼文化展示交流中心，通过高科技形式立体呈现。辅楼为文化艺术长廊，集美育普及寓教于乐为一体，展现艺术家以土楼为题材的艺术作品。光辉楼为民俗展示馆，通过历史的痕迹，表现了土楼人的生活常态。顺兴楼为宗祠馆，外楼为休闲广场，溪边船楼为会所。

鼓浪屿：鼓浪屿是一个宁静美丽的小岛，岛上拥有众多的特色店铺和风格迥异的建筑，生活气息和文艺范儿并重。凭借其独特的景色，已然成为厦门名副其实的旅游名片。岛西南方海滩上有一块两米多高、中有洞穴的礁石，每当涨潮水涌，浪击礁石，声似擂鼓，人们称"鼓浪石"，鼓浪屿因此而得名。

√万国建筑博览：是指鼓浪屿岛上各种中西合璧的建筑，这些建筑群被统称为万国建筑博览，是鼓浪屿的中西文化交流的精粹景观。这些建筑里，有中国传统的庙宇，闽南标志的院落平房，欧式的原领事馆建筑等，其中八卦楼是厦门的近代建筑代表。

√协和礼拜堂：是鼓浪屿上非常早的教堂。19世纪中期，不少虔诚的基督徒来到鼓浪屿，为了有一个礼拜的场所，他们决定在鼓浪屿建一所教堂，于是各差会的信徒纷纷捐款，在鼓浪屿的鹿礁顶建造教堂。现协和礼拜堂已重新修缮完工，以修旧如旧的面貌呈现在游客面前。

√原日本领事馆：位于厦门大学旁边。建筑是英国风格，屋顶是中国风格。抗战时期，这里的地下监狱关押了很多抗日志士，至今，墙壁上仍可看到当时被关押的抗日志士留下的抗日标语和血迹。

√原英国领事馆：位于厦门鼓浪屿漳州路五号的原英国驻厦门领事馆官邸是一座掩映在绿树中的美丽宅院，如今这里已经成为厦门金泉钱币博物馆的展厅。鼓浪屿原英国领事馆建筑为三层红砖楼，四角出砖入石，结构方正严谨，落地门窗均配百叶调节阳光，挡避风沙，还装饰有壁炉。据考证，这座宅院是鼓浪屿早期殖民建筑风格的代表。

√菽庄花园：建于1913年，位于鼓浪屿南部，原是名绅林尔嘉的私人别墅。1956年，园主亲人将此园献给国家。菽庄花园各景错落有序，其建筑风格为闽式兼有西洋色彩，临海而筑，独特而惊艳。菽庄花园主要分为藏海园及补山园两部分，主要景点有钢琴博物馆、十二洞天、四十四桥。四十四桥，是非常好的观海点，可在此观海。

√"十二洞天"：是人工造出来的连环洞，像猴子洞，因客人进洞摸不出路来，又叫迷魂洞。十二洞天，即十二洞室，以地支为名，洞室大小、形状各异，小径错落、上下盘旋，曲折迷离。想要体验迷宫式的探索体验，不妨来此游玩哦。

√钢琴博物馆：位于鼓浪屿，里面陈列了胡友义先生收藏的40多架古钢琴。比较特别的是一台1928年美国制造、价值昂贵的全自动海那斯名琴。博物馆用一卷卷打孔的古琴谱逼真地弹奏出贝多芬、肖邦、勃拉姆斯的作品，成为博物馆的背景音乐，与鼓浪屿的拍岸涛声相伴。

(4) 日程安排。吃、住、行、游、购、娱等各要素明确了之后，就可以编制每天的行程。日程安排应按照前文所述的市场需求原则、合理化原则、不重复原则、多样化原则、主题突出原则、时效性原则和经济性原则进行设计，做到旅游产品合理可靠，符合市场需求。

(5) 产品定价。行程确定好了之后，就要收集旅游目的地的就餐标准、住宿档次和价格、景区的游览门票价格，以及各旅游目的地城市间交通工具的种类、标准、抵达离开时间和价格等信息。产品设计者应列出收集到的食、宿、行、游等相关费用并进行产品计价,旅行社产品的计价公式为:价格=成本+利润+税金。根据产品特点和营销模式的不同,旅行社产品利润差异也比较大,一般是10%～20%①。一般旅游产品成本价格的计算公式为:成本价格=大交通+房费+餐费+车费+景点门票+导游服务费。其中,导游服务费一般为20元/(人·天)。

餐费中的早餐通常酒店已含,核算时予以忽略。正餐即为中餐和晚餐,国内团队10人一桌8菜1汤,餐标约定俗成为15元/(人·餐),对应不同档次的酒店,餐标也作相应提升。准三星、二星酒店餐标:15元,一天2餐,即为30元;挂三星酒店餐标:20元,一天2餐,即为40元;四星、五星酒店餐标:30元,一天2餐,即为60元。

在核算时,我们还要考虑到物价水准的上升,以及不同等级团队的不同要求,不能单纯以酒店档次(五星、四星、三星划分)来区分团队档次。

车费的计算要考虑到车型,以及是否有超公里计价以及高速的路桥费。一般来说,车型越大,人数越多,车价平摊越便宜。下面附旅游车公里车价计价表(见表1-2),以供参考。

表1-2 旅游车公里车价计价表

车型/座	室内用车(80千米内按次按天)计价	超公里用车(80千米以外)计价
5+1	通常与出租车计价相同,无等候费,1.0～1.2元/千米,高速公路过桥费平均以0.8～1.0元/千米计,适宜包车租赁	旅游团队利用该车型情况较少,超公里往往选用别克商务或豪华轿车,故特殊情况另计
9+2	通常与出租车公里计价相同,无等候费,1.2～1.6元/千米,高速公路过桥费平均以1.0元/千米计,适宜包车租赁	1.2元/千米,高速公路过桥费平均以1.0元/千米计
15+1	接送团(单次,含桥杂费):150元/次 半天用车:250元;全天用车:500元 套车(受时间和条件限制,单次参考价):400元	1.6元/千米,高速公路过桥费平均以1.0元/千米计
18+1	接送团(单次,含桥杂费):180元/次 半天用车:300元;全天用车:550元 套车(受时间和条件限制,单次参考价):400元	1.8元/千米,高速公路过桥费平均以1.0元/千米计
24+1	接送团(单次,含桥杂费):240元/次 半天用车:350元;全天用车:600元 套车(受时间和条件限制,单次参考价):450元	2.5元/千米,高速公路过桥费平均以1.0元/千米计
28～33	接送团(单次,含桥杂费):250～300元 半天用车:350～400元;全天用车:600～700元 套车(受时间和条件限制,单次参考价):500～600元	3.0～3.5元/千米,高速公路过桥费平均以1.0元/千米计
39～53	接送团(单次,含桥杂费):300～500元 半天用车:500～600元;全天用车:800～1000元 套车(受时间和条件限制,单次参考价):600～800元	4.0～6.0元/千米,高速公路过桥费平均以1.0元/千米计

资料来源:熊晓敏.旅游圣经:出境旅行社专业运营实操手册(上)[M].北京:中国旅游出版社,2014.

---

① 熊晓敏.旅游圣经:出境旅行社专业运营实操手册(上)[M].北京:中国旅游出版社,2014.

如"石家庄至上海一地5日游(双卧标准等)"线路[①],其具体价格计算如下:

①大交通费:石家庄—上海往返火车票(硬卧)

283元/人×2=566元/人

②房费:上海住4晚[按标间300元/(天·间)计]

150元/(人·元)×4天=600元/人

③餐费:含到上海后的4天正餐,按挂三星酒店餐标40元/(人·天)计(火车上用餐自理)

40元/(人·元)×4天=160元/人

④市内交通费:按24+1车型,600元/(天·车),共3天用车,按20人一团,平均每人每天30元。由于石家庄到达上海是上午9:53,当天即开始游览,不需要计入接站费;上海的返程车次离开上海的时间是中午12:20,上午游览,中午送站,也不需要计入送站费。因此,市内交通费为

30元/(人·元)×3天=90元/人

⑤景点门票费:在上海主要游览5个景点,分别是上海第一次中共中央旧址系列(免费)、宋庆龄故居(免费)、上海大学(免费)、东方明珠电视塔第二球加陈列馆(135元/人)、世博园(60元/人)。门票共计:

135元/人+60元/人=195元/人

⑥导游服务费(按每人每天20元计)

20元/(人·元)×5天=100元/人

旅游产品成本价格合计:566+600+160+90+195+100=1711(元/人)

"石家庄至上海一地5日游(双卧标准等)"旅游产品的最终价格(不含税),按10%利润计算为

1711元/人+1711元/人×10%=1882.1元/人

因此,使用整数定价策略确定销售价格为1880元/人。

第四节 旅游产品市场调研

旅游产品设计的前提是要充分了解旅游市场,掌握目标人群的核心需求和市场供给现状。本节将具体阐述如何对旅游市场进行调研,从而为旅游产品设计提供依据。本节以主题游产品"[健康养生]药乡浙江金华磐安县5天4晚旅游线路"的设计为例。

一、市场环境分析

确定旅游产品设计方向之后,首先要对目标市场环境进行充分的了解,可以通过国家对该市场的相关政策、媒体的新闻报道、专业机构的分析报告等渠道了解该市场的发展前景、意义及主要特点。"[健康养生]药乡浙江金华磐安县5天4晚旅游线路"的设计者在确定其主题方向为"健康养生"旅游线路之后,翻阅了大量资料,形成了市场分析报告。以下是该旅游产品的

---

① 张素娟,宋雪莉.旅游产品设计与操作[M].北京:化学工业出版社,2012.

市场环境分析内容：

随着我国经济的迅速发展和人民生活水平的提高，人们对于生活质量以及自身健康的要求也在不断提升，健康养生游拥有广阔的发展前景。根据《2014—2018年中国养生旅游产品开发模式与区域投资机会分析报告》，我国大城市的居民，尤其是都市白领，半数以上处于亚健康状态，并且人数还处于不断上升的趋势。除此之外，在过去的时间里，我国65岁以上人口比例逐渐增加，老龄化比率出现明显增长趋势。这就要求人们在物质生活水平得到提高的同时，也要更多关注生活的质量与身心的健康，在这种社会形势下，养生休闲产业将会成为时代的热点与潮流。当今社会人们崇尚天然药物、喜爱绿色自然疗法，而中医药养生旅游满足了人们对健康和绿色自然疗法的追求，是人们健康旅游的首选。报告同时显示，不同年龄、性别、收入、职业等的游客，其养生旅游需求不同，消费水平也存在差异，老年市场是中医药养生旅游市场最直接的群体。老年人更关注自身的健康和长寿，他们渴望了解养生知识，延年益寿。同时通过中医药养生旅游活动，让老人在享受中医治疗的同时，可以欣赏到美景。在性别差异上，男性倾向于足疗、针灸、按摩等体验项目，女性倾向于美容抗衰老、健康塑形等方面的养生产品。所以，健康养生游应设计个性化的养生旅游产品和养生体验项目，提供更加专业化的服务[①]。另外，中医养生活动所涉及的内容、中医相关活动、食宿、交通等核心问题均在关注的范围之列，不分伯仲。在食宿、交通等配套服务方面，品尝药膳以及安全交通是关注的重中之重，做出中医药养生游特色的同时让游客安安全全回家，是中医养生游成功的基本保障，也是影响游客做出选择的关键因素。

二、资源与设施分析

通过对健康养生旅游市场的大环境分析，可以得到该市场发展的基本特点，下一步工作就是明确旅游目的地，进一步定位目标市场，设计问卷对该细分市场人群需求做具体的调研分析。"[健康养生]药乡浙江金华磐安县5天4晚旅游线路"的设计者结合当地资源和企业现状，选择养生资源较为丰富的浙江金华市磐安县作为旅游目的地，然后对当地资源、设施服务、市场需求和产品供给进行调查。以下为具体调研内容。

（一）养生资源分析

1. 自然养生旅游资源

磐安县虽然低调，但生态环境优越。磐安位于浙江中部的山区，年平均气温仅为16.8℃，是避暑胜地。磐安县风景秀丽，环境优美，植被茂盛，水质和空气质量优良，所以含氧量比较高。磐安十八涡景区里面可以看到峡谷、溪流、冰臼群，这些景观都得益于远古造山以及长期侵蚀所形成。最为著名的花溪景区，可穿越森林、登上大盘山，探索古老的寺庙、火山湖及四江的源头。长溪总长度超过3000米，整条河流底部没有石沙和淤泥，溪流清澈，是夏日度假的最佳选择。百杖潭景区里面有中国罕见的冰臼瀑布，山势比较险峻，游客可以欣赏到壮观的瀑布、清幽的洞穴和怪石。

---

① 张玲.中医药养生旅游市场开发研究[D].合肥：合肥工业大学，2016.

2. 中医药养生旅游资源

磐安的中药材全国闻名,家家户户都种植中药材,因此积累了深厚的中医药文化。当地人也会用中药材进行烹饪,形成了独特的药膳文化。这一切都与磐安的自然条件有关。磐安有优质的土壤条件,适合中药材的生长。磐安中药材中最为著名的就是"磐五味",即白术、元胡、芍药、玄参、贝母,有不少药膳是用五味中的其中一味制作。磐安县处于大盘山的中心地段,拥有很多野生药材和珍稀濒临灭绝的药用植物,这为磐安的中药材生产提供了保障。

3. 文化养生旅游资源

磐安历史悠久,文化底蕴深厚,有两个国家级文化保护单位,即"玉山古茶场"和榉溪"孔氏家庙"。磐安产茶历史也十分深远。玉山古茶场始建于宋代,在清代重建,是中国唯一幸存的古代茶贸易市场。玉山古茶场已成为磐安茶叶兴衰的最佳见证,有中国茶文化的"活化石"之称。榉溪村是江南最大的孔氏聚居地,孔氏家庙坐南朝北,与北方孔庙的富丽恢宏相比,南方的孔庙显得十分古朴。磐安的民俗文化丰富多彩,具有"赶茶场""炼火""迎大旗""亭阁花灯"等国家和省级非遗传统文化。

(二)旅游基础设施与服务设施分析

1. 磐安的旅游基础设施

在交通方面,磐安虽然处于浙中山区地带,但是其交通比较便利,交通基础设施比较完备,距离杭州、温州等周边城市均在两个小时以内。近年来建设的杭温高铁,途径磐安,使得磐安交通更加便利。由于磐安健康养生旅游业发展较晚,所以很多养生方面的基础设施正在建设,如养生博览馆、国药文化城等项目;磐安特产丰富,近年来建设了浙八味药材城,成为当地重要的药材批发地。

2. 磐安的旅游服务设施

磐安的饮食文化比较独特,在当地酒店及餐馆中,药膳无处不在。但是,并不是每位游客都能接受药膳,所以很多酒店和餐馆也在进行多元化改革,提供各色美食。根据调查,磐安县总共有144家酒店,其中民宿和农家乐就有67家,占到了47%。磐安的酒店分布较为分散,民宿大多集中在景区附近。磐安的娱乐设施较少,旅游产品中只有一两个产品含有温泉娱乐项目,其他养生娱乐设施正在开发中。磐安也有着自己独有的民俗文化特色,但由于设施不够完善,非遗文化的传承人不多,因此需要深入挖掘磐安的民俗文化特色,如"炼火""迎大旗"等非遗文化,让游客感受非遗文化的魅力。

三、问卷设计

针对该产品的游客需求调查,设计者选择在磐安当地展开,选择的前提是磐安县已经是浙江地区较为成熟的旅游目的地,也有旅行社组织游客来此地游玩,因此,在该地调查,可以直接接触到目标客源,而且这些客人对当地资源有一定的了解,问卷调查更有针对性。同时,设计者在实际考察之前,已经预设计了两条线路,因此可以借助实地调研,检验市场的接受度,从而改进产品。该产品的问卷设计包括五个方面,即人口统计特征、动机与偏好、当地消费行为、线路选择、意见与建议。

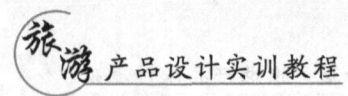

浙江省金华市磐安县健康养生游游客需求调查问卷

尊敬的女士/先生：

您好！我们是××××，此次进行磐安健康养生线路设计的调研，目的是为了了解游客对健康养生旅游的需求，以便为您提供满意的旅游产品和优质的服务。本次调查不记姓名，所有信息仅供学术研究，涉及个人信息的内容，我们将遵守《中华人民共和国保密法》的相关规定，严格为您保密。非常感谢您参加此次调查活动，请您热心提供您的看法和意见，希望能够得到您的支持。本问卷题项后若没有特殊说明的均为单选题，可在选项中画"√"。能倾听您的想法，我们感到非常荣幸。谢谢！

1. 您的性别？
   □ 男　　　　　　　　　　　□ 女
2. 您的年龄？
   □ 18 岁以下　　　　　　　　□ 18～30 岁
   □ 31～50 岁　　　　　　　　□ 50 岁以上
3. 您来自哪里？ _____
4. 您的文化程度？
   □ 初中及以下　　　　　　　□ 高中或中专
   □ 大学本科、大专　　　　　□ 硕士及硕士以上
5. 您的月收入？
   □ 2000 元以下　　　　　　　□ 2000～3000 元
   □ 3001～5000 元　　　　　　□ 5001～8000 元
   □ 8000 元以上
6. 您的职业是？
   □ 政府职员　　　　　　　　□ 企业员工
   □ 文化教育工作者　　　　　□ 个体经营者
   □ 学生　　　　　　　　　　□ 退休
   □ 待业　　　　　　　　　　□ 农民
   □ 其他_____
7. 您到磐安的出游方式是？
   □ 自驾游、自由行　　　　　□ 旅行社跟团
   □ 单位或者学校组织　　　　□ 其他_____
8. 您来磐安旅游是为了什么？（最多选四项）
   □ 回归自然　　　　　　　　□ 延年益寿
   □ 健康护理　　　　　　　　□ 修身养性
   □ 药膳养生　　　　　　　　□ 养肤美颜
   □ 药物理疗　　　　　　　　□ 医疗康复
   □ 感受文化　　　　　　　　□ 其他_____
9. 您是通过什么渠道了解磐安旅游的？
   □ 朋友/亲友　　　　　　　　□ 报纸/杂志

☐电视/网络 ☐广播
☐旅行社/旅游宣传手册 ☐其他_____

10. 假设您来磐安旅游,您认为在磐安停留多长时间合适?_____花费多少钱合适?

11. 您一般会选择哪个季节来磐安旅游?
☐春季 ☐夏季
☐秋季 ☐冬季

12. 您曾经去过磐安哪些旅游目的地?(多选题)
☐大盘山药用植物园 ☐玉山古茶场
☐乌石村 ☐磐安十八涡
☐榉溪村 ☐云山旅游度假区
☐安福寺 ☐江南药镇
☐陈界村 ☐其他_____

13. 您在磐安旅游的住宿形式?
☐民宿 ☐经济型宾馆
☐星级酒店 ☐其他_____

14. 如果磐安旅游区增添了一些休闲养生旅游项目,您更喜欢下列哪些项目?(最多选三项)
☐森林环境 ☐休闲娱乐项目
☐茶艺 ☐药膳、食疗、养生宴
☐中医诊疗 ☐温泉养生
☐其他_____

15. 假设旅行社现推出两款旅游线路,您会选择哪一款?

A款:磐安健康养生3日游	B款:磐安健康养生6日游
DAY1:上午到达杭州萧山;下午游素有"空中乡村"美誉的乌石村;晚上入住磐安大盘山温泉山庄,品药膳、泡温泉	DAY1:上午到达杭州萧山;下午游大盘山药用植物园,识草药,感受中草药的魅力;晚上入住磐安大盘山温泉山庄,品药膳、泡温泉
DAY2:上午游花溪风景区,涉千米平板长溪,赏亿年火山奇观;下午来到磐安十八涡,吸氧观赏迄今为止保存最完整的夹溪大冰臼	DAY2:上午游磐安茶文化博物馆、玉山古茶场,品茶赏景;下午游素有"空中乡村"美誉的乌石村
DAY3:上午游安福寺,感受禅意文化,游江南药镇(浙八味药材城),下午回到温暖的家	DAY3:上午游花溪风景区,涉千米平板长溪,赏亿年火山奇观;下午来到磐安十八涡,吸氧观赏迄今为止保存最完整的夹溪大冰臼
	DAY4:游陈界村,感受非同一般的农家乐,逛药村、赏药园、沐药香、品药膳
	DAY5:上午游云山旅游度假区,观千亩银杏林;中午品尝磐安任一品农家乐饭店药膳,体验非遗文化(乌龟端茶);下午游榉溪村孔氏家庙,感受江南最大的孔氏聚居地
	DAY6:上午游安福寺,感受禅意文化、游江南药镇(浙八味药材城),下午回到温暖的家
两者都不选	

16. 若您认可以上所列线路，那么您觉得这两款旅游线路定价多少合适？A款_____元；B款_____元。

17. 您对磐安的健康养生旅游线路还有什么意见与建议？
_____

问卷到此结束。衷心感谢您的配合！祝您身体健康，阖家欢乐！

四、市场需求分析

问卷收集完毕之后，设计者要对调查结果进行统计分析，梳理出对产品设计帮助较大的几个需求特征，进行重点分析。该设计主要从客源市场、动机选择、季节选择、休闲养生旅游项目、实际到访的旅游目的地、信息渠道、出游方式、住宿形式八个方面展开。

根据问卷调查结果可知，苏浙沪地区为磐安的主要客源市场，客源地主要集中在浙江省、上海市、江苏省。其中，54.0%的游客来自浙江省，13.0%的游客来自上海市，江苏省的游客占到了10.5%。可见，磐安客源地主要集中在经济发达地区，其中占比最多的浙江省，其主要客源城市为杭州、金华、磐安等地。

在游客的动机选择上，有27.2%的游客选择了回归自然，有15.1%的游客选择了感受文化，选择药膳养生以及修身养性的游客分别占到12.5%以及12.1%，选择健康护理、延年益寿、养颜美肤、药物理疗、医疗康复的游客占比均在10%以下。由此可知，磐安旅游的动机选择类型非常丰富，回归自然和感受文化的动机占比较多，药膳养生、修身养性的动机占比也在10%以上，说明游客已经具有了一定的养生意识，这种需求将会随着人们对健康的关注越来越强烈。

根据问卷调查结果得知，对于季节的选择，45.0%的游客选择春季来磐安旅游，18.5%的游客选择夏季，30.5%的游客选择秋季，选择冬季来磐安旅游的游客仅为6.0%。造成此种现象的主要原因是上半年的小长假较多，下半年较少，春季可踏青，夏季可避暑，秋季可赏银杏，所以大部分游客会选择春、夏、秋季来磐安旅游。

在休闲养生旅游项目的选择上，有25.3%的游客选择了药膳、食疗、养生宴，有19.1%的游客选择了温泉养生，有18.4%的游客选择了森林环境，还有15.4%的游客选择茶艺，选择休闲娱乐项目以及中医诊疗的游客分别占11.3%以及10.5%。由此可知，大部分游客对休闲养生中的药膳食疗比较感兴趣，选择这方面的大多数是中老年人，他们认为药补不如食补。

在对实际到访的旅游目的地的调查可知，游客实际到访的磐安旅游目的地，目的地占比在16.0%以上的分别是磐安的花溪风景区、磐安十八涡、乌石村、玉山古茶场，占比在10.0%以下的分别是云山旅游度假区、孔氏家庙、江南药镇、风崖谷景区、安福寺、樱花园。由此可见，游客曾经去过的旅游目的地主要集中在花溪风景区、磐安十八涡、乌石村，这三个目的地在磐安名气较大，而风崖谷景区和樱花园是近年来新开发的景区，游客相对了解的较少。

在信息渠道选择方面，通过朋友或亲友的占比41.5%，网络等多媒体渠道占比34.0%，纸媒占比23.0%，其他则为1.5%。大多数游客都通过朋友或者亲友去了解磐安旅游，对于游客来说，这样的方式相对比较可靠，可信度高。出行方式中，自驾游、自由行以及旅行社跟团的比例分布较为均匀，分别为46.0%、37.5%，单位或者学校组织的占比达到16.5%；在省内旅游及市区周边游、亲子游，家庭大多会选择自驾游或者自由行，而去省外旅游和对老年人来说，跟团游无疑是最好的选择。

在旅游住宿形式的选择上，有33.0%的游客选择民宿，有31.5%的游客选择经济型宾馆，还有24.0%的游客选择了星级酒店。由此可见，大部分游客来到磐安旅游更愿意体验当地的民俗风情，融入当地人的生活，所以选择住民宿；一部分游客为了方便快捷以及经济实惠，选择了经济型宾馆；还有一小部分游客更加注重舒适度，所以选择了星级酒店。

综上所述，磐安的主要客源来自苏浙沪地区，以中高端收入的中老年群体为主。在季节的选择上，春秋两季占比较大，而秋季是健康养生的最佳季节。从游客的养生动机偏好来看，回归自然与感受文化所占比重较大，药膳养生与修身养性也占据一定的比重，证明游客已经有了养生意识。游客实际到访目的地主要是磐安较为著名的景点，其中游花溪风景区、磐安十八涡、乌石村的游客居多。游客主要通过朋友或亲友了解磐安，多采用自驾游、自由行的方式，且来到磐安旅游的游客大部分都会选择民宿。

五、市场供给分析

掌握了旅游市场需求特征之后，就要对市场的供给情况做进一步的研究，即竞品分析。对于旅游产品的供给调查，主要通过对线下旅游企业和线上旅游平台相关旅游产品形态分析来完成，其目的是充分了解现有旅游产品的优缺点并学习和借鉴，扬长避短，利用现有旅游产品的设计空白进行创新产品的特色定位，以区别于其他同类产品。"[健康养生]药乡浙江金华磐安县5天4晚旅游线路"的市场供给分析具体如下：

通过各旅游网站的调查发现，健康养生游产品主要是健康保健和休闲度假相结合的旅游线路，如健康咨询之旅、儿保体检类这样的旅游产品。真正以中医药养生为主的健康养生产品不多，产品比较单一。因此，开发一款以中医药为特色的健康养生产品具有很大的潜力。另外，从途牛网站上得知，磐安有三条跟团游产品，都是属于普通的休闲观光游，没有安排特殊的体验项目，均是三天的行程，共同景点有磐安的乌石村，住宿均在农家乐，用餐都是农家菜。其中有两款产品的线路中安排了竹炭生活馆的购物点，另一条则无购物点，无购物点线路的游览景点较少，但是自由活动时间相比其他两条线路较多。三条线路只涉及了一个相同的景点，其他均为不同的景点，分别是玉山古茶厂、凤崖谷景区、磐安十八涡、水下孔、舞龙峡景区。设计者发现磐安健康养生市场空白，没有考虑到细分市场的需求，磐安的药材资源也没有深度挖掘，都是普通观光游览，产品类型过于单一，无特殊体验类项目。

鉴于以上竞品分析，本款健康养生游产品的创新点定位于：中医药活动与观光游览相结合，主题特色鲜明，外延类产品兼顾客人的心理需求，做到了丰富有趣，不枯燥、不单一，有始有终，让游客既感受到了中医药文化，也欣赏到了美景，市场开发前景广阔。

六、可行性分析

当对旅游资源、市场需求特征和市场供给现状有了充分了解之后，就可以利用旅游产品设计原则对整条线路的设计思路进行可行性综合分析，这是设计行程方案最为关键的一步。以下为"[健康养生]药乡浙江金华磐安县5天4晚旅游线路"的可行性分析内容及行程方案：

首先，从磐安健康养生游的开发现状和磐安的旅游资源分析，设计一条健康养生游线路要含有中医药养生类产品，核心是中医药养生，必须突出我国中医药特色和丰富活动内容。通过调查，发现禅学、茶艺、养生温泉可以作为健康养生游的有力补充，趣味性强，和健康养生主题贴近，适合中老年人。从住宿方面了解到，接近一半的游客选择民宿，但是经实地考察发现，磐安当地部分民宿设施并不完善，相对于酒店，基础设施较差。考虑到这个因素，为了给游客更好的体验感，特地在磐安5日4晚健康养生线路中加入了"酒店＋民宿"的住宿特色，设计了一天的农家乐住宿，其他均为酒店住宿，可以让游客在体验当地农家生活的同时，感受禅意酒店和温泉酒店的特色。与此同时，大部分游客来磐安的主要目的是观光游，但接触了解之后，大部分游客都对健康养生游很感兴趣，所以设计者设计了一条"观光体验游＋中医药元素体验"的线路，区别于普通的观光游，活动相对比较丰富，有温泉养生、药膳养生、禅意文化、非遗文化体验等。同时，线路的景点更加丰富，涉及范围广，包含磐安南北两线的景点，区别于途牛网上单一的北线景点，让游客在中医养生的同时还兼顾观光游览，亲身体验以及学习禅学文化等内容。

其次，从磐安县健康养生旅游市场需求分析中可知，热爱健康养生旅游的游客大多为中老年人群，所以旅行行程不能安排的过于密集，在游览过程中要保障游客的安全，同时合理安排丰富的健康养生活动。虽然药膳食疗方面深受游客喜爱，但如果每天的饮食都是药膳，会造成游客味觉疲劳，而且大量重复同类型的活动也会使游客的新鲜感逐渐减少。因此，除了加入中医药元素之外，还可以增加温泉养生、茶艺等休闲类项目。调查发现，磐安一年四季均可开展旅游活动。游客大多选择春秋两季来磐安旅游，设计者选择设计一条秋季线路，因为秋季是养生进补的黄金时期，而且磐安秋季的银杏资源较好，可以提升游客游览的美感度。

最后，从线路行走的合理性去分析，磐安的旅游景点主要集中在南北两条线上，所以在设计中考虑到时间、空间、体验感等因素，此次设计了半环式走法，从北向南呈半环式景点游览，行程由远及近。在保证游客不走回头路的同时，景点与景点之间的车程控制在50分钟以内，避免造成游玩时间少、坐车时间过长的现象。市场上提供的旅游线路中，多数以磐安的北线农家乐观光为主，而此次设计的线路覆盖面广，贯通南北两线，能让游客更好地体验磐安的风光。

本次设计的这一条健康养生线路除了以上核心产品之外，还有外延产品作为补充，以提升出游质量。首先，在第三天行程设计中，下榻的是大盘山温泉山庄。为了缓解前两天中老年游客爬山游览的疲惫，特此推出温泉酒店。而且此酒店内有磐安特有的"磐五味"药浴，让游客驱走疲劳的同时，还可体会到中药的魅力。其次，提供可靠的软硬件设施，解决游客的所有顾虑，是产品成功的关键。此次设计从环境条件到吃、住、行、游、购、娱都符合健康养生游的条件，且每天都能够体验磐安药膳和浙江风味等特色餐饮，健康养生搭配，药补兼具食补。另外，全程特色住宿，有以温泉为特色的酒店，有以禅修文化为特色的民宿等。

根据以上分析，将此条健康养生旅游线路定位为：磐安一地，5天，31～60岁年龄段的中老年群体，以健康养生为主，与休闲观光相结合，并加入了药膳养生、温泉养生、茶文化、禅意文化、非遗文化等特色活动，让游客感受健康养生旅游的魅力。

【行程方案】

[健康养生]药乡浙江金华磐安县5日4晚旅游线路[①]

D1:客源地—磐安灵溪居—玉山古茶场—茶文化博物馆

上午从客源地(上海市)出发,中午在磐安灵溪居集合下榻并用餐;下午乘旅游大巴赴【玉山古茶场】暨【磐安茶文化博物馆】(游览时间约2小时)。在此,游客可欣赏茶园美景和品尝贡茶"婺州东白",了解磐安种茶、制茶、饮茶的悠久历史;晚上返回民宿,体验特色农家乐餐。

  早餐:敬请自理   中餐:简餐   晚餐:特色农家餐
  景点:玉山古茶场 茶文化博物馆   住宿:磐安灵溪居

D2:磐安灵溪居—乌石村—磐安十八涡

上午在民宿用早餐后,前往素有"空中乡村"美誉的【乌石村】,乌石村的建筑是用火山黑石搭建,游客在欣赏特色建筑的同时,可感受农家风情;下午乘车前往【磐安十八涡】,吸氧及观赏迄今为止保存最完整的夹溪大冰臼;晚上,入住大盘山温泉山庄,品特色药膳餐(树叶豆腐、太子石蛙汤、羊蹄甲鱼冻等),其中"树叶豆腐"入选为2017中华十大药膳。

  早餐:清粥小菜   中餐:敬请自理   晚餐:特色药膳餐
  景点:乌石村 磐安十八涡   住宿:磐安大盘山温泉山庄

D3:磐安大盘山温泉山庄—云山旅游度假区—花溪风景区

上午在酒店用过早餐后,上午坐车出发前往【云山旅游度假区】,欣赏千亩银杏林壮观之美;中午在磐安县任一品农家乐饭店享受特色药膳(天麻山药炖乳鸽、石斛排骨汤、贝母汤)并且欣赏磐安非遗文化——乌龟端茶;下午前往【花溪风景区】,在涉水长溪的同时欣赏火山奇观;晚上入住大盘山温泉山庄,体验大盘山庄特色温泉("磐五味"特色汤池),驱赶一天的疲惫。

  早餐:中式自助早餐   中餐:特色药膳   晚餐:敬请自理
  景点:云山旅游度假区 花溪风景区   住宿:磐安大盘山温泉山庄

D4:磐安大盘山温泉山庄—榉溪村孔氏家庙—百杖潭景区

上午在酒店用餐后,出发前往浙南古村落——【榉溪村孔氏家庙】,感受江南最大的孔氏聚居地;下午来到【百杖潭景区】,观中国罕见的冰臼瀑布和充满故事性的怪石;晚上下榻磐安宝得丽酒店,并品金华特色菜(酒糟馒头、金华火腿菌菇鸡汤、玉山菜卤豆腐),感受浙江美食。

  早餐:中式自助早餐   中餐:敬请自理   晚餐:浙风特色美食
  景点:孔氏家庙 百杖潭景区   住宿:磐安宝得丽酒店

D5:磐安宝得丽酒店—安福禅寺—江南药镇

上午在酒店用餐后,前往【安福禅寺】祈愿求福,之后赴【江南药镇】(浙八味特产市场);中午在浙八味特产市场自理午餐;下午回到温暖的家。

  早餐:特色糕点及面食   中餐:敬请自理   晚餐:敬请自理
  景点:安福禅寺 江南药镇   住宿:无

价格(略)。

[①] 该案例选自西安文理学院旅游学院旅游管理专业2015级本科生张羽茜的毕业设计:健康养生旅游线路设计初探——以金华市磐安县为例。

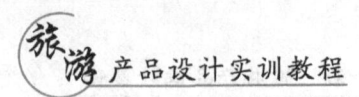

第五节 中国旅游区与世界旅游区认知

旅游地理知识是旅游产品设计的基础,本节将结合携程网产品库,具体介绍中国旅游分区和世界旅游分区。

一、中国旅游区划分

中国旅游区域的划分以中国行政区域为依据,共划分为十个旅游区,以下将具体介绍我国十大旅游区的主要旅游城市和景点。

(一)京津冀旅游区:北京、天津、河北

本区以北京为中心,包括天津、河北,共三省市。本区为我国的政治、经济、文化和国际交流中心,旅游资源以文物古迹和历史名胜为主,旅游开发历史较早,区内拥有故宫、长城、承德避暑山庄、明清陵寝等一大批高等级的历史文化遗迹,与众多山水景观相融合,构成本区旅游资源的独特优势。

北京主要旅游景点:故宫、天安门广场、八达岭长城、天坛、毛主席纪念堂、颐和园、中国国家博物馆、明十三陵、北京奥林匹克公园、北京猿人遗址。

天津主要旅游景点:瓷房子、五大道、天津之眼摩天轮、张学良故居、西开教堂、新民园广场、意大利风景区、中心公园、静园。

河北主要旅游景点:鸽子窝公园、承德避暑山庄、木兰围场、塞罕坝国家森林公园、老龙头景区、山海关、北戴河、乌兰布统影视基地、昌黎黄金海岸、清西陵、野三坡、七星湖湿地公园。

(二)华北旅游区:山西、河南、山东

本区包括山西、河南和山东三省,是中华民族的发祥地,文化古迹遍布,历史文化名城众多,分布着古都洛阳、孔子故里曲阜、大同云冈石窟和洛阳龙门石窟遗址、五岳名山中有恒山和泰山在此区。

山西主要旅游景点:五台山、平遥古城、云冈石窟、悬空寺、晋祠博物馆、恒山、乔家大院、应县木塔、黄河壶口瀑布。

河南主要旅游景点:龙门石窟、白马寺、洛阳关林、少林寺、云台山风景名胜区、河南博物院、开封包公祠、殷墟博物苑。

山东主要旅游景点:泰山风景区、趵突泉、大明湖、千佛山、曲阜三孔、青岛圣弥厄尔教堂、栈桥、八大关、青岛奥帆中心、五四广场。

(三)东北旅游区:黑龙江、吉林、辽宁

本区位于我国东北部,包括辽宁、吉林、黑龙江三省。本区沃野千里,交通发达,气候湿润,林木特产丰富,冰雪气候、滨海风光、山川湖泊、火山奇景、极光与极昼现象等构成了以北国风光为特色的自然旅游资源,以清朝前期满族文化遗存为代表的历史文物及以满族、朝鲜族、鄂伦春族、赫哲族为代表的少数民俗风情,则构成了本区别具一格的人文旅游资源。

黑龙江主要旅游景点:圣·索菲亚大教堂、哈尔滨中央大街、北极村、五大连池、镜泊湖、亚

布力滑雪旅游度假区。

吉林主要旅游景点：长白山天池、万达长白山国际度假区、伪满皇宫博物院、净月潭、松花湖。

辽宁主要旅游景点：沈阳故宫、清昭陵（清北陵）、清福陵（清东陵）、张氏帅府、大连老虎滩海洋公园、旅顺口风景名胜区、金石滩风景名胜区、东方威尼斯水城、棒棰岛、星海广场、大连渔人码头。

（四）华东旅游区：安徽、江苏、江西、浙江、上海

本区包括安徽省、江苏省、江西省、浙江省、上海市。本区景色秀美，风光旖旎，以都市风光、古典园林、吴越文化及湖光山色吸引国内外游客，成为我国最重要的旅游区之一。

安徽主要旅游景点：黄山、西递、宏村、屯溪老街、南湖书院。

江苏主要旅游景点：周庄、甪直、同里、中山陵风景区、沧浪亭、留园、拙政园、寒山寺。

江西主要旅游景点：婺源篁岭、庐山、井冈山、鄱阳湖、景德镇瓷都游览区、瑶里风景区。

浙江主要旅游景点：杭州西湖、灵隐寺、虎跑泉、西塘、乌镇、杭州宋城。

上海主要旅游景点：外滩、豫园、城隍庙、上海东方明珠广播电视塔、上海迪士尼乐园。

（五）华中旅游区：重庆、四川、湖北、湖南

本区包括重庆市、四川省、湖北省、湖南省，位于我国中部的长江中上游地区，是全国唯一既不靠海又无陆地国境线的旅游区。该区旅游资源兼有山、河、湖之胜，历史文化悠久，蜀荆湘楚文化浓郁。

重庆主要旅游景点：红岩村与红岩革命纪念馆、鹅岭公园、"中美特种技术合作所"、长江三峡、李子坝轻轨站、大足石刻、缙云山、磁器口古镇、洪崖洞民俗风貌区、渣滓洞。

四川主要旅游景点：黄龙—九寨沟风景区、成都武侯祠、峨眉山、乐山大佛、杜甫草堂、望江楼、青羊宫、都江堰、宽窄巷子、锦里古街、贡嘎山海螺沟风景区、四姑娘山风景区、蜀南竹海。

湖北主要旅游景点：武当山、武汉长江大桥、黄鹤楼、东湖、武昌起义军政府旧址、赤壁、神农架、恩施大峡谷、长江三峡水利枢纽工程、185观景平台、葛洲坝水利枢纽工程。

湖南主要旅游景点：张家界国家森林公园、天门山森林公园、凤凰古城、韶山、岳麓山、橘子洲、洞庭湖、岳阳楼、衡山、武陵源风景区。

（六）华南旅游区：福建、广东、海南

本区包括福建、广东、海南三省，位于我国南端。本区具有典型的热带和亚热带山海风光，是我国冬季的避寒胜地，地处我国改革开放的前沿，经济发达，是海外游客的主要入境口岸区，旅游业发展优势突出。

福建主要旅游景点：鼓浪屿、南普陀寺、万国建筑博览、云水谣古镇、武夷山、永定土楼。

广东主要旅游景点：深圳锦绣中华、深圳世界之窗、白云山、华侨城旅游度假区、广州香江野生动物世界、陈家祠、广东"四大名园"（清晖园、梁园、余荫山房、可园）、锦绣中华民俗村、欢乐谷、丹霞山、广州长隆欢乐世界。

海南主要旅游景点：蜈支洲岛、亚龙湾国家旅游度假区、天涯海角、南山文化旅游区、红色娘子军纪念园、万泉河。

（七）西南旅游区：云南、贵州、广西壮族自治区

本区包括广西壮族自治区、云南省、贵州省，位于我国西南部，青藏高原东侧。区内岩溶景观发育典型,分布广泛,热带和亚热带高山、高原及峡谷风光独特,动植物资源极为丰富;少数民族众多,民族风情浓郁,旅游资源丰富多彩、特点突出。本区是我国旅游业发展较为重要的一个区域。

云南主要旅游景点:昆明世博园、滇池、石林、大理古城、丽江古城、束河古镇、蝴蝶泉、苍山、洱海、玉龙雪山、拉市海、金沙江虎跳峡、三江并流风景名胜区、独克宗古城。

贵州主要旅游景点:黄果树瀑布、遵义、梵净山、织金洞、荔波小七孔景区、西江千户苗寨。

广西壮族自治区主要旅游景点:七星公园、芦笛岩、桂林三山(伏波山、象鼻山、叠彩山)、独秀峰景区、漓江、阳朔、灵渠、龙脊梯田。

(八)西北旅游区:陕西、甘肃、宁夏、新疆、内蒙古

本区包括陕西省、甘肃省、宁夏回族自治区、新疆维吾尔自治区、内蒙古自治区,位于我国北部和西北部。区内地貌类型多样,有平原、山地、沙漠、草原。该区历史悠久,旅游资源丰富,少数民族风情浓郁,丝绸之路贯穿该区。

陕西主要旅游景点:秦始皇帝陵博物院(兵马俑)、华清池、大唐不夜城、西安城墙、钟鼓楼、大雁塔、小雁塔、半坡遗址、陕西历史博物馆、西安碑林、乾陵、茂陵、华山、法门寺、太白山国家森林公园、黄帝陵、壶口瀑布。

甘肃主要旅游景点:嘉峪关、鸣沙山与月牙泉、敦煌石窟、张掖七彩丹霞旅游区、玉门关、阳关、夏河拉卜楞寺。

宁夏回族自治区主要旅游景点:西夏王陵、沙坡头、镇北堡西部影城、贺兰山、沙湖生态旅游区、青铜峡水利枢纽工程。

新疆维吾尔自治区主要旅游景点:天山天池、火焰山、高昌古城、香妃墓、楼兰古城遗址、赛里木湖、喀纳斯景区、禾木风景区、红山公园、五彩滩、那拉提旅游区。

内蒙古自治区主要旅游景点:呼伦贝尔草原、满洲里国门景区、巴尔虎蒙古部落民俗旅游度假景区、呼伦湖、额尔古纳国家湿地公园、莫尔格勒河、昭君墓、成吉思汗陵、响沙湾、巴丹吉林沙漠、腾格里沙漠。

(九)青藏旅游区:青海、西藏

本区位于我国西南部的青藏高原,包括青海省和西藏自治区,具有高原上独特的冰雪世界、高寒草原、湖泊热泉,以及高原、高山峡谷和原始森林等构成奇异的自然旅游资源,具有原始色彩的藏族风情、文化与建筑构成神秘的人文旅游资源。

青海主要旅游景点:青海湖、塔尔寺、三江源自然保护区、可可西里国家级自然保护区、茶卡盐湖、二郎剑景区、东台吉乃尔湖。

西藏自治区主要旅游景点:布达拉宫、羊卓雍错、大昭寺、小昭寺、雅鲁藏布大峡谷、林芝巴松措旅游区。

(十)港澳台旅游区:香港、澳门、台湾

本区包括香港特别行政区、澳门特别行政区和台湾地区,地处我国南部热带、亚热带地区。该区拥有便利的交通、自由港及活跃的进出口贸易,中西文化融合,海滨及地热资源丰富,会展旅游市场繁荣,现代都市风光独具特色。

香港主要旅游景点：香港海洋公园、太平山顶、浅水湾、香港迪士尼乐园、中环摩天轮、黄大仙祠、星光大道、金紫荆广场、维多利亚港。

澳门主要旅游景点：大三巴牌坊、妈阁庙、澳门威尼斯人度假村、影汇之星8字摩天轮、新葡京娱乐场、澳门塔。

台湾主要旅游景点：台北101大楼、台北"故宫博物院"、中正纪念堂、台北中山纪念馆、西门町、台北总统府、士林官邸、日月潭风景区、阿里山。

二、世界旅游区划分

世界旅游区域的划分以世界地理划分为依据，共分为七个旅游区，以下将具体介绍世界七大旅游区主要旅游国家、地区和景点。

(一)亚洲

亚洲是世界七大洲中面积最大、人口最多的一个洲，名称也最古老，全称是亚细亚洲，意思是"太阳升起的地方"。亚洲在世界地理中被划分为东亚、东南亚、南亚、西亚、北亚、中亚六个区域。在亚洲，我国主要代表性旅游目的地国家有韩国、日本、泰国、马来西亚、新加坡、印度尼西亚等国。

(1)韩国：位于东亚朝鲜半岛南部，总面积约10.329万平方千米（占朝鲜半岛面积的45%），通用韩语，总人口约5200万，首都为首尔。韩国三面环海，西濒临黄海，东南是朝鲜海峡，东边是日本海，北面隔着三八线非军事区与朝鲜相邻。

主要旅游城市：首尔、济州岛、釜山、仁川、光州、西归浦。

主要旅游景点：景福宫、青瓦台、N首尔塔、明洞天主教堂、仁寺洞、南怡岛、北村韩屋村、城山日出峰、济州岛泰迪熊博物馆、汉拿山国立公园、太宗台、海云台海水浴场、仁川大桥、仁川登陆作战纪念馆、光州民俗博物馆。

(2)日本：位于亚洲东部、太平洋西北，领土由本州、四国、九州、北海道四大岛及7200多个小岛组成，总面积37.8万平方千米。主体民族为和族，总人口约1.26亿。

主要旅游城市：东京、京都、大阪、北海道、奈良、静冈、神奈川。

主要旅游景点：富士山、东京迪士尼乐园、上野公园、东京塔、浅草寺、海贼王主题乐园、三鹰之森吉卜力博物馆、长谷寺、清水寺、明治神宫、大阪环球影城、小樽音乐盒堂、金阁寺、银阁寺、唐招提寺、大涌谷、名古屋城、热田神宫、德川美术馆、久能山东照宫、滨名湖、三保之松原。

(3)泰国：位于亚洲中南半岛中南部，人口6450万，国土面积为51.3万平方千米，与柬埔寨、老挝、缅甸、马来西亚接壤，东南临泰国湾（太平洋），西南濒安达曼海（印度洋），西和西北与缅甸接壤，东北与老挝交界，东南与柬埔寨为邻。泰国在世界上素有"佛教之国""大象之国""微笑之国"等称誉。

主要旅游城市：曼谷、芭堤雅、苏梅岛、普吉岛、清莱、清迈、甲米。

主要旅游景点：玉佛寺、曼谷大皇宫、曼谷卧佛寺、郑王庙、双龙寺、素贴山、大佛塔寺、伊拉旺神祠四面佛、曼谷金佛寺、真理圣殿、东芭乐园、四方水上市场、芭堤雅水上冒险乐园、帕雅寺、查汶海滩、拉迈海滩、皇帝岛、卡塔海滩、卡伦海滩、神仙半岛、珊瑚岛、查龙寺、攀牙湾、普吉幻多奇乐园、斯米兰岛、芭东海滩、黑庙、白庙、清莱玉佛寺、清莱温泉广场、清莱蓝庙、辛哈公园、皇太后行宫、塔佩门、柴迪龙寺、清迈古城、帕辛寺、清曼寺、兰塔岛、翡翠湖。

（4）马来西亚：马来西亚被南中国海分为两个部分，位于马来半岛的西马来西亚，北接泰国，南部隔着柔佛海峡，以新柔长堤和第二通道连接新加坡；东马来西亚，位于婆罗洲（加里曼丹岛）的北部，南部接印度尼西亚的加里曼丹，文莱国则夹于沙巴州和砂拉越州之间。马来西亚国土面积32.9万平方千米，总人口3195万人。

主要旅游城市：吉隆坡、沙巴、仙本那、马六甲。

主要旅游景点：吉隆坡双子塔、粉红清真寺、马六甲海峡、马六甲海峡清真寺、邦咯岛、亚庇水上清真寺、韦斯顿红树林、卡帕莱岛、马布岛、马达京岛、珍珠岛、曼达布安岛、军舰岛、邦邦岛、神山国家公园、斯巴丹国家公园、敦沙卡兰海洋公园、荷兰红屋。

（5）新加坡：新加坡旧称新嘉坡、星洲或星岛，别称为狮城，是东南亚的一个岛国，北隔柔佛海峡与马来西亚为邻，南隔新加坡海峡与印度尼西亚相望，毗邻马六甲海峡南口，国土除新加坡岛之外，还包括周围数岛，面积为719.1平方千米，人口563.87万人。

主要旅游城市：新加坡市。

主要旅游景点：滨海湾金沙酒店与金沙空中花园、圣淘沙岛、新加坡环球影城、滨海湾花园、圣淘沙名胜世界、新加坡摩天观景轮、新加坡动物园、克拉码头、新加坡植物园、鱼尾狮公园、S.E.A.海洋馆。

（6）印度尼西亚：人口2.68亿，面积191.36万平方千米，由约17508个岛屿组成，是全世界最大的群岛国家，疆域横跨亚洲及大洋洲，别称"千岛之国"，首都为雅加达，与巴布亚新几内亚、东帝汶和马来西亚等国家相接。

主要旅游城市：巴厘岛、美娜多、乌布。

主要旅游景点：布纳肯海洋国家公园、库塔海滩、金巴兰海滩、梦幻海滩、乌布皇宫、海神庙、乌鲁瓦图断崖、佩妮达岛、蓝梦岛、民丹岛。

（7）菲律宾：位于亚洲东南部，北隔巴士海峡与中国台湾遥遥相对，南和西南隔苏拉威西海、巴拉巴克海峡与印度尼西亚、马来西亚相望，西濒南中国海，东临太平洋。总面积为29.97万平方千米，人口1.01亿，共有大小岛屿7000多个。

主要旅游城市：马尼拉、长滩岛、宿务、薄荷岛、杜马盖地、巴拉望、邦劳岛。

主要旅游景点：菲律宾国家博物馆、马尼拉大都会博物馆、大雅台、马尼拉湾、长滩岛白沙滩、星期五海滩、科隆岛、普卡海滩、卢霍山、杜马盖地海滨大道、阿波岛、阿罗娜海滩、巧克力山、眼镜猴游客中心、罗博河、科瑞岛、图巴塔哈群礁国家公园、爱妮岛、圣婴教堂、圣佩特罗堡、麦哲伦纪念碑、埃尔尼多海洋保护区、凯央根湖、海星海滩、马尔卡普雅岛、海星沙滩。

（8）土耳其：土耳其横跨欧亚两洲，国土包括西亚的安纳托利亚半岛和南欧、巴尔干半岛的东色雷斯地区。北临黑海，南临地中海，东南与叙利亚、伊拉克接壤，西临爱琴海，并与希腊以及保加利亚接壤，东部与格鲁吉亚、亚美尼亚、阿塞拜疆和伊朗接壤。人口为8343万，面积约78.36万平方千米。

主要旅游城市：卡帕多奇亚、科尼亚、费特希耶、博德鲁姆、伊兹密尔、伊斯坦布尔。

主要旅游景点：仙人烟囱、鸽子谷、玫瑰谷、格雷梅露天博物馆、卡伊马克勒地下城、梅乌拉那博物馆、棉花堡温泉池、希拉波利斯、费特希耶小城、博德鲁姆城堡、以弗所古城、阿尔忒弥斯神庙、托普卡帕宫、蓝色清真寺、地下水宫、小圣·索菲亚教堂、博斯普鲁斯海峡。

(9)阿拉伯联合酋长国：位于阿拉伯半岛东部，北濒波斯湾，西北与卡塔尔为邻，西和南与沙特阿拉伯交界，东和东北与阿曼毗连，总面积 8.36 万平方千米，人口为 963.10 万人。阿联酋本地居民为阿拉伯人，居民大多信奉伊斯兰教。阿联酋是一个以产油著称的西亚沙漠国家，有"沙漠中的花朵"的美称。

主要旅游城市：迪拜、阿布扎比。

主要旅游景点：迪拜喷泉、哈利法塔、亚特兰蒂斯酒店、帆船酒店、朱美拉棕榈岛、迪拜沙漠保护区、迪拜水族馆和水下动物园、艾恩文化遗址。

(二)欧洲

欧洲也称作欧罗巴洲，位于东半球的西北部，北临北冰洋，西濒大西洋，南滨大西洋的属海地中海和黑海。欧洲东以乌拉尔山脉、乌拉尔河，东南以里海、大高加索山脉和黑海与亚洲为界，西隔大西洋、格陵兰海、丹麦海峡与北美洲相望，北接北极海，南隔地中海与非洲相望。欧洲面积 1016 万平方千米，是世界第六大洲，人口约有 7.4 亿，约占世界总人口的 11%。欧洲在地理上习惯分为北欧、南欧、西欧、中欧和东欧五个地区。近代旅游起源于欧洲，申根签证使目前欧洲 20 多个申根国家均可以互免签证，方便了旅游者的出行。我国主要代表性旅游目的地国家有英国、法国、德国、意大利、瑞士、俄罗斯、冰岛等国。

(1)英国：位于欧洲西部，由大不列颠岛(包括英格兰、苏格兰、威尔士)、爱尔兰岛东北部和一些小岛组成，隔北海、多佛尔海峡、英吉利海峡与欧洲大陆相望。人口 6683.4 万，面积为 24.41 万平方千米。

主要旅游城市：伦敦、曼彻斯特、爱丁堡、约克、剑桥、牛津、巴斯、格拉斯哥、贝尔法斯特。

主要旅游景点：福尔摩斯博物馆、诺丁山、大英博物馆、伦敦塔桥、泰晤士河、威斯敏斯特教堂、大本钟、议会大厦、白金汉宫、温莎城堡、史前巨石阵、拜伯里、BBC 总部大楼、老特拉福德球场、曼彻斯特博物馆、伊蒂哈德球场、艾伯特广场、温德米尔湖、卡尔顿山、爱丁堡城堡、霍华德城堡、约克大教堂、牛津大学、剑桥叹息桥、大圣玛丽大教堂、国王学院礼拜堂、剑桥大学、博德莱安图书馆、罗马浴场、巴斯修道院、简奥斯汀纪念馆、凯文葛罗夫艺术博物馆、泰坦尼克号纪念馆、贝尔法斯特城堡。

(2)荷兰：位于欧洲西偏北部，是著名的亚欧大陆桥的欧洲始发点。荷兰是世界有名的低地之国，国土总面积 4.18 万平方千米，人口 1733.3 万，与德国、比利时接壤。荷兰以海堤、风车、郁金香和宽容的社会风气而闻名。

主要旅游城市：阿姆斯特丹、鹿特丹、海牙。

主要旅游景点：库肯霍夫公园、桑斯安斯风车村、阿姆斯特丹市立博物馆、凡·高美术馆、羊角村、小孩堤坝、品味奇特建筑、博伊曼斯·范伯宁恩美术馆、海牙和平宫、莫瑞泰斯皇家美术馆、马德罗丹微缩城。

(3)法国：西欧面积最大的国家，东与比利时、卢森堡、德国、瑞士、意大利接壤，南与西班牙、安道尔、摩纳哥接壤,西北隔英吉利海峡与英国相望。国土面积为67.28万平方千米,人口为6706万。

主要旅游城市:巴黎、尼斯、戛纳、阿维尼翁、图卢兹、波尔多。

主要旅游景点:香榭丽舍大街、协和广场、巴黎凯旋门、埃菲尔铁塔、凡尔赛宫、卢浮宫博物馆、巴黎圣母院、红磨坊、枫丹白露宫、天使湾、尼斯城堡山、埃兹小镇、尼采小径、戛纳影节宫、星光大道、阿维尼翁老城、圣塞尔南大教堂、图卢兹市政厅广场、图卢兹主教座堂、圣埃美隆酒庄、波尔多交易所广场、波尔多大剧院、香波堡。

(4)俄罗斯:跨欧亚两洲,位于欧洲东部和亚洲大陆的北部,其欧洲领土的大部分是东欧平原。北邻北冰洋,东濒太平洋,西接大西洋,西北临波罗的海、芬兰湾。陆地邻国西北面有挪威、芬兰,西面有爱沙尼亚、拉脱维亚、立陶宛、波兰、白俄罗斯,西南面是乌克兰,南面有格鲁吉亚、阿塞拜疆、哈萨克斯坦,东南有中国、蒙古和朝鲜。人口为1.44亿,面积1709.82万平方千米。

主要旅游城市:莫斯科、圣彼得堡。

主要旅游景点:新圣女修道院、麻雀山、普希金故居博物馆、红场、克里姆林宫、列宁墓、圣瓦西里升天大教堂、无名烈士墓、亚历山大花园、谢尔盖耶夫三一圣大修道院、普希金造型艺术博物馆、基督救世主大教堂、察里津诺公园、卡洛明斯科娅庄园、克里姆林宫大剧院、滴血救世主教堂、冬宫广场、埃尔米塔日博物馆、叶卡捷琳娜宫、圣以撒大教堂、喀山大教堂、彼得保罗要塞。

(5)芬兰:位于欧洲北部,北欧五国之一,与瑞典、挪威、俄罗斯接壤,南临芬兰湾,西濒波的尼亚湾。海岸线长1100千米,内陆水域面积占全国面积的10%,有岛屿约17.9万个,湖泊约18.8万个,有"千湖之国"之称,面积为33.8万平方千米,人口551.8万。

主要旅游城市:赫尔辛基、罗瓦涅米、伊瓦洛。

主要旅游景点:赫尔辛基大教堂、芬兰堡、波罗的海的女儿雕像、圣诞老人村、罗瓦涅米艺术馆、圣诞展览馆、北极圈标线、北极中心、拉普兰省博物馆、罗瓦涅米教堂、北极光教堂、萨米博物馆、萨里山、森林教堂。

(6)丹麦:位于欧洲大陆西北端,日德兰半岛上。人口为579.7万,面积4.31万平方千米。东靠波罗的海与俄罗斯隔海相望,西濒北海,北面隔斯卡格拉克海峡、卡特加特海峡和厄勒海峡与挪威、瑞典隔海相望,南部毗连德国。本土由日德兰半岛和菲英岛、西兰岛、博恩霍尔姆岛等406个大小岛屿组成,此外还有自1953年起正式成为其领土的格陵兰岛和享有自治权的法罗群岛。

主要旅游城市:哥本哈根、欧登塞、比隆。

主要旅游景点:国王新广场、阿美琳堡宫、夏洛特堡、哥本哈根新港、小美人鱼像、卡斯特雷特城堡、趣伏里公园、安徒生故居博物馆、欧登塞动物园、菲英村、伊埃斯科城堡、雕塑公园、乐高世界。

(7)冰岛:欧洲西北部岛国,近北极圈,介于大西洋和北冰洋的格陵兰海之间。西隔丹麦海峡与北美洲的格陵兰岛相望,东南端距苏格兰805千米。领土绝大部分位于同名岛屿上,总面积10.3万平方千米,人口约为35.36万。

主要旅游城市：雷克雅未克、阿克雷里、米湖地区。

主要旅游景点：辛格维利尔国家公园、大间歇泉、黄金瀑布、瓦特纳冰川国家公园、冰河湖、塞里雅兰瀑布、森林瀑布、黑沙滩、托宁湖、哈帕音乐厅和会议中心、哈尔格林姆斯大教堂、珍珠楼、蓝湖温泉、阿克雷里大教堂、布伦迪欧斯大教堂、英国沉船湾、神之瀑布、克拉夫拉火山、米湖温泉、阿斯基亚火山。

(8) 奥地利：位于中欧南部，人口为884.7万，面积8.39万平方千米。东邻斯洛伐克和匈牙利，南接斯洛文尼亚和意大利，西连瑞士和列支敦士登，北与德国和捷克接壤。

主要旅游城市：维也纳、萨尔茨堡、哈尔施塔特。

主要旅游景点：维也纳美泉宫、维也纳国家歌剧院、维也纳圣斯蒂芬大教堂、维也纳艺术史博物馆、霍夫堡宫、茜茜公主博物馆、维也纳博物馆区、列奥波多博物馆、阿尔贝蒂纳宫、萨尔茨堡城堡、萨尔茨堡大教堂、海尔布伦戏水宫、米拉贝尔宫、哈尔施塔特湖。

(9) 德国：位于欧洲中部，人口为8292.79万，面积35.76万平方千米。东邻波兰、捷克，南接奥地利、瑞士，西接荷兰、比利时、卢森堡、法国，北接丹麦，濒临北海和波罗的海，是欧洲邻国最多的国家。

主要旅游城市：柏林、波茨坦、慕尼黑、法兰克福、科隆。

主要旅游景点：博物馆岛、亚历山大广场、柏林大教堂、德国历史博物馆、光谱科技中心、泪宫、无忧宫、塞琪琳霍夫宫、夏洛腾霍夫公园、格林尼克桥、玛利亚广场、圣母教堂、慕尼黑新市政厅、宝马博物馆、德意志博物馆、啤酒节博物馆、新天鹅堡、罗马广场、莱茵河、法兰克福大教堂、铁桥、科隆大教堂、科隆市政厅、歌德故居和歌德博物馆。

(10) 瑞士：北邻德国，西邻法国，南邻意大利，东邻奥地利和列支敦士登，是中欧国家之一。全境以高原和山地为主，有"欧洲屋脊"之称。瑞士旅游资源丰富，有世界公园的美誉。

主要旅游城市：卢塞恩、苏黎世、伯尔尼、洛桑、因特拉肯。

主要旅游景点：琉森湖、瑞吉山、皮拉图斯山、卡佩尔廊桥、狮子纪念碑、阿尔卑斯山、苏黎世湖、苏黎世大教堂、圣母教堂、西庸城堡、伯尔尼老城区、奥林匹克博物馆、奥林匹克之都、国际奥委会总部、少女峰、图恩湖、布里恩茨湖、因特拉肯城堡。

(11) 西班牙：位于欧洲西南部的伊比利亚半岛，地处欧洲与非洲的交界处，西邻葡萄牙，北濒比斯开湾，东北部与法国及安道尔接壤，南隔直布罗陀海峡与非洲的摩洛哥相望。领土还包括地中海的巴利阿里群岛，大西洋的加那利群岛及非洲的休达和梅利利亚。西班牙是一个多山国家，总面积50.59万平方千米，人口为4672.37万，其海岸线长约7800千米。

主要旅游城市：马德里、塞维利亚、格拉纳达、巴塞罗那。

主要旅游景点：阿尔卡拉门、普拉多博物馆、马约尔广场、王室赤足女修道院、太阳门广场、马德里市政广场、马德里王宫、伯纳乌球场、马德里拉斯文塔斯斗牛场、塞维利亚大教堂、塞维利亚王宫、黄金塔、西班牙广场、阿尔罕布拉宫、赫内拉里菲宫、格拉纳达大教堂、王室礼拜堂、哥伦布纪念碑、皇家广场、巴塞罗那历史博物馆、巴塞罗那大教堂、圣母玛利亚教堂、毕加索博物馆、加泰罗尼亚音乐宫、巴塞罗那凯旋门、加泰罗尼亚国家艺术博物馆、蒙特惠奇城堡、古埃尔宫、米拉之家、巴特罗之家、圣家族大教堂、维森斯之家。

(12) 意大利：地处欧洲南部地中海北岸，其领土包括阿尔卑斯山南麓和波河平原地区、亚平宁半岛及西西里岛、撒丁岛和其他的许多岛屿,亚平宁半岛占其全部领土面积的80%。意大利陆界北部以阿尔卑斯山为屏障与法国、瑞士、奥地利和斯洛文尼亚接壤,并且与突尼斯、马耳他和阿尔及利亚隔海相望。国土面积为30.13万平方千米,人口6002万。其领土还包围着两个国家——圣马力诺与梵蒂冈。

主要旅游城市:米兰、威尼斯、罗马、佛罗伦萨、比萨、那不勒斯。

主要旅游景点:米兰大教堂、米兰圣玛利亚修道院、斯卡拉歌剧院、埃马努埃莱二世长廊、圣马可大教堂、叹息桥、威尼斯大运河、彩色岛、罗马斗兽场、万神殿、威尼斯广场、圣天使桥、古罗马广场、特莱维喷泉、圣天使城堡、圣母百花大教堂、米开朗琪罗广场、乌菲兹美术馆、乔托钟楼、佛罗伦萨市政广场、比萨斜塔、比萨大教堂、圣母玛利亚斯皮那教堂、蛋堡、维苏威火山、那不勒斯国家考古博物馆、那不勒斯皇宫、沃梅罗山、新耶稣教堂。

(13)希腊:地处欧洲东南角、巴尔干半岛的南端,人口为1072.77万,面积13.2万平方千米。希腊由半岛南部的伯罗奔尼撒半岛和爱琴海中的3000余座岛屿共同构成。希腊为连接欧亚非的战略要地,本土从西北至正北部分别邻阿尔巴尼亚、马其顿、保加利亚三国,东北与土耳其国境接壤。周围则自东而西分别濒临爱琴海、地中海本域与伊奥尼亚海。

主要旅游城市:雅典、圣托里尼、奥林匹亚、克里特岛。

主要旅游景点:雅典卫城、奥林匹克体育中心、胜利女神殿、帕特农神庙、伊瑞克提翁神庙、卫城博物馆、奥林匹亚宙斯神庙、阿迪库斯剧场、赫淮斯托斯神庙、圣托里尼岛、伊亚小镇、蓝顶教堂、圣托里尼悬崖步道、伊亚的悬崖小路、科林斯运河、帕拉米蒂城堡、卡马利黑沙滩、卡美尼火山、古奥林匹亚遗址、奥林匹亚考古博物馆、古代奥林匹克运动会历史博物馆、奥林匹亚发掘史博物馆、粉红色海滩、哈尼亚灯塔、巴罗斯潟湖、伊拉克利翁考古博物馆、克诺索斯王宫。

(三)非洲

非洲位于东半球西部,欧洲以南,亚洲之西,东濒印度洋,西临大西洋,纵跨赤道南北,面积大约为3020万平方千米(土地面积),占全球总陆地面积的20.4%,是世界第二大洲,同时也是人口第二大洲(约12.86亿)。非洲被划分为东非、南非、西非、北非、中非5个区域。我国主要代表性旅游目的地国家有肯尼亚、南非、埃及。

(1)肯尼亚:位于非洲东部,赤道横贯中部,东非大裂谷纵贯南北。东邻索马里,南接坦桑尼亚,西连乌干达,北与埃塞俄比亚、南苏丹交界,东南濒临印度洋,海岸线长536千米。肯尼亚国土面积的18%为可耕地,其余主要适于畜牧业。肯尼亚是人类发源地之一,境内曾出土约250万年前的人类头骨化石。肯尼亚人口为5257.4万,面积58.26万平方千米。

主要旅游城市:内罗毕、纳库鲁。

主要旅游景点:内罗毕国家公园、内罗毕国家博物馆、安博塞利国家公园、奈瓦沙湖、肯尼亚山国家公园、纳库鲁国家公园、马赛马拉野生动物保护区、长颈鹿中心、博格里亚湖、地狱之门国家公园、巴林戈湖、新月岛。

(2)南非:地处南半球,有"彩虹之国"之美誉,位于非洲大陆的最南端,陆地面积为121.91万平方千米,人口5777.96万。其东、南、西三面被印度洋和大西洋环抱,陆地上与纳米比亚、博茨瓦纳、莱索托、津巴布韦、莫桑比克和斯威士兰接壤。东面隔印度洋和澳大利亚相望,西面隔大西洋与巴西、阿根廷相望。

主要旅游城市：开普敦、约翰内斯堡。

主要旅游景点：桌山、花园大道国家公园、豪特湾、海豹岛、南非企鹅生态保护区、大康斯坦夏葡萄酒庄园、好望角、豪特湾、赛顿城、迪亚斯航海博物馆、莫塞尔港邮政树、纳尔逊曼德拉湾球场、太阳城、时光之桥、匹林斯堡国家公园、金矿之城。

(3)埃及：位于北非东部，人口9842.36万，面积为100.14万平方千米。其领土包括苏伊士运河以东、亚洲西南端的西奈半岛。埃及既是亚、非之间的陆地交通要冲，也是大西洋与印度洋之间海上航线的捷径，战略位置十分重要。埃及是中东人口最多的国家，也是非洲人口第二大国，在经济、科技领域方面长期处于非洲领先地位。

主要旅游城市：开罗、卢克索、阿斯旺。

主要旅游景点：埃及博物馆、胡夫金字塔、吉萨金字塔、卡夫拉金字塔、狮身人面像、悬空教堂、阿莫尔清真寺、萨拉丁城堡、穆罕默德·阿里清真寺、卡纳克神庙、卢克索神庙、国王谷、哈特谢普苏特神庙、阿蒙神庙、荷鲁斯神庙、拉美西斯神庙、拉美西斯三世哈布城、帝后谷、菲莱神庙、尼罗河、考蒙博神庙、阿斯旺大坝、努比亚博物馆。

(四)北美洲

北美洲：位于西半球北部，东临大西洋，西临太平洋，北临北冰洋，南以巴拿马运河为界与南美洲相隔，东面隔丹麦海峡与欧洲隔海相望，地理位置优越。北美洲面积2422.8万平方千米(包括附近岛屿)，约占世界陆地总面积的16.2%，是世界第三大洲，包括北美、中美和加勒比海地区。我国主要代表性旅游目的地国家有美国和加拿大。

(1)美国：领土包括美国本土、北美洲西北部的阿拉斯加和太平洋中部的夏威夷群岛，是由华盛顿哥伦比亚特区、50个州以及众多海外领土组成的联邦共和立宪制国家。其国土面积居全球第4位，人口3.2亿。

主要旅游城市：洛杉矶、纽约、旧金山、费城、华盛顿、波士顿、芝加哥、拉斯维加斯。

主要旅游景点：好莱坞环球影城、好莱坞星光大道、盖蒂中心、洛杉矶迪士尼乐园、格利菲斯天文台、加利福尼亚大学洛杉矶分校、斯台普斯中心、丹麦城、比弗利山庄、华纳兄弟影城、大都会艺术博物馆、中央公园、自由女神像、帝国大厦、百老汇、第五大道、布鲁克林大桥、西点军校、现代艺术博物馆、美国自然历史博物馆、时代广场、哈德逊河公园、洛克菲勒中心、"9·11"纪念园及博物馆、曼哈顿大桥、曼哈顿天际线、金门大桥、愚人码头、国家独立历史公园、越战纪念碑、美国国会大厦、华盛顿纪念碑、自由钟、宾夕法尼亚大学考古学及古人类学博物馆、费城艺术博物馆、美国国会大厦、美国国家航空航天博物馆、林肯纪念堂、杰斐逊纪念堂、国会山、波士顿大学城、哈佛大学、麻省理工学院、千禧公园、白金汉喷泉、芝加哥艺术博物馆、威利斯塔观景台、芝加哥大学、约翰·汉考克中心、菲尔德自然历史博物馆、黄石国家公园、大峡谷国家公园、拉斯维加斯大道、美国科罗多大峡谷。

(2)加拿大：北美洲最北的国家，西抵太平洋，东迄大西洋，北至北冰洋，东北部和丹麦领地格陵兰岛相望，东部和法属圣皮埃尔和密克隆群岛相望，南方与美国本土接壤，西北方与美国阿拉斯加州为邻。领土面积为998万平方千米，位居世界第二，人口3758.9万。加拿大素有

"枫叶之国"的美誉,首都是渥太华。加拿大是典型的英法双语国家,政治体制为联邦制、君主立宪制及议会制,是英联邦国家之一。

主要旅游城市:多伦多、魁北克、蒙特利尔、渥太华、温哥华。

主要旅游景点:加拿大国家电视塔、多伦多大学、湖滨区、卡萨罗玛城堡、史凯隆塔、安大略湖、安大略省皇家博物馆、卡萨罗马城堡、魁北克国会大厦、蒙特利尔老城、蒙特利尔奥林匹克体育馆、圣母大教堂、圣若瑟圣堂、圣母圣心礼拜堂、皇家山公园、国会山、加拿大战争博物馆、加拿大历史博物馆、渥太华国会山庄、丽多运河、渥太华圣母大教堂、和平塔、斯坦利公园、卡佩兰奴吊桥公园、英吉利湾海滩、班夫国家公园、贾斯珀国家公园、加拿大冰川国家公园、幽鹤国家公园。

(五)南美洲

南美洲是南亚美利加洲的简称,位于西半球、南半球,东临大西洋,西临太平洋,北临加勒比海,北部和北美洲以巴拿马运河为界,南部和南极洲隔德雷克海峡相望。南美洲是全球第四大的大洲,陆地面积刚刚超过1780万平方千米。南美洲包括哥伦比亚、委内瑞拉、厄瓜多尔、秘鲁、圭亚那、苏里南、巴西、玻利维亚、智利、巴拉圭、乌拉圭、阿根廷等12个独立国家和法属圭亚那、马尔维纳斯群岛等2个地区。我国主要代表性旅游目的地国家有巴西和阿根廷。

(1)巴西:位于南美洲东南部,人口2.09亿,面积851.49万平方千米。北邻法属圭亚那、苏里南、圭亚那、委内瑞拉和哥伦比亚,西界秘鲁、玻利维亚,南接巴拉圭、阿根廷和乌拉圭,东濒大西洋。

主要旅游城市:圣保罗、马瑙斯、里约热内卢、伊瓜苏。

主要旅游景点:巴西独立纪念碑、圣保罗人博物馆、圣保罗大教堂、巴西拓荒者群雕、拉美纪念馆、蝙蝠侠胡同、亚马逊剧院、亚马孙河、糖面包山、里约热内卢基督像、马拉卡纳体育场、天梯教堂、塞勒隆阶梯、伊瓜苏鸟园、伊瓜苏大瀑布、伊泰普水电站、伊瓜苏国家公园。

(2)阿根廷:位于南美洲南部,面积278.04万平方千米,人口4449.45万,为拉丁美洲的第二大国,仅次于巴西。阿根廷东濒大西洋,南与南极洲隔海相望,西同智利接壤,北接玻利维亚、巴拉圭,东北部与巴西和乌拉圭为邻。

主要旅游城市:布宜诺斯艾利斯、乌斯怀亚。

主要旅游景点:世界尽头的小邮局、博卡区、贵族公墓、玫瑰宫、布宜诺斯艾利斯方尖碑、世界尽头博物馆、火地岛国家公园、企鹅岛、比格尔海峡、拉帕塔亚湾、乌斯怀亚海洋博物馆、马舍尔冰川。

(六)大洋洲

大洋洲横跨印澳板块、太平洋板块和欧亚板块三大板块,位于太平洋中部和中南部的赤道南北广大海域中,在亚洲和南极洲之间,西邻印度洋,东临太平洋,并与南北美洲遥遥相对。大洋洲陆地总面积约897万平方千米,约占世界陆地总面积的6%,是世界上最小的一个洲,除南极洲外,是世界上人口最少的一个洲。我国主要代表性旅游目的地国家有澳大利亚和新西兰。

(1)澳大利亚:位于南太平洋和印度洋之间,由澳大利亚大陆和塔斯马尼亚岛等岛屿和海外领土组成。澳大利亚东濒太平洋的珊瑚海和塔斯曼海,西、北、南三面临印度洋及其边缘海。人口2499.24万,面积769.2万平方千米,是世界上唯一一个独占一个大陆的国家。

主要旅游城市：悉尼、黄金海岸、凯恩斯、布里斯班。

主要旅游景点：悉尼歌剧院、悉尼海港大桥、悉尼水族馆、蓝山国家公园、三姐妹峰、史蒂芬港、达令港、邦迪海滩、塔玛拉玛海滩、布伦特海滩、克洛韦利海滩、库基海滩、圣玛丽大教堂、塔龙加动物园、皇家植物园、维多利亚女王大厦、悉尼塔、冲浪者天堂、Q1大厦观景台、拉明顿国家公园、黄金海岸海洋世界、梦幻世界、天堂农庄、华纳兄弟电影世界、宽滩、可伦宾野生动物保护园、大堡礁、绿岛、阿瑟顿高原、摩尔外堡礁、幸福蝴蝶谷、热带雨林自然公园、道格拉斯港野生动物栖息地动物园、龙柏考拉动物园、布里斯班南岸公园、摩顿岛、昆士兰博物馆、布里斯班圣约翰大教堂、海豚岛。

(2)新西兰：位于太平洋西南部，介于南极洲和赤道之间，西隔塔斯曼海与澳大利亚相望，北邻新喀里多尼亚、汤加、斐济。新西兰由北岛、南岛、斯图尔特岛及其附近一些小岛组成，素以"绿色"著称，境内多山，山地和丘陵占其总面积75％以上，国土面积26.8万平方千米，人口为488.55万。

主要旅游城市：基督城、格雷茅斯、皇后镇、奥克兰、罗托鲁瓦。

主要旅游景点：基督城国际南极中心、凯库拉半岛步道、追忆桥、维多利亚广场、雅芳河、基督城植物园、硬纸板教堂、坎特伯雷博物馆、海格利公园、普纳凯基千层饼岩石与喷水洞、亚瑟通道国家公园、皮尔森湖、棚户区历史遗迹公园、福克斯冰河、皮尔森湖、瓦纳卡湖、瓦卡蒂普湖、皇后镇南湖地区、瓦尔特峰高原牧场、皇后镇圣彼得教堂、箭河、米尔福德峡湾、箭镇、库克山国家公园、特卡波湖、好牧羊人教堂、特卡波温泉、莎玛拉羊驼牧场、伊甸山、奥克兰战争纪念博物馆、天空塔、使命湾、穆里怀沙滩、奥克兰中央公园、怀托摩萤火虫洞、霍比特村、毛利文化村、爱歌顿皇家牧场、峡湾国家公园。

(七)南极洲

南极洲位于地球南端，四周为太平洋、印度洋和大西洋所包围，边缘有别林斯高晋海、罗斯海和阿蒙森海等，亦称"第七大陆"。南极洲由大陆、陆缘冰和岛屿组成，全境为平均海拔2350米的大高原，是世界上平均海拔最高的洲。大陆几乎全被冰川覆盖，占全球现代冰被面积的80％以上。南极洲虽然不属于任何国家，也无人类定居，但南极旅游却在开展，目前都是邮轮旅游，基本在船舱内度过，天气合适时也有登陆及其他活动。

主要旅游景点：南设得兰群岛、迪塞普申岛、天堂岛、彼得曼岛。

练习题

1.旅游产品的概念和特征是什么？
2.旅游产品的类型有哪些？
3.简述旅游产品设计的原则与步骤。
4.谈一谈旅游产品市场调研包括的内容。
5.简述中国旅游区和世界旅游区划分区域，每个旅游区包含的省份或国家，以及主要旅游资源。

第二章 旅游产品形态分析

本章导读

本章内容包括国内观光游、出境观光游及主题游市场分析,并依据旅游网站产品库,选择国内观光游、出境观光游及主题游产品中的典型产品为例,进行产品形态特点分析,使学生全面了解各类型产品的主要特点及设计模式与规范,为自主设计创新主题游产品打下基础。

学习目标

了解国内观光游、出境观光游和主题游市场特点,掌握观光游线路产品和主题游线路产品形态分析的步骤和方法,并通过旅游网站产品库的分析,了解国内观光游、出境观光游及主题游线路产品的特点。

第一节 国内观光游产品形态分析

一、国内旅游市场分析

1. 国民文化休闲需求日渐凸显,观光游市场仍是基础市场

中国旅游研究院发布的《中国国内旅游发展年度报告2019》数据显示,2018年,全年国内旅游人数55.39亿人次,比上年同期增长10.8%。国内旅游收入5.13万亿元,较上年同期增长12.3%。从2011年以来的发展趋势来看,国内旅游接待规模年均保持在13.7%左右的增长,旅游收入则保持在年均20.7%左右的增长[①]。

(1)从国民需求变化来看,文化休闲需求日渐凸显。文化休闲游成为节日期间主流的旅游休闲。2019年春节期间,传统民俗和民间文化最受欢迎。春节期间参观博物馆、美术馆、图书馆、科技馆、历史文化街区的游客比例分别达40.5%、44.2%、40.6%和18.4%,观看各类文化演出的游客达到34.8%。从主题来看,文化类景区增幅明显,整体同比增长40%;博物馆同比增长35.0%,文化遗产同比增长了45.0%。国庆期间旅游市场游客文化参与度广,有超过90.0%的游客参加了文化活动,超过40.0%的游客参加了2项文化体验活动,前往博物馆、美

---

① 中国旅游研究院.中国国内旅游发展年度报告2019[M].北京:旅游教育出版社,2019.

术馆、图书馆和科技馆的游客达到40.0%以上,37.8%的游客花在文化体验上的停留时间为2至5天,文化休闲需求明显。

(2)观光游览仍然是国内居民的主要出游动机之一。2017年,我国国内城镇居民的旅游动机中,观光游览排在第二位(占29.4%),休闲度假排在第三位(24.8%);2010年,我国城镇居民出游以观光游览为目的的占32.9%,以休闲度假为目的的占25.0%。2017年,我国国内农村居民的旅游动机中,观光游览排在第二位(占22.8%),休闲度假排在第四(14.5%);2010年,我国农村居民出游以观光游览为目的的占12.2%,以休闲度假为目的的占6.0%。综合判断,观光游览市场仍是国民旅游市场的基础市场,休闲度假的稳定发展是现实的市场主导特征。

(3)休闲度假人均花费增长较快。城镇居民和农村居民的休闲度假费用均有所提高。2016年我国城镇居民休闲度假人均花费1024.7元,观光游览人均花费1240.2元,农村居民的数据分别为749.2元、918.4元。2017年城镇居民和农村居民人均度假花费增长率分别为35.22%和28.33%、人均观光花费增长率分别为13.96%和3.65%。

2. 交通、餐饮、住宿及购物依然是国内旅游消费的主要方面

2017年国内旅游消费主要集中在交通、餐饮、住宿及购物四个方面。其中,城镇居民人均旅游花费约1368.3元,农村居民人均旅游花费约814.6元。城镇游客交通费占比最高,为36.30%,餐饮费、住宿费、购物费分别占22.90%、17.50%、12.70%;农村游客交通费占比最高,为34.90%,餐饮费、购物费、住宿费分别占25.20%、14.80%、12.60%。

3. 假日旅游消费增速较快

假日旅游消费持续多年保持高位增长。假日期间,拖家带口开展自助游、自驾游和各种本地休闲等活动,已经成为中国家庭生活的一部分。根据统计数据,2018年我国国内旅游在节假日期间仍有较快的发展,其中市场规模及旅游收入均保持8%左右的增长率。七大节假日期间,全国共接待游客总量16.8亿人次,旅游收入13585.4亿元。2018年城镇居民周末、节假日的户外休闲比重逐渐增加,休闲空间不断扩大,休闲活动日趋丰富。假日期间,乡村民宿、休闲街区、特色小镇等全域旅游新产品新业态备受青睐,自驾游、乡村游、都市游、冰雪游高速增长,一站式休闲度假、私人定制旅游、房车旅游、博物旅行等业态发展提速[1]。

4. 红色旅游社会效应加速彰显

当前,中央重视和人民群众价值观回归为红色旅游发展提供了广阔的空间;国民旅游权利的普及和大众旅游市场的持续繁荣,为红色旅游奠定了坚实的市场基础。其中年轻人参与红色旅游的热情高涨。"80后""90后"年轻父母热衷于带孩子到红色旅游景区寓教于乐,"00后"群体参与度也在提高。14岁以下的青少年群体逐渐成为红色旅游的新生力量,尤其在重要时间节点参加红色旅游的青少年越来越多。同时,红色旅游的社会效应加速彰显,扶贫效果显著,就业带动能力较为突出,发展红色旅游成为带动人民脱贫致富的有力抓手。

---

[1] 宋瑞.旅游绿皮书:2019—2020年中国旅游发展分析与预测[M].北京:社会科学文献出版社,2020.

5. 智慧旅游和数字技术拓展游憩空间

2020年数字技术将现实引入虚拟，旅游目的地从线下走上云端，数字文旅成为游客旅游消费新场景。清明假期，故宫博物院联合权威媒体对外直播，9月10日故宫再次推出600年大展直播，累计吸引超200万名观众。直播催生的"云旅游"丰富了居民日常旅游休闲活动，满足了旅游消费对内容的需求。互动式、沉浸式旅游直播丰富了目的地和旅游吸引物的消费场景，游客游憩空间得以拓展。

6. 自驾游、康养游等消费需求迅速增长，生活场景对接旅游产品将是市场发展的新方向

2020年，避暑旅游、冰雪旅游、夜间旅游、亲子旅游、美食旅游、研学旅游、自驾旅游等新型消费需求潜力加速释放。自驾出游方式选择比例达近年新高，其中清明假期游客自驾出游比例超过7成。避暑游、冰雪游在疫情期间发展韧性更足。2020年8月，景区夜间游客量是1月的1.76倍，全国5A级景区夜间开放率为22.8%，4A级景区夜间开放率为20.4%。同时，老场景不断开放，传统景区、文化场馆相继推出夜游，且评级越高，开放比率越高。

地标景点是城市旅游的形象支撑，市井集市则是城市品质的生活内涵。当前的游客已广泛从戏剧场进入菜市场的日常生活空间，深度体验并共享目的地的美好生活，旅游逐渐打破旅行社、酒店、景区这个封闭的世界，开始搭建目的地生活空间的开放体系。因此，旅游企业应该通过生活场景对接为游客提供新的产品、新的服务，来应对这个变化。

二、国内观光游产品案例分析

本节以东北旅游区黑龙江省、吉林省和辽宁省为例，在携程网选择"跟团游"产品类型，对国内观光游产品进行分析，从而了解该区域旅游资源情况及观光游产品形态特点。

（一）黑龙江省观光游产品分析

1. 黑龙江省产品形态分析

在携程网进行搜索，时间为2021年8月，出发城市为"上海"，分别选择"跟团游"—"黑龙江"—"出发地参团"，则产品数据库给出了黑龙江省旅游产品的基本形态（见图1-16）。

图1-16 携程网黑龙江省旅游线路产品形态

(1)热门游玩线路:黑龙江一地游玩的热门线路主要有7个类型,分别是"哈尔滨+漠河""哈尔滨+伊春/大庆/五大连池""哈尔滨一地""哈尔滨+雪乡(属于牡丹江市海林市)+亚布力(属于哈尔滨市尚志市)""佳木斯/鸡西/鹤岗""哈尔滨+亚布力(属于哈尔滨市尚志市)""哈尔滨+雪乡(属于牡丹江市海林市)"。

黑龙江跨省连游热门线路主要有5个类型,分别是"内蒙古呼伦贝尔+黑龙江哈尔滨""吉林长白山+黑龙江哈尔滨""内蒙古呼伦贝尔+黑龙江漠河""吉林长白山+黑龙江镜泊湖""黑龙江+吉林+辽宁连游"。

(2)热门目的地:黑龙江省共有13个热门目的地城市或地区,分别是大兴安岭(20%选择)、漠河(17%选择)、五大连池(14%选择)、哈尔滨、牡丹江、宁安、黑河、伊春、海林、齐齐哈尔、尚志、抚远、佳木斯。其中大兴安岭、漠河、五大连池是游客选择最多的三个目的地。

(3)热门景点:主要热门景点共有9个,有哈尔滨中央大街、圣·索菲亚大教堂、防洪纪念塔、松花江铁路桥、漠河北极村、中国最北邮政局、北陲哨所。

(4)行程天数:涉及黑龙江省旅游产品的行程天数从2日到15日及以上,其中游客主要选择5日(10%选择)、6日(18%选择)、7日(23%选择)的旅游行程。

(5)产品类型:黑龙江省的旅游产品组织形式主要为私家团、跟团游和半自助游。

选择"推荐排序",以"推荐"主页面显示的30条旅游线路作为基础,进行黑龙江省旅游产品形态分析。结果显示,跟团游线路20条,私家团线路10条;价格因行程天数和产品档次的不同,从1939元~6710元不等;30条旅游线路行程天数5~15天,其中省内游玩线路7条,行程天数5~9天,跨省游玩线路23条,行程天数5~15天。夏季黑龙江主要以森林湖泊、火山地貌、边陲风光、极光与极昼奇景以及哈尔滨俄罗斯风情建筑等资源吸引游人。

黑龙江省内线路,主要以哈尔滨为中心,有三种空间形态(见图1-17),即哈尔滨+五大连池+伊春+哈尔滨,哈尔滨+伊春+五大连池+齐齐哈尔+哈尔滨,呈

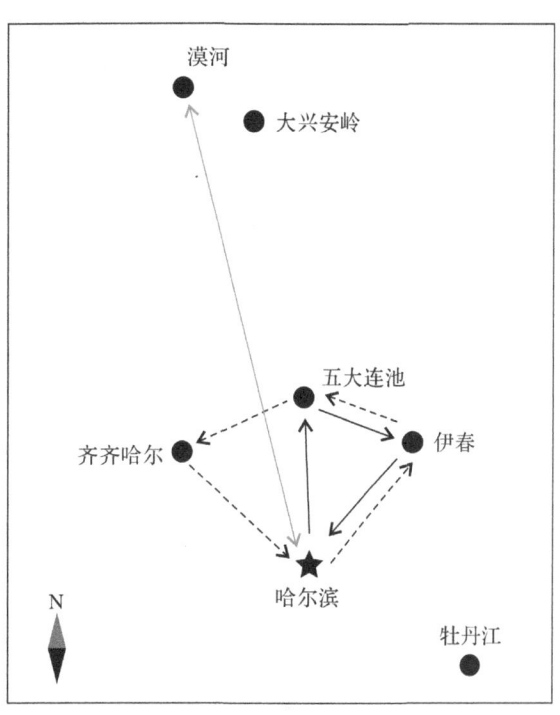

图1-17 黑龙江省内线路空间形态简图

环通道式线路;哈尔滨+漠河+哈尔滨,呈南北两点直线往返式线路;哈尔滨城市一地游玩线路。

省内线路所涉及的主要城市有哈尔滨、漠河、伊春、五大连池、齐齐哈尔、牡丹江市6个城市,各城市主要景点如下:

哈尔滨:哈尔滨大剧院、防洪纪念塔、黑龙江观光索道、松花江铁路桥、中央大街、圣·索菲亚大教堂、斯大林公园、哈尔滨融创雪世界。

漠河:北极村、中国最北邮政局、北陲哨所、北极沙洲。

伊春:汤旺河石林风景区、五营国家森林公园。

五大连池:五大连池景区、老黑山。

齐齐哈尔:扎龙保护区。

牡丹江市:镜泊湖风景区。

大兴安岭地区:大兴安岭。

黑龙江跨省游玩线路主要有三种空间形态(见图1-18),即两省(黑龙江+吉林/黑龙江+内蒙古)游玩线路、三省游玩线路(黑龙江+吉林+辽宁/吉林+黑龙江+内蒙古)和四省(辽宁+吉林+黑龙江+内蒙古)游玩线路。

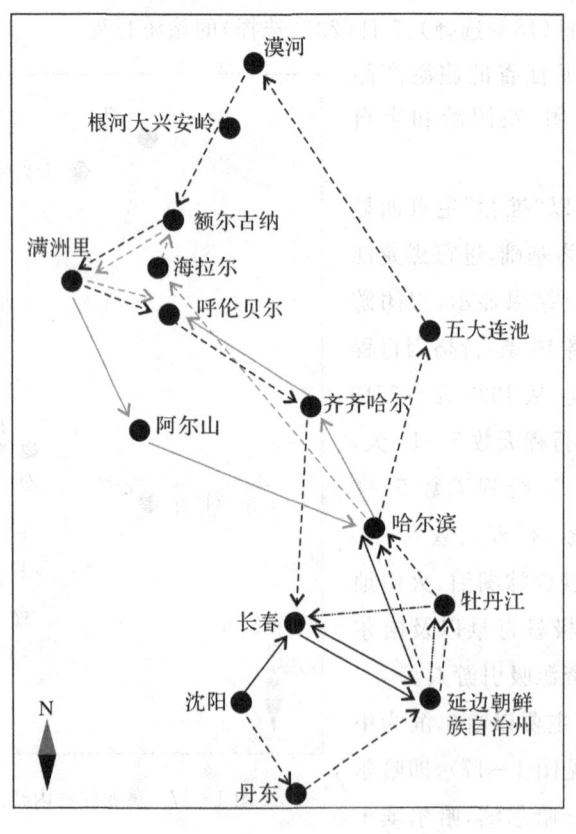

图1-18 黑龙江跨省线路空间形态简图

(1)两省游玩线路,具体如下:黑龙江(哈尔滨)+吉林(长春和延边朝鲜族自治州长白山)呈单通道式线路;黑龙江(哈尔滨和齐齐哈尔)+内蒙古(呼伦贝尔、满洲里和阿尔山)呈环通道式线路;黑龙江(哈尔滨)+内蒙古(呼伦贝尔、额尔古纳、满洲里)呈单通道式线路。

(2)三省游玩线路,具体如下:辽宁(沈阳)+吉林(长春和长白山北坡)+黑龙江(哈尔滨)呈单通道式线路;吉林(长春和延边朝鲜族自治州长白山)+黑龙江(哈尔滨、漠河)+内蒙古(呼伦贝尔、额尔古纳、满洲里和海拉尔)呈单通道式线路。

(3)四省游玩线路,为15天长线半封闭环通道式线路,即辽宁(沈阳和丹东)+吉林(长春和延边朝鲜族自治州长白山)+黑龙江(牡丹江、哈尔滨、五大连池、漠河)+内蒙古(呼伦贝尔、根河大兴安岭、额尔古纳、满洲里、海拉尔)+黑龙江(齐齐哈尔)+吉林(长春)。

黑龙江跨省游玩主要涉及的省市为:黑龙江(包括哈尔滨、牡丹江、五大连池、漠河、齐齐哈尔)、吉林(包括长春和延边朝鲜族自治州)、辽宁(包括沈阳和丹东)、内蒙古(呼伦贝尔、海拉尔、额尔古纳、根河大兴安岭、满洲里、阿尔山)。

2.黑龙江省旅游资源

(1)哈尔滨市。

①防洪纪念塔:哈尔滨防洪胜利纪念塔,是为纪念哈尔滨市人民战胜"57年特大洪水"于1958年10月1日建成的。它由苏联设计师巴吉斯·兹耶列夫和哈尔滨工业大学第二代建筑师李光耀共同设计,塔址由时任哈尔滨市市长吕其恩确定。防洪纪念塔是哈尔滨有名的地标建筑之一,纪念塔外形宏伟,建筑设计充满了浓郁的俄罗斯风格,加之所在的位置较为宽阔,因此成为游客们热衷留影的景点(见图1-19)。

图1-19 防洪纪念塔

②松花江铁路桥:松花江铁路桥位于哈尔滨市松花江畔斯大林公园东侧,为哈尔滨市道里、道外两区的分界桥。它不仅是松花江上较早的铁路大桥,也是哈尔滨有名的跨江大桥。现已退役的大桥虽然不再有火车呼啸而驰的震撼场景,但大桥的身影在蓝天下显得格外迷人(见图1-20)。

图 1-20　松花江铁路桥

③中央大街：中央大街是黑龙江省哈尔滨市很繁盛的一条商业步行街，位于哈尔滨道里区，北起江畔的防洪纪念塔广场，南接新阳广场，长 1400 米。这条长街始建于 1900 年，街道建筑包罗了文艺复兴、巴洛克等多种风格的欧式建筑几十栋，充满了浪漫色彩。知名的华梅西餐厅、波特曼西餐厅等俄式西餐厅，以及美味的马迭尔冰棍是众多游客慕名而来的理由，另外这里还有俄罗斯工艺品商店、秋林食品等专卖店（见图 1-21）。

图 1-21　中央大街

④圣·索菲亚教堂：圣·索菲亚教堂坐落于中国黑龙江省哈尔滨市道里区索菲亚广场，是一座始建于 1907 年拜占庭风格的东正教教堂，为哈尔滨的标志性建筑。教堂墙体采用清水红砖建造，搭配绿色的洋葱头式大穹顶，十分引人注目，充满了异国情调（见图 1-22）。

图 1-22　圣·索菲亚教堂

(2)漠河市。

①北极村:北极村位于黑龙江省大兴安岭地区漠河市漠河县,地处北纬53°33′30″、东经122°20′27.14″,是国家5A级旅游景区,素有"金鸡之冠"、"神州北极"和"不夜城"之美誉,是全国观赏北极光的最佳观测点,是中国"北方第一哨"所在地,也是中国最北的城镇。北极村凭借中国最北、神奇天象、极地冰雪等国内独特的资源景观,与三亚的天涯海角共列最具魅力旅游景点景区榜单前十名。现在的北极村已开发成一个大型景区,来这里特有意思的就是各种"找北"(见图1-23)。

图1-23 北极村

②中国最北邮政局:中国最北邮政局位于黑龙江省漠河县北极村内,始建于1953年11月,原为漠河乡邮电局支局。随着当地旅游的蓬勃发展,最北邮政局在原来邮政服务功能的基础上,增添了将旅游照片打印成明信片等服务项目,成为国内外游客来漠河县常去的"旅游景点"。来此的游客们都会选择这里的纪念品和明信片,写上祝福的话语并寄回家,给自己的旅途增添独特的意义(见图1-24)。

图1-24 中国最北邮政局

③北陲哨所:北陲哨所驻扎在漠河北极村,是中国最北部的瞭望哨。初期哨所是木制的,俗称"大架子",1982年重建为塔楼,共有七层,内有高倍望远镜,供战士观察国界,塔身镶嵌"北陲哨所""祖国利益高于一切"铜制大字(见图1-25)。

图1-25 北陲哨所

(3)伊春市。

①汤旺河林海奇石风景区:汤旺河林海奇石风景区距伊春市中心区120千米,行车需2小时左右,距国家一类对俄口岸嘉荫100千米。风景区平均海拔436.6米,总面积163.57平方千米,分为石林景观区和山水风光游览区,其中以小兴安岭奇石景观区内的地质遗迹形成的各类奇石和繁茂的植被为特色,展示了国家地质公园和国家森林公园特有的风韵,同时它还是中国青少年科学考察探险基地。2013年,汤旺河林海奇石景区晋升5A级景区(见图1-26)。

图1-26 汤旺河林海奇石风景区

②五营国家森林公园:五营国家森林公园位于小兴安岭南麓伊春市郊的五营区,占地面积141平方千米。五营国家森林公园是中国4A级旅游景区,这一带的林区经过几千年的自然演替,形成了以红松为主的针阔叶混交林的顶极群落,是国家最大红松天然林自然保护区,是驰名国内外的森林生态游览胜地(见图1-27)。

图1-27 五营国家森林公园

(4)五大连池市。

五大连池:五大连池风景区,位于黑龙江省黑河市五大连池市,距五大连池市区18千米,地处小兴安岭山地向松嫩平原的过渡地带。五大连池风景区总面积为1060平方千米,其中林地32.1万亩、草原5.73万亩、湿地15万亩。1719—1721年,火山喷发,熔岩阻塞白河河道,形成五个相互连接的湖泊,分别为莲花湖、燕山湖、白龙湖、鹤鸣湖、如意湖,因而得名五大连池(见图1-28)。

图1-28 五大连池

(5)齐齐哈尔市。

扎龙保护区:"扎龙"为蒙古语,意为饲养牛羊的圈。扎龙保护区位于黑龙江省齐齐哈尔市东南26千米处,面积21万公顷。1979年建立省级自然保护区,这里是我国以鹤类等大型水禽为主的珍稀水禽分布区,是世界上最大的丹顶鹤繁殖地。扎龙保护区属北温带大陆性季风气候,是同纬度地区景观最原始、物种最丰富的湿地自然综合体。年平均气温3.9 ℃,年平均降水量402.7毫米,区内湖泊星罗棋布,河道纵横,水质清纯,苇草肥美,沼泽湿地生态保持良好,1992年被列入"世界重要湿地名录"(见图1-29)。

图1-29 扎龙保护区

(6)牡丹江市。

镜泊湖风景区:镜泊湖是中国最大、世界第二大高山堰塞湖,位于中国黑龙江省牡丹江市宁安市西南部的松花江支流牡丹江干流上,距宁安市50千米,海拔351米,湖水深度平均为40米。镜泊湖风景区是我国著名的旅游、避暑和疗养胜地,全国文明风景旅游区示范点,国家重点风景名胜区,国际生态旅游度假避暑胜地,世界地质公园(见图1-30)。

图1-30 镜泊湖风景区

(7)大兴安岭地区。

大兴安岭:大兴安岭是兴安岭的西部组成部分,位于黑龙江省、内蒙古自治区东北部,是内蒙古高原与松辽平原的分水岭。大兴安岭北起黑龙江畔,南至西拉木伦河上游谷地,东北—西南走向,全长1200多千米,宽200～300千米,海拔1100～1400米,主峰索岳尔济山。大兴安岭原始森林茂密,是中国重要的林业基地之一。

大兴安岭主要旅游景点:漠河、胭脂沟、石林、五道豁洛岛影视基地、丰林自然保护区、尼尔基水库、大兴安岭资源馆、洛古河、映山红滑雪场、瑷珲城、沾河漂流、带岭动植物资源馆、国际狩猎场、金山屯大森林探险漂流、恐龙博物馆、林中园、龙骨山、桃源湖·鄂伦春民族风情、黑龙江风光、胜山狩猎场、药泉山、呼中国家级自然保护区、桃山国际狩猎场、北极村、加格达奇北山公园、莫尔道嘎国家原始森林公园(见图1-31)。

图 1-31 大兴安岭

3. 黑龙江省精选线路分析

在携程网黑龙江跟团游"产品类型"中选择"私家团",在打开的页面中选择"哈尔滨＋漠河＋北极村＋北红村6日5晚私家团"。这条线路是黑龙江省内游线路,涉及黑龙江哈尔滨和漠河两个地区的景点,是一条中尺度私家团线路,其主要特点为:

(1)形态特点:该条私家团线路是以哈尔滨为起点作向北至漠河地区的直线往返。行程共6天,除去往返2天,第1天为哈尔滨自由活动,最后1天返程不安排游览,实际游览时间为4天,其中1天在哈尔滨,另外3天在漠河周边,因此该条线路主要旅游目的地在漠河。行程中共28个景点,其中人气景点12个,旅游形式以参观游览为主,每天参观景点7或9个,行程较为紧凑。

(2)资源特色:该线路包含了哈尔滨和漠河地区的经典景观。漠河地区涉及原始森林、河流、北极光等自然景观及清朝、日伪时期的历史古迹遗址资源,主要景点有:乌苏里浅滩、大兴安岭、鄂温克驯鹿园、北红村、北极村、北陲哨所、中国最北邮政局、北极沙洲、观音山、松苑公园、林海观音山、李金镛祠堂、胭脂沟、漠河火灾纪念馆。

哈尔滨市旅游资源涉及中西合璧的城市风貌、冰雪资源、俄罗斯等欧式风情建筑等资源,主要景点有:哈尔滨大剧院、太阳岛公园、圣·索菲亚大教堂、中央大街七彩冰雕大世界、中央大街、防洪纪念塔、松花江、斯大林公园、松花江铁路桥。

(3)体验特色:①走进大兴安岭深处寻找蓝莓灵芝,特别安排原始村落北红村,晨起听鸡鸣和看袅袅炊烟,夜晚观赏璀璨星河。②北极村内船游黑龙江,远望对面俄罗斯小村庄。

(4)餐饮特色:品尝东北饺子、烧烤、林区大锅炖、林区农家菜、漠河小众砂锅。

(5)住宿特色:入住哈尔滨1晚国五酒店、北极村索金大酒店、北红村家庭旅馆,回程火车落地安排贴心小时房休息。

(6)服务特色:携程自营深度客服以及24小时微信管家服务;1~9人小团,一单一团,独立成团,不与陌生人拼团;严选用车,专属私家车,专车专司,集中体现私家团专属小团性质。

(7)线路展示特点:该线路产品的供应商为携程自营,页面展示包括主题、行程介绍、点评和预订须知。其中,主题包括线路名称、价格、产品特色、服务保障、供应商、产品卖点;行程内容有图文行程和日历行程,其中图文行程包括线路图和每日行程的具体介绍,涉及的景点既有文字介绍又有图片展示,每日行程按照参观游览的时间顺序标示出景点内容、每个景点的游览时间、早午晚餐的用餐地点以及住宿和交通方式。

(8)行程安排：

D1：抵达哈尔滨（自由活动）。

D2：哈尔滨大剧院—中央大街—冰雕大世界体验零度以下的夏天—哈尔滨的后花园—太阳岛公园—出发前往漠河。

景点：哈尔滨大剧院—太阳岛公园—圣·索菲亚大教堂—中央大街七彩冰雕大世界—中央大街—防洪纪念塔—松花江—斯大林公园—松花江铁路桥。

D3：漠河—原始村落北红村—黑龙江第一湾—乌苏里浅滩—品尝林区大锅炖菜—蓝莓酒—看星空银河。

景点：白桦林—黑龙江第一湾—乌苏里浅滩—北红村。

D4：走进大兴安岭寻找灵芝、蓝莓—近距离接触驯鹿—北极村—船游黑龙江。

景点：北红村—大兴安岭—鄂温克驯鹿园—北极村—神州北极广场—中国最北点—北陲哨所—中国最北邮政局—最北一店。

D5：北极沙洲—船游黑龙江—观音山—李金镛祠堂—松苑公园—"五·六"火灾纪念馆—返回哈尔滨。

景点：北极沙洲—北极村—林海观音山—李金镛祠堂—胭脂沟—漠河火灾纪念馆—松苑原始森林公园。

D6：抵达哈尔滨—3小时贴心小时房—送机，返回温暖的家。

（二）吉林省观光游产品分析

1.吉林省产品形态分析

在携程网进行搜索，时间为2021年8月，出发城市为"上海"，分别选择"跟团游"—"吉林"—"出发地参团"，则携程网产品数据库给出了吉林省旅游产品的基本形态（见图1-32）。

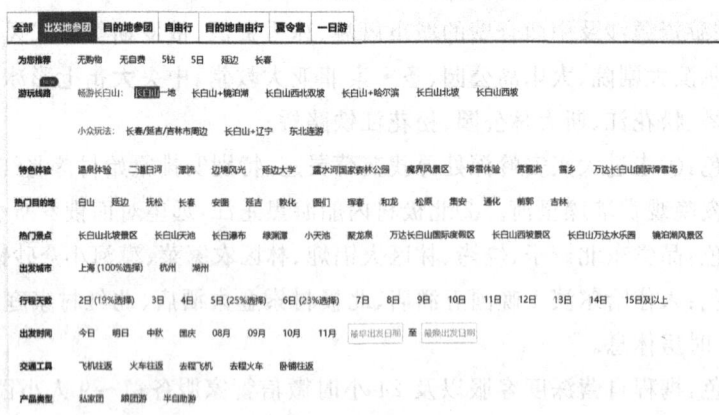

图1-32 吉林省旅游线路产品形态

(1)热门游玩线路：吉林一地游玩的热门线路主要有2个类型，分别为"长白山一地""长春/延吉/吉林周边"。

吉林跨省连游热门线路主要有4个类型，分别是"吉林长白山＋黑龙江镜泊湖""吉林长白山＋黑龙江哈尔滨""吉林长白山＋辽宁""黑龙江＋吉林＋辽宁连游"。

（2）热门目的地：吉林省共有13个热门目的地城市或地区，分别是白山、延边、抚松、长春、安图、延吉、敦化、图们、珲春、和龙、松原、集安、通化。

（3）热门景点：主要热门景点分别是长白山西坡北坡景区、万达长白山国际度假区。

（4）行程天数：涉及吉林省旅游线路的行程天数从2日到15日及以上，其中游客主要选择2日（19％选择）、5日（25％选择）、6日（23％选择）的旅游行程。

（5）产品类型：吉林省的旅游产品组织形式主要为私家团、跟团游和半自助游。

选择"推荐排序"，以"推荐"主页面显示的30条旅游线路作为基础，进行吉林省旅游产品形态分析。结果显示，跟团游线路17条，私家团线路12条，半自助游线路1条；价格因行程天数和产品档次的不同，从998元～6502元不等；30条旅游线路行程天数4～15天，省内游玩线路17条，行程天数4～6天，跨省游玩线路13条，行程天数5～15天。夏季吉林主要以长白山天池、森林、河流、火山地貌、朝鲜族风情等资源吸引游人。

吉林省内线路（见图1-33）主要以长春为起始点和终点，向南围绕长白山自然保护区和东南部的延吉地区（重点为万达长白山国际旅游度假区、长白山北坡和长白山西坡），呈两点往返式、单通道式和环通道式线路，主要为4种空间形态：长春＋长白山北坡＋长春；长春＋长白山北坡/长白山西坡＋长春；长春＋万达长白山国际旅游度假区＋长白山北坡/长白山西坡＋长春；长春＋长白山西坡/长白山北坡＋延吉＋长春。

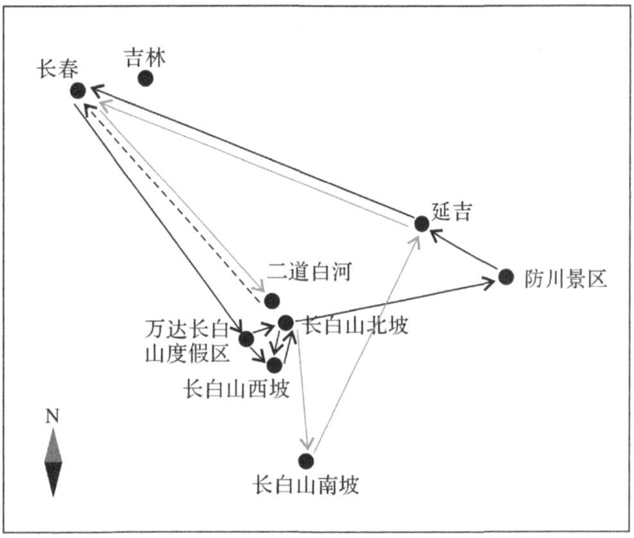

图1-33 吉林省内线路空间形态简图

省内线路涉及5个地区，主要旅游景点如下：

延边朝鲜族自治州安图县：二道白河、长白山北坡。

白山市抚松县：长白山西坡。

白山市长白朝鲜族自治县：长白山南坡。

延边朝鲜族自治州珲春市：珲春防川风景区。

延边朝鲜族自治州延吉市：朝鲜族民俗园。

吉林跨省游玩线路主要有3种形态（见图1-34），即两省游玩线路（吉林＋黑龙江）、三省游玩线路（吉林＋黑龙江＋内蒙古）、四省游玩线路（辽宁＋吉林＋黑龙江＋内蒙古），其中以吉林＋黑龙江两省游玩线路居多。

两省游玩线路，具体以吉林（长春/敦化/二道白河/长白山北坡/万达长白山国际旅游度假区）＋黑龙江（哈尔滨、镜泊湖）呈单通道式线路。

三省游玩线路,具体以吉林(长春/长白山北坡)+黑龙江(镜泊湖)+内蒙古(额尔古纳+满洲里+呼伦贝尔)呈单通道式线路。

四省游玩线路,具体以辽宁(沈阳/丹东)+吉林(长春/敦化/二道白河/长白山北坡)+黑龙江(哈尔滨/镜泊湖/五大连池/漠河/齐齐哈尔/大庆)+内蒙古(呼伦贝尔/根河/额尔古纳/满洲里/阿荣旗)呈半封闭式环通道式线路。

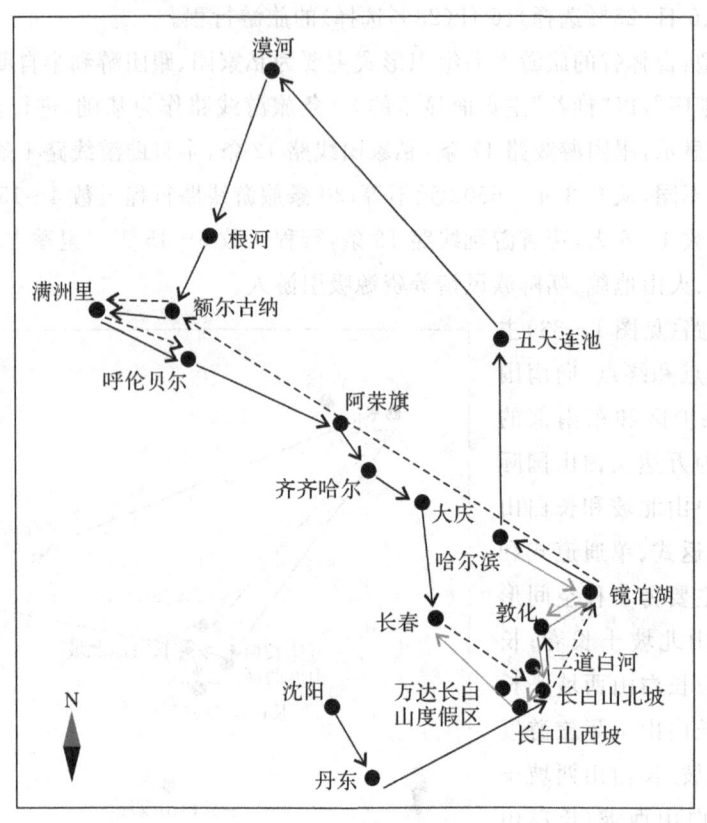

图1-34 吉林跨省线路空间形态简图

2.吉林省旅游资源

(1)长春市。

①伪满皇宫博物院:位于吉林省长春市宽城区光复北路5号,前身是民国时期的吉黑榷运局官署,总占地25.05万平方米,是伪满洲国皇帝爱新觉罗·溥仪的宫殿,溥仪从1932年到1945年间曾在这里居住。伪满皇宫的主体建筑是一组黄色琉璃瓦覆顶的二层小楼,包括勤民楼、辑熙楼和同德殿,这三座小楼风格独特,是中西式相结合的格局。如今这里还原了溥仪曾经生活和工作的环境,展示着大量的史料和文物,让人们了解末代皇帝的前半生以及侵华日军的罪证(见图1-35)。

②伪满八大部:伪满八大部位于长春市中心的新民大街附近,包括伪满洲国的八大机构(治安部、司法部、经济部、交通部、兴农部、文教部、外交部、卫生部),建成于1936年。八大部各幢大楼的建筑风格都各不相同,集中西方风格为一体,既有外观宏伟的大楼,又有垂花拱门

图 1-35　伪满皇宫博物院

的庭院。在新民大街两侧,满是高大挺直的杨树,这八幢建筑独特的大楼在繁华绿树之中隐隐而现,将这条街装点得典雅清净(见图 1-36)。

图 1-36　伪满八大部

(2)长白山自然保护区(地跨吉林省安图、抚松、长白三县)。

长白山国家级自然保护区位于吉林省安图、抚松、长白三县交界处,总面积 196465 公顷,1960 年经吉林省人民政府批准建立,1980 年加入联合国教科文组织国际"人与生物圈"保护区网,1986 年晋升为国家级自然保护区,主要保护对象为温带森林生态系、自然历史遗迹和珍稀动植物。保护区内最高峰海拔 2770 米,区内分布有野生植物 2540 多种,野生动物 364 种,其中东北虎、梅花鹿、中华秋沙鸭、人参等动植物为国家重点保护的物种。

①长白山北坡:位于延边朝鲜族自治州安图县二道白河镇的东南部区域的长白山北麓,境内地势险峻,森林密布,河流众多,区内有天池、瀑布、温泉、小天池、地下森林、高山滑雪场、岳桦幽谷等长白山代表性景观(见图 1-37)。

②长白山西坡:长白山西坡位于白山市抚松县松江河镇地域内,是四坡中火山地貌最为壮观、最具典型的地区,是观看天池最佳地区。长白山西坡开发相对较晚,景区内秉承现代旅游理念,少建筑,多自然,依然保留着原始秀美的自然风貌。这里有针对游客开放的长白山西景

图1-37 长白山北坡

区,进入景区,上山时,从险恶的老虎背天梯登临天池,沿途明显可见从针阔混交林到针叶林、岳华林、低矮灌木的垂直分布林带;下山时,可游览幽深的地下河、石笋峥嵘的锦江峡谷、明艳的高山花园、幽静的王池,这些景色都会令游客流连忘返,目不暇接(见图1-38)。

图1-38 长白山西坡

③长白山南坡:长白山南坡,行政区域归属白山市,大部分区域在长白朝鲜族自治县,其中长白山南景区归属长白山管委会池南区管辖。这里是鸭绿江的发源地,区域内生态系统和谐,原始风貌保存完整;世界最高、最深的火山口湖——长白山天池在此较比西、北、东面展示得更加完美、恢宏。这里有世界上罕见的苔原河谷湿地,分布广泛的高山花园,相依相恋的松桦林带,归隐山林的岳桦双瀑,劫后余生的炭化木遗迹,沟壑幽深的鸭绿江大峡谷等,但这里的生态系统也相对脆弱、极易损坏,因此,主景区内实行"定时、定点、定线、定量"的开放方式,力争把旅游对生态环境的影响降低到最小的程度。此外,景区外还有中朝界河鸭绿江景观带、望天鹅风景区等优美的景色(见图1-39)。

图1-39　长白山南坡

(3)延边朝鲜族自治州延吉市。

①朝鲜族民俗园:坐落在延吉市区南部2千米的帽儿山国家森林公园内,是一个收集、保存朝鲜族文化智慧和气息的观光场所。民俗园共分为五个功能区,分别为:传统文化展示区、传统体育演艺区、百年老宅体验区、民俗活动体验中心和传统饮食体验区。园内有古朴的民居,秋千、跳板、摔跤场,还有美食街、婚礼厅。在这里,游客可以欣赏和体验朝鲜族的传统生活习俗和仪式(见图1-40)。

图1-40　朝鲜族民俗园

②延边州博物馆:坐落在延边朝鲜自治州延吉市,是一座集地方历史和朝鲜民族特色于一体的综合性博物馆。博物馆区域划分科学合理、功能完善,有藏品保管区、展览区、科研区、办公区几大功能区域。馆藏文物主要是以古代文物、近现代文物和朝鲜民俗文物组成,其中,有唐代渤海贞孝公主墓墓碑和壁画(临摹本)、室相纹铜镜、双系釉陶罐等,也有反映延边人民革命斗争历史的苦被单、延吉炸弹、抗日树标等。基本陈列有朝鲜族民俗陈列、千秋正气——朝鲜族革命斗争史陈列、延边出土文物陈列共三大陈列(见图1-41)。

③防川风景名胜区:位于吉林省延边朝鲜族自治州珲春市防川村,其位置刚好处于中朝和朝俄界河图们江的日本海入海口,即中朝俄交界的鼎足地带,是长吉图开发开放先导区最东端的景区,人称"东方第一村"。天气晴朗时,在观海楼上登高远眺,不仅能"一眼看三国",还能看

图1-41 延边州博物馆

到图们江出海口。在这里,游客可以体验"鸡鸣闻三国,犬吠惊三疆,花开香四邻,笑语传三邦"的感受,领略欧亚交汇的异域风情(见图1-42)。

图1-42 防川风景名胜区

3. 吉林省精选线路分析

在携程网吉林跟团游"产品类型"中选择"私家团",在打开的页面中选择"长白山北坡景区+长白山西坡景区+防川风景区+长春+延吉8日7晚私家团"。这条线路是吉林省内游线路,涉及的景点主要分布在吉林白山市抚松县、延边朝鲜族自治州安图县、珲春市和延吉市,为长白山自然文化深度体验游,其中森林、湖泊、朝鲜族人文风情、电影、网红纪录片拍摄地、韩式建筑、温泉等设计元素丰富,是一条中尺度私家团线路。其主要特点为:

(1)形态特点:该条私家团线路是以长春为起点向东南至白山市抚松县长白山西坡—延边朝鲜族自治州安图县长白山北坡—延边朝鲜族自治州珲春市—延边朝鲜族自治州延吉市—长春,呈环通道式线路设计,行程共8天,第1天抵达长春后自由活动,行程中有15个景点,其中人气景点5个,在长春有2次自由活动时间。与吉林省内游常规线路不同的是,该行程除了自然类的游览活动之外,体验式活动比较丰富,并且增添了满族历史文化遗迹讷殷古城和朝鲜族建筑风格浓郁的延边大学,同时参观类型多样,住宿用车规格较高,行程设计张弛有度,舒适感强。

(2)资源特点:该条线路包含了长春、长白山西坡、长白山北坡以及延边朝鲜族自治州珲春市和延吉市的重点景观。长春市旅游资源涉及电影主题公园、水库森林公园及山景夜市城市资源,主要景点有:长影世纪城、净月潭、这有山。

长白山地区涉及天池、森林、河流等自然旅游资源,主要景点有:讷殷古城(女真族部落文化)、长白山西坡景区、锦江大峡谷、露水河国际狩猎场、长白山北坡、长白山天池、长白瀑布、绿渊潭、聚龙泉、二道白河。

延吉市和珲春市旅游资源涉及朝鲜族风情、建筑和饮食文化以及边境风光,主要景点有:防川风景区(一眼望三国)、龙虎阁、延边大学(多个韩式建筑)、延边博物馆、中国朝鲜族民俗园、水上市场(《早餐中国》的拍摄地)。

(3)体验特色:该私家团体验特色突出,有韩服拍照、朝鲜特色美食、玩彩虹滑道、缆车观光、UTV体验、鹿苑参观、山地自行车、朝鲜族民俗风情体验。

(4)餐饮特色:朝鲜族特色美食。

(5)住宿特色:连住两晚森系·度假式酒店,入住温泉酒店。

(6)服务特色:主打私家团佛系旅行概念,不进店、不购物、不推自费、无隐形消费;全程专车管家服务;1~3人全程安排SUV或B级轿车,4~5人全程安排别克GL8商务车,6~11人全程安排中型旅游巴士。

(7)线路展示特点:该产品的供应商为中航旅游旗舰店,页面展示包括主题、行程介绍、点评和预订须知。其中,主题包括线路名称、价格、产品特色、服务保障、供应商、产品卖点;行程内容有图文行程和日历行程,其中图文行程包括线路图和每日行程的具体内容,涉及的景点既有文字介绍又有图片展示,每日行程按照参观游览的时间顺序标示出景点内容、每个景点的游览时间、早午晚餐的用餐地点以及住宿和交通方式。该产品在线路特点展示方面,亮点十分突出,用凝练的文字提炼行程特点,并用景点美图充分展示(见图1-43),让人眼前一亮,提升了产品的吸引力。

(8)行程安排:

D1:全国各地—长春—入住酒店—自由活动。

自由活动推荐:长影世纪城—净月潭。

D2:长春—长白山讷殷古城—入住酒店。

景点:讷殷古城。

D3:长白山西坡—锦江大峡谷—长白山西坡。

景点:长白山西坡景区—锦江大峡谷。

D4:露水河—长白山北坡—二道白河。

景点:露水河国际旅游狩猎场—长白山北坡景区—长白山天池—长白瀑布—绿渊潭—聚龙泉。

D5:二道白河—防川风景区—龙虎阁—珲春。

景点:二道白河—防川风景区—龙虎阁。

D6:珲春—延边大学—延边博物馆—中国朝鲜民俗村—韩服拍照—延吉。

图 1-43　吉林省内私家团精选线路行程宣传单

景点：延边大学—延边博物馆—中国朝鲜民俗园。

D7：《早餐中国》拍摄地·水上市场—自由活动—长春市—这有山夜市。

景点：水上市场—这有山。

D8：送机服务—全国各地。

（三）辽宁省观光游产品分析

1. 辽宁省产品形态分析

在携程网进行搜索，时间为 2021 年 8 月，出发城市为"上海"，分别选择"跟团游"—"辽宁"—"出发地参团"，则携程网产品数据库给出了辽宁省旅游线路产品的基本形态（见图 1-44）。

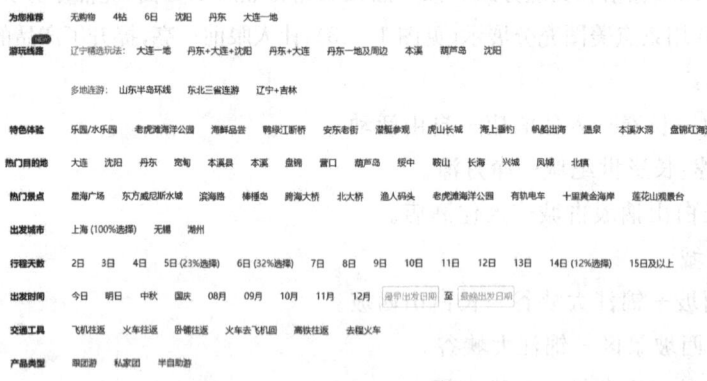

图 1-44　辽宁省旅游线路产品形态

（1）热门游玩线路：辽宁一地游玩的热门线路主要有 4 个类型，分别是"大连一地""本溪一地""丹东＋大连＋沈阳""丹东＋大连"。

辽宁跨省连游热门线路主要有 3 个类型，分别是"山东半岛环线""东北三省连游""辽宁＋吉林"。

(2)热门目的地:辽宁省共有8个热门目的地城市或地区,分别是大连、沈阳、丹东、本溪、盘锦、营口、葫芦岛、鞍山。

(3)热门景点:主要热门景点有沈阳故宫、张氏帅府博物馆、千山、本溪水洞、清昭陵、沈阳世博园、赵一荻故居、沈阳金融博物馆、东方威尼斯水城、棒棰岛、金石滩、老虎滩海洋公园、鸭绿江断桥、虎山长城、盘锦红海滩。

(4)行程天数:涉及辽宁省旅游线路的行程天数从2日到15日及以上,其中游客主要选择5日(23%)和6日(32%)的旅游行程。

(5)产品类型:辽宁省的旅游产品组织形式主要为跟团游、私家团和半自助游。

选择"推荐排序",以"推荐"主页面显示的30条旅游线路作为基础,进行辽宁省旅游线路产品形态分析。结果显示,跟团游线路26条,私家团线路3条,半自助游1条。价格因行程天数和产品档次的不同,从1749元~4638元不等。30条旅游线路行程天数4~15天,省内游玩线路23条,行程天数4~6天,其中大连一地游玩线路有20条,是省内游玩线路中的主流线路;跨省游玩线路7条,行程天数6~15天,其中6条线路为山东半岛+辽宁环线,为跨省游线路的主流。辽宁省主要以前清史迹、海岸岛屿、山水溶洞等资源吸引游客。

辽宁省内游线路(见图1-45),主要以大连为中心,有2种空间形态,即大连一地游玩线路和大连—丹东—沈阳单通道式线路。省内线路所涉及的主要城市有大连、丹东和沈阳。各城市主要景点如下:

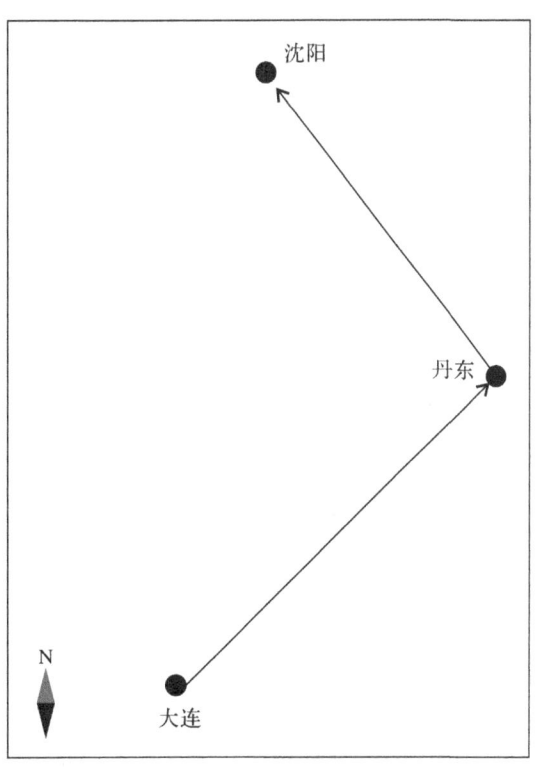

图1-45 辽宁省内旅游线路空间形态简图

大连：星海广场、棒棰岛、东方威尼斯水城、大连旅顺口旅游区、金石滩度假区、老虎滩海洋公园。

丹东：鸭绿江断桥、虎山长城、抗美援朝纪念馆。

沈阳：沈阳故宫、张氏帅府博物馆、清昭陵。

辽宁跨省游玩线路主要有2种形态(见图1-46)，即两省游玩线路(山东半岛＋大连)和四省游玩线路(吉林＋辽宁＋黑龙江＋内蒙古)。

两省游玩线路，具体以山东(青岛/威海/烟台/蓬莱)＋大连呈单通道式线路。

四省游玩线路，具体以辽宁(沈阳/丹东)＋吉林(二道白河/长白山北坡/朝鲜族民俗村/敦化)＋黑龙江(牡丹江市镜泊湖/哈尔滨/五大连池/嫩江市嫩江农场/加格达奇/漠河)＋内蒙古(根河/额尔古纳/满洲里/呼伦贝尔/阿荣旗)＋黑龙江(齐齐哈尔)＋沈阳(长春)呈半封闭环通道式线路。

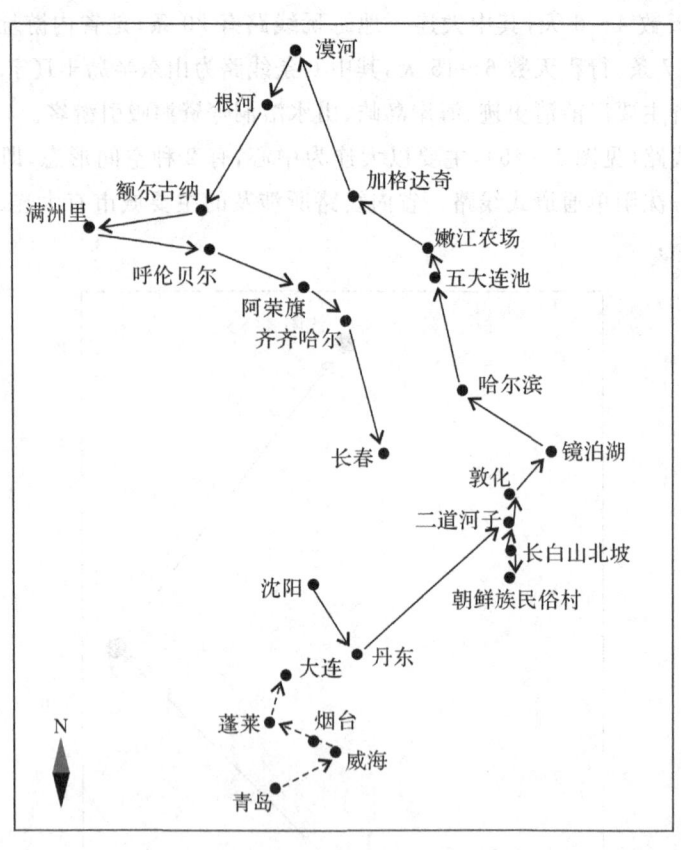

图1-46 辽宁跨省旅游线路空间形态简图

2.辽宁省主要旅游资源

(1)大连市。

①星海广场：位于大连市沙河口区，地处星海公园和星海湾北侧，建于1997年6月30日，是大连市西南部的露天广场、纪念香港特别行政区回归中国的主要建设工程，也是大连市的标志建筑之一。总占地面积110万平方米，是亚洲最大的城市广场(见图1-47)。

图 1-47　星海广场

②棒棰岛：棒棰岛位于大连市滨海路东段，大连市东南约 5 千米处，是一处以山、海、岛、滩为主要景观的风景胜地，著名的棒棰岛宾馆就坐落在这里。棒槌岛名字的来历是因离岸 500 米远处的海面上有一小岛突兀而立，远远望去，极像农家捣衣服用的一根棒槌，故称棒槌岛。景区的北面为群山环绕，南面是开阔的海域和平坦的沙滩。远处的三山岛（现已开发为海岛旅游度假区）云遮雾罩，空蒙迷离，传说是"三山五岳"中的三座仙山（见图 1-48）。

图 1-48　棒棰岛

③东方威尼斯水城：威尼斯水城位于大连市中山区港东二街与港浦路，是以威尼斯城为蓝本，水城运河贯穿 200 多座欧式城堡，"贡多拉"游走于欧式城堡间，置身其中，恍如来到异国他乡。在这里，游客可以一边体验异域风情，一边书写属于你自己的水城故事（见图 1-49）。

④金石滩国家旅游度假区：金石滩国家旅游度假区位于金州区东南黄海之滨，毗邻经济技术开发区，总面积 112.3 平方千米，系全国最大的国家级旅游度假区。其依山傍海，自然环境优美，旅游功能齐全，休闲特色突出，充满艺术氛围，具有异国田园情调，拥有金石高尔夫球场、国际游艇俱乐部、蜡像馆、狩猎场、鲜花大世界、奇石馆、金石园、龟裂石、大连模特学校、枫叶国际学校、金石跑马场等国内著名的旅游项目和设施，素有"神力雕塑公园""大连后花园""地质博物馆"的美誉，是融清静、幽雅于一体的国际性花园式旅游度假胜地（见图 1-50）。

图1-49 东方威尼斯水城

图1-50 金石滩国家旅游度假区

⑤老虎滩海洋公园：老虎滩海洋公园坐落于辽宁省大连市南部海滨中部，是市区南部最大的景区。其占地面积118万平方米，有4000余米海岸线，是中国最大的一座现代化海滨游乐场。老虎滩海洋公园是展示海洋文化，突出滨城特色，集观光、娱乐、科普、购物、文化于一体的现代化主题海洋公园。园区自然风光秀丽，山海互映，景色迷人。公园内建有"浓缩极地世界，展现海洋奇观"的极地海洋动物馆、海兽馆，还有中国最大的珊瑚馆、标志性建筑虎雕可供观赏，乘坐跨海空中索道、海上游艇，可欣赏大海风光和虎滩乐园的全貌。园外的鸟语林、四维电影院也为游人提供了新奇的娱乐享受(见图1-51)。

图1-51 老虎滩海洋公园

(2)沈阳市。

①沈阳故宫：沈阳故宫位于沈阳市沈河区，是中国现存完整的两座宫殿建筑群之一，后金入关前的皇宫，也是清朝迁都北京后的盛京行宫。沈阳故宫博物院不仅有精美的古代宫殿建筑，还有丰富的珍贵收藏，宫内收藏有大量旧皇宫遗留下来的宫廷文物。沈阳故宫按照建筑布局和建造先后，分为三部分：东路为努尔哈赤时期建造的大政殿与十王亭；中路为清太宗时期续建的大中阙；西路则是乾隆时期增建的文溯阁等(见图1-52)。

图1-52 沈阳故宫

②张氏帅府博物馆:张氏帅府博物馆位于辽宁省沈阳市沈河区。张氏帅府又称"大帅府"或"少帅府",是北洋军阀张作霖及爱国将领张学良将军的官邸和私宅,始建于1914年,总占地3.6万平方米,总建筑面积为2.76万平方米,是迄今为止东北地区保存最为完好的名人故居,是国家4A级旅游景区(见图1-53)。

图1-53 张氏帅府博物馆

③清昭陵:清昭陵位于沈阳(盛京)古城以北约十华里(市里的旧称,1华里等于500米),也称"北陵",是清代皇家陵寝和现代园林合一的游览胜地。清昭陵是清朝第二代开国君主太宗皇太极以及孝端文皇后博尔济吉特氏的陵墓,占地面积16万平方米,是清初"关外三陵"中规模最大、气势最宏伟的一座。园内古松参天,草木葱茏,湖水荡漾,楼殿威严,金瓦夺目,充分显示出皇家陵园的雄伟、壮丽和现代园林的清雅、秀美。清昭陵除了葬有帝后外,还葬有麟趾宫贵妃、洐庆宫淑妃等一批后妃佳丽,是清初关外陵寝中最具代表性的一座帝陵,是我国现存最完整的古代帝王陵墓建筑之一(见图1-54)。

图 1-54 清昭陵

(3) 本溪市。

本溪水洞：本溪水洞位于辽宁省本溪市，由水洞、温泉寺、汤沟、关门山、铁刹、庙后山6个景区组成，沿太子河呈带状分布，总面积42.2平方千米。本溪水洞是数百万年前形成的大型石灰岩充水溶洞，融山、水、洞、泉、湖、古人类文化遗址于一体。洞内深邃宽阔，现开发地下暗河长三千米，水流终年不竭，清澈见底，洞顶和岩壁钟乳石发育较好，千姿百态，泛舟游览，使人流连忘返（见图1-55）。

图 1-55 本溪水洞

(4) 丹东市。

鸭绿江断桥：鸭绿江断桥原为鸭绿江上第一座桥，始建于1909年，长944.2米，宽11米，十二孔，从中方数第四孔为开闭梁，以四号圆形桥墩为轴，可旋转90°（每次旋转需20分钟），便于过往船只航行。它于抗美援朝战争期间被美军炸毁，中方一侧残存四孔，成为抗美援朝战争的历史见证。鸭绿江断桥现为国家级爱国主义教育基地（见图1-56）。

图1-56　鸭绿江断桥

(5)盘锦市。

红海滩：红海滩国家风景廊道坐落于辽宁省盘锦市大洼区赵圈河乡境内,总面积20余万亩,是国家5A级景区、辽宁省优秀旅游景区。这里以红海滩为特色,以湿地资源为依托,以芦苇荡为背景,再加上碧波浩渺的苇海,数以万计的水鸟和一望无际的浅海滩涂,以及许多火红的碱蓬草,成为一处自然环境与人文景观完美结合的纯绿色生态旅游系统,被喻为拥有红色春天的自然景观(见图1-57)。

图1-57　红海滩

3.辽宁省精选线路分析

在携程网辽宁跟团游"产品类型"中选择"私家团",在打开的页面中选择"沈阳＋本溪＋丹东＋大连6日5晚私家团"。这条线路是辽宁省内游线路,涉及的景点主要分布在沈阳、本溪、丹东和大连四个城市,主要以前清历史遗迹、山水溶洞风光、海岛风情为主要特色,人文和自然景观兼具,尤其是本溪航空飞行营地体验滑翔伞和打卡网红温泉活动颇具吸引力,是一条中尺度私家团线路。其主要特点为：

(1)形态特点:该条私家团线路是以沈阳为起点向南至本溪—丹东—大连呈单通道式线路,行程共6天,第1天抵达沈阳市为自由活动,最后1天根据返程时间,安排了半天的市区游览活动,最大限度地延长了游览时间,行程不浪费。行程中含17个景点,其中人气景点9个,基本覆盖到四个城市的经典景区,其中在沈阳市区的活动以参观人文建筑遗迹为主,景点较多且集中,行程较为紧凑。该线路体验活动有一定特色,住宿规格较高。

(2)资源特点:该条线路包含了沈阳、本溪、丹东和大连的重要景点。沈阳市旅游资源涉及清朝皇家宫殿陵寝、张氏官邸私宅、"九·一八"事变旧址等宫殿建筑、名人故居及专题性博物馆人文资源,主要景点有沈阳故宫、张氏帅府、赵一荻故居和"九·一八"历史博物馆。

本溪市旅游资源涉及山水溶洞资源、航空飞行体验及温泉体验活动,主要景点有本溪水洞、辽宁万岁山航空运动飞行营地、枫香谷温泉。

丹东市旅游资源涉及抗美援朝红色旅游和明长城遗址等人文旅游资源,主要景点有鸭绿江断桥、虎山长城、中朝边境一步跨。

大连市旅游资源涉及海滨风光、海岛地质旅游资源,主要景点有棒棰岛、老虎滩海洋公园、星海广场、东方威尼斯水城。

(3)体验特色:航空飞行及温泉体验。

(4)餐饮特色:不含正餐,推荐东北当地特色餐食。

(5)住宿特色:全程入住5星/钻酒店,1晚本溪网红温泉酒店。

(6)服务特色:无购物;提供目的地专车及接送机服务;一单一团,独立成团,不与陌生人拼团。

(7)线路展示特点:该条私家团线路为携程自营,页面展示包括主题、行程介绍、点评和预订须知。其中,主题包括线路名称、价格、产品特色、服务保障、供应商、产品卖点;行程内容有图文行程和日历行程,其中图文行程包括线路图和每日行程的具体内容,涉及的景点既有文字介绍又有图片展示,每日行程按照参观游览的时间顺序标示出景点内容、每个景点的游览时间、早午晚餐的用餐地点以及住宿和交通方式。行程的主要特色不够突出。

(8)行程安排:

D1:各地出发—抵达沈阳—自由活动|本日仅含接机/接站服务。

自由活动:中街—太原街—西塔。

D2:邂逅【沈阳】 沈阳故宫·张氏帅府·九一八历史博物馆|本日含包车服务,可加购专业导游服务。

景点:沈阳故宫—张氏帅府博物馆—赵一荻故居—沈阳金融博物馆—"九·一八"历史博物馆。

D3:探秘【本溪】 本溪水洞·体验滑翔伞,感受逆风飞行·打卡网红温泉|本日含包车服务,可加购专业导游服务。

景点:本溪水洞—辽宁万岁山航空运动飞行营地—枫香谷温泉。

D4:追忆【丹东】 鸭绿江断桥·虎山长城·安东老街|本日含包车服务,可加购专业导游服务。

景点:鸭绿江断桥—虎山长城—中朝边境一步跨—安东老街。

D5:浪漫【大连】 棒棰岛—滨海路—星海广场—威尼斯水城|本日含包车服务,可加购专业导游服务。

景点:棒棰岛—滨海路—星海广场—东方威尼斯水城。

D6:欢悦【老虎滩海洋馆】 暖心24h送机/站服务—返回温暖的家。

景点:老虎滩海洋公园(已含门票)。

(四)东北旅游区观光游产品形态总结

1. 东北旅游区观光游产品总体特点

2021年8月,通过携程网"旅游"—"跟团游"搜索页面,以"上海"为出发地,对东北旅游区黑龙江、吉林、辽宁三省的观光游产品形态进行分析;同时,分别根据"推荐"的30条线路产品,对各省区域内线路的空间形态、旅游资源和精选线路特点做综合分析。结果显示,90条旅游线路产品类型为跟团游、私家团和半自助游产品;行程天数2~15天,游客选择最多的线路为5日行程和6日行程,具体产品形态特点如下:

(1)产品空间形态特点。

①跨省游玩线路:除了辽宁+吉林+黑龙江和吉林+黑龙江两类东北旅游区区内跨省游线路之外,区外跨省游线路主要涉及山东省和内蒙古自治区,即山东+辽宁两省游(青岛—烟台—威海—蓬莱—大连)呈单通道式线路和内蒙古+黑吉辽四省连游(沈阳—丹东—长白山—延吉—镜泊湖—哈尔滨—五大连池—漠河—额尔古纳—满洲里—齐齐哈尔—长春)呈半封闭环通道式线路(见图1-58)。

②省内游玩线路:辽宁、吉林和黑龙江三省分别以辽宁大连市、吉林长白山地区、黑龙江哈尔滨和漠河市为游玩核心区,向省内其他城市辐射,如辽宁省内热门线路为大连一地游玩线路和沈阳—丹东—大连旅游线路;吉林省内热门线路为长春—长白山—延吉旅游线路;黑龙江省内热门线路为哈尔滨一地游玩线路和哈尔滨—五大连池—伊春—漠河旅游线路(见图1-58)。

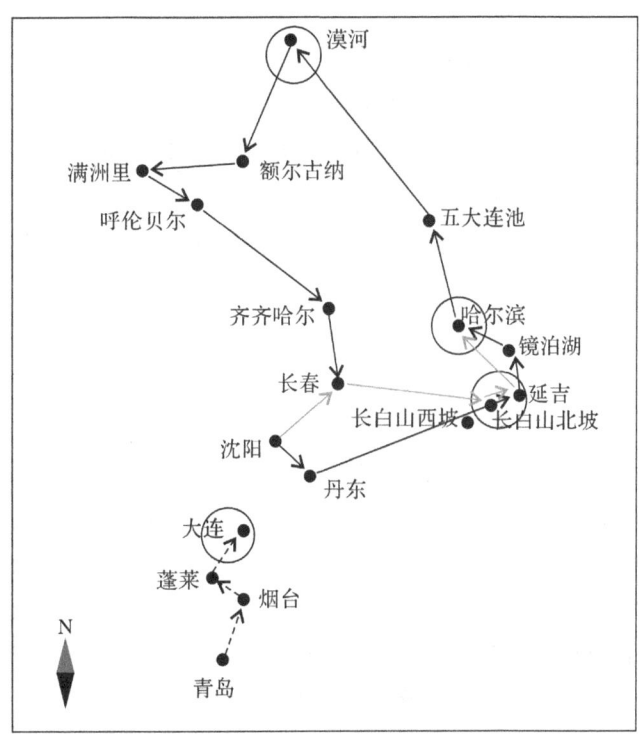

图1-58 东北旅游区线路产品空间形态简图

(2)旅游资源特点。黑龙江主要以森林湖泊、火山地貌、边陲风光、极光与极昼奇景以及哈尔滨俄罗斯风情建筑等资源为主,代表性景观为大兴安岭、圣·索菲亚大教堂、防洪纪念塔、北极村、五大连池、镜泊湖;吉林主要以长白山天池、森林、河流、火山地貌、朝鲜族风情等资源为主,代表性景观为长白山北坡和西坡、朝鲜族民俗园;辽宁省主要以前清遗迹、海岸岛屿、山水溶洞等资源为主,代表性景观为棒棰岛、老虎滩海洋公园、鸭绿江断桥、沈阳故宫、清昭陵。

(3)精选线路特点。选择黑龙江、吉林和辽宁三省省内私家团作为精选线路进行分析,三条线路均为中尺度私家团线路产品。私家团产品特色主要体现在住宿和用车档次较高,小团出行,一单一团,不和陌生人拼团,无购物,个别精选线路中的体验活动较为丰富,价格比常规跟团游高。线路均安排自由活动,主要在抵达城市的第 1 天,有推荐参观景点;行程中景点涵盖本省经典景区,涉及多个城市时,1 天游玩一个城市比较常见,重点城市可延长至 2 天;在线路展示方面,包含主题、行程介绍、点评和预订须知,其中主题包括线路名称、价格、产品特色、服务保障、供应商、产品卖点,行程内容有图文行程和日历行程,且每日行程按照参观游览的时间顺序标示,比较规范。

在三条精选线路中,吉林省精选私家团"长白山北坡景区＋长白山西坡景区＋防川风景区＋长春＋延吉 8 日 7 晚私家团"行程设计特色突出,其体验活动丰富、类型多样,自然和人文资源兼顾,行程张弛有度,自由活动时间安排合理,服务特色鲜明,且线路展示将行程特色用文字进行提炼,并附精美图片,使线路特点一目了然,令人印象深刻。

2. 东北旅游区旅游资源介绍

黑龙江:圣·索菲亚大教堂、防洪纪念塔、北极村、五大连池、镜泊湖。

吉林:长白山北坡和西坡景区、朝鲜族民俗园。

辽宁:棒棰岛、老虎滩海洋公园、鸭绿江断桥、沈阳故宫、清昭陵。

3. 东北旅游区精选线路介绍

选择"长白山北坡景区＋长白山西坡景区＋防川风景区＋长春＋延吉 8 日 7 晚私家团"线路介绍,具体内容见前文。

 实训项目一

国内观光游产品分析报告

1. 项目内容要求:从旅游网站已有的国内观光游产品类型入手,按照所划分的区域,明确所有线路产品的地理位置和区域范围,围绕国内观光游产品形态、旅游资源、精选线路及区域旅游产品总体形态进行分析,撰写观光游产品形态分析报告。要求选择的产品经典并具有代表性,能概括出所选区域的基本面貌;善于通过地图标示分析产品空间形态,分析思路清晰;小组报告通过 word 和 PPT 两种形式,在课堂上汇报展示并讨论。

2. 项目评分标准:本项目考核分为两个部分,所占分值比例为

项目总成绩＝国内观光游产品分析报告(占 70%)＋汇报 PPT(占 30%)

3. 考核评价指标体系,见表 1-3。

表1-3 国内观光游产品分析报告考核评价指标体系

一级指标	二级指标	能力要求
国内观光游产品分析报告	产品形态分析完整度与准确度(30%)	线上调研能力、分析能力、概括与综合能力、文字表达能力、作图能力、团队合作能力
	旅游资源分析完整度与准确度(20%)	
	精选线路分析完整度与准确度(30%)	
	区域产品形态特征总结完整度(20%)	
汇报PPT	PPT制作精美度(50%)	PPT制作能力、汇报讲解能力
	PPT内容的完整度(50%)	

第二节 出境观光游产品形态分析

一、出境观光游市场分析

1. 中国成为全球最大出境游市场,出境游消费支出稳居世界首位

受人均收入增长、国际航线增加、中国护照"含金量"提高等因素的影响,中国已连续多年保持世界第一大出境旅游客源国地位,出境游规模持续增长,如2018年中国出境游人数达1.5亿人次,较上一年增长了14.7%,出境游客境外消费超过1300亿美元,增速超过13%。近年来中国游客境外消费愈发理性,出境旅游消费增速有所放缓,但中国仍然为全球最大出境旅游支出国家①。

2. 中国出境目的地呈现"大热带、小热点"共存,客源地东、中、西三大区域比例收敛的趋势

中国旅游研究院发布的《中国出境旅游发展年度报告2019》显示,2018年中国出境游前15位的目的地依次是:中国香港、中国澳门、泰国、日本、越南、韩国、美国、中国台湾、新加坡、马来西亚、柬埔寨、俄罗斯、印尼、澳大利亚、菲律宾。中国出境游市场呈现出巨大规模与稳定结构并存,大热带和小热点共存的特点。"大热带"指中国港澳台、东南亚和东北亚这些近程市场。同时,由于签证、直航或某个事件引发"大热带"区域以外的"小热点"在闪耀,比如摩洛哥、塞尔维亚、匈牙利等国的中国游客在不断增长。此外,欧洲市场也备受青睐,2019年上半年赴欧洲人数达300万人次,同比增长7.4%,东欧地区增速最快,超过20%。

国内各省(区、市)客源地潜在出游力排名依次为:上海、北京、江苏、广东、浙江、山东、福建、河南、湖南、湖北、河北、四川、辽宁、天津、重庆、安徽、陕西、山西、内蒙古、江西、云南、黑龙江、吉林、海南、贵州、广西等。客源地潜在出游力在东、中、西三大区域间的比例大

---

① 文化和旅游部、艾瑞咨询研究院整理的数据。

约为6.2∶2.5∶1.3,相比长期处于"7∶2∶1"的三级阶梯状分布格局,继续呈现收敛趋势①。

3.出境旅游便利化持续改善,中国出境游市场竞争更加激烈

以签证环境为代表的旅游便利化持续改善,正在消解曾经的政策和心理障碍;新的航班、航线和境内铁路业的发展,使得跨境交通网络不断优化;出境旅游的市场辐射范围持续增长,提升了客源地游客产出能力;顺应中国游客习惯而提供的中文标识、中式服务和越发便利的目的地支付等一系列便利因素,让中国出境旅游市场处于最好的时代。

同时,中国出境旅游市场呈现出更加激烈的竞争趋势。除了市场主体的激烈竞争之外,目的地间的竞争也烽烟四起。境外各旅游目的地和出境游相关企业开始更加关注并挖掘中国游客的旅游需求,努力帮助中国游客实现他们的多元梦想,为中国游客量身打造贴心的"欢迎中国"服务。

4.中国出境游客既"从众"也"由心"

根据《中国出境旅游发展年度报告2019》,中国出境游客既"从众"也"由心"。"从众"表现在,初次出境旅游者众多,跟团游依然是许多人的心头好。"由心"表现在,越来越多的出境游客倾向于自由行,与跟团游几乎势均力敌。2018年通过团队形式进行出境旅游的游客比例达55.24%,其中50.65%的受访者表示在未来的出境旅游中愿意参加旅游团,与2017年的72.1%相比,出境跟团比例明显下降,但境外出游参团的游客仍占多数。随着出境游客对旅游品质追求的不断提高,低品质的跟团游产品正在逐步淘汰。在消除人数多、自由度差、不灵活、服务差、购物多、不能满足个性化需求等痛点的过程中,小团化、个性化、主题化和高品质的"新"出境跟团游产品正在获得旅游者的更多认可。

5.技术升级,出境游客出行呈现场景数字化趋势

在互联网+时代背景下,科技进步和产业升级的速度不断加快。人工智能、云通信、大数据等技术在出境游领域不断应用,改变了游客体验、消费和共享信息的方式;智能翻译机、随身Wi-Fi境外服务产品更是解决了游客境外出行的痛点。现阶段,数字化服务已逐渐渗透到餐饮、住宿、交通、景点游览等各个环节中,并覆盖了游客出境游过程中的行前、行中、行后全场景。愈发便捷、智能的出境旅游服务,会为游客带来更为优质的旅游体验。

二、出境观光游产品案例分析

本节以大洋洲澳大利亚和新西兰为例,对携程网出境观光游线路进行分析,从而了解该区域旅游资源情况及观光游线路产品形态特点。

(一)澳大利亚观光游产品分析

1.澳大利亚产品形态分析

在携程网进行搜索,时间为2021年8月,出发城市为"上海",分别选择"跟团游"—"澳大利亚"—"出发地参团",发现推荐的国内上海出发的旅游线路仅有11条,均为半自助产品。为

---

① 中国旅游研究院.中国出境旅游发展年度报告2019[M].北京:旅游教育出版社,2019.

了获得更多的线路产品,再选择产品"推荐"页面首条"私家团"—"澳大利亚私家团",点击后发现有更多澳大利亚线路产品类型,如跟团游、自由行和半自助线路,选择该页面旅游线路进行分析。产品数据库给出的澳大利亚旅游线路产品的基本形态如图1-59所示。

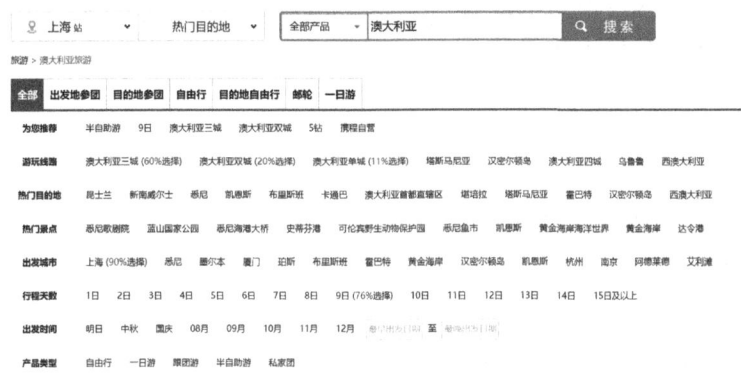

图1-59 携程网澳大利亚线路产品形态

(1)热门游玩线路:澳大利亚三城(60%选择)、澳大利亚双城(20%选择)、澳大利亚单城(11%选择)、澳大利亚四城。

(2)热门目的地:澳大利亚共有11个热门目的地城市或地区,分别是昆士兰、新南威尔士、悉尼、凯恩斯、布里斯班、卡通巴、堪培拉、塔斯马尼亚、霍巴特、汉密尔顿岛、西澳大利亚。

(3)热门景点:主要热门景点共有9个,分别是悉尼歌剧院、蓝山国家公园、悉尼海港大桥、史蒂芬港、可伦宾野生动物保护园、悉尼鱼市、黄金海岸海洋世界、达令港、大堡礁。

(4)行程天数:涉及澳大利亚旅游线路的行程天数从1日到15日及以上,其中9日(76%选择)行程居多。

(5)产品类型:澳大利亚的旅游产品组织形式主要为自由行、一日游、跟团游、半自助游、私家团。

对"推荐排序"页面的30条澳大利亚观光游线路进行分析,结果显示,30条线路中,出发地为上海的线路,基本上为半自助游线路和自由行线路,其中也有澳大利亚本地汉密尔顿岛出发的汉密尔顿岛+圣灵群岛半自助游线路;上海出发的自由行和半自助游线路天数一般为8~12天,价格从8493~54294元不等,主要游览城市或地区集中在凯恩斯、布里斯班、黄金海岸和悉尼。

澳大利亚本地出发的线路大部分为跟团游线路,出发城市有4个,分别是悉尼、墨尔本、霍巴特、凯恩斯。跟团游线路共有7条,其中6条是一城游玩,目的地城市包括悉尼、凯恩斯、塔斯马尼亚,另外1条是双城游玩,即悉尼+堪培拉线路;澳大利亚本地出发跟团一地游线路天数一般为3或4天,双城游玩线路为5天,价格为2052~5682元。

澳大利亚各类型线路产品均不包含大交通和签证费用,其中跟团游大多为本地游玩线路,随团游览期间的用车、住宿、餐饮以及大部分景点都包含在费用内,属于全包价线路产品;半自助游线路费用中包含住宿、游览用车,用餐仅含酒店早餐,景点只含个别经典景区;自由行线路产品中的活动项目均由游客自选,携程网仅提供行程推荐和费用参考。

澳大利亚游玩线路主要围绕东海岸作单通道式设计,由于城市间距离较远,各城市间中转需要转机,空间分布呈四种形态(见图1-60),即四城游玩线路:布里斯班＋黄金海岸＋凯恩斯＋悉尼,悉尼＋汉密尔顿岛＋布里斯班＋黄金海岸;三城游玩线路:悉尼＋黄金海岸＋布里斯班,悉尼＋凯恩斯＋黄金海岸;双城游玩线路:悉尼＋黄金海岸,布里斯班＋黄金海岸,悉尼＋布里斯班,凯恩斯＋悉尼,达尔文＋乌鲁鲁,汉密尔顿岛＋圣灵群岛,悉尼＋堪培拉;一城游玩线路:悉尼、凯恩斯、塔斯马尼亚。

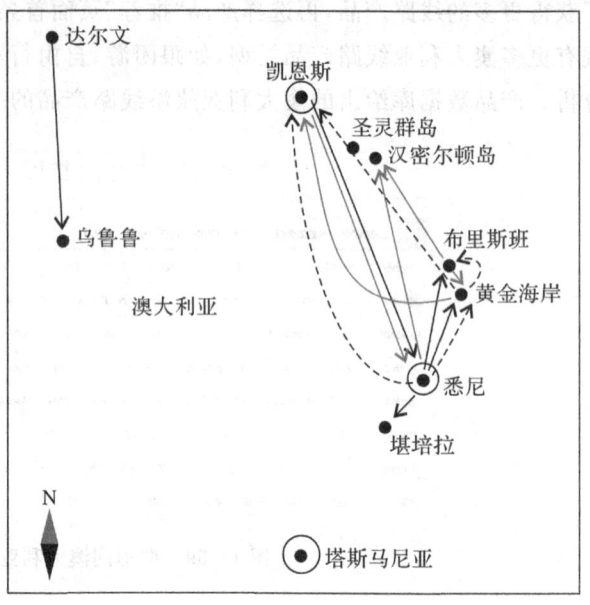

图1-60　澳大利亚产品空间形态简图

2.澳大利亚主要旅游资源

(1)悉尼。

①悉尼歌剧院:位于澳大利亚新南威尔士州悉尼市区北部的便利朗角,是澳大利亚地标式建筑,是公认的20世纪世界七大奇迹之一。它白色的外表,建在海港上的贝壳般的雕塑体,像飘浮在空中散开的花瓣,多年来一直令人们叹为观止。它内设音乐厅、歌剧场、戏剧场、儿童剧场和一个摄影场,这里每个月甚至每星期都要举行拍卖会、音乐会和其他各种活动(见图1-61)。

②蓝山国家公园:坐落在新南威尔士州境内,距离悉尼97千米。蓝山国家公园属于大蓝山地区,该区域拥有7个国家公园,在2000年被列入自然类世界遗产。公园内生长着大面积的原始丛林和亚热带雨林,其中以尤加利树较为知名,尤加利树为澳大利亚的国树,有500多种之多,是澳大利亚珍贵动物无尾熊的食品。当人们步入风景如画的原始森林国家公园时,整个空气中散发着尤加利树的清香,给人一种返璞归真的世外桃源般的感受(见图1-62)。

图1-61　悉尼歌剧院

图1-62　蓝山国家公园

③悉尼海港大桥：早期悉尼的代表建筑，从1857年开始设计，到1932年竣工。它像一道横贯海湾的长虹，与举世闻名的悉尼歌剧院隔海相望，成为悉尼的象征。现在攀爬悉尼海港大桥已经成为悉尼较受欢迎的旅游项目，这也是世界上少数允许游客爬到拱桥顶端的大桥（见图1-63）。

④达令港：又名情人港，位于悉尼，是当地集娱乐、餐饮和购物于一体的大型休闲区。达令港内由港口码头、绿地流水和各种建筑群组成。其中码头是热门的地点之一，遍布时尚的餐饮场所。这里更有悉尼水族馆、悉尼野生动物园、悉尼杜莎夫人蜡像馆等知名景点（见图1-64）。

图1-63　悉尼海港大桥

图1-64　达令港

（2）凯恩斯。

大堡礁：世界自然遗产，位于澳大利亚东岸，是世界最大最长的珊瑚礁群。它纵贯于澳大利亚的东北沿海，北从托雷斯海峡，南到南回归线以南，绵延伸展共2011千米，最宽处161千米。大堡礁被誉为"透明清澈的海中野生王国"，由2900多个大大小小的珊瑚礁、珊瑚岛、沙洲组成，堡礁大部分没入水中，低潮时略露礁顶。从上空俯瞰，礁岛宛如一颗颗碧绿的翡翠，熠熠生辉，而若隐若现的礁顶如艳丽花朵，在碧波万顷的大海上怒放（见图1-65）。

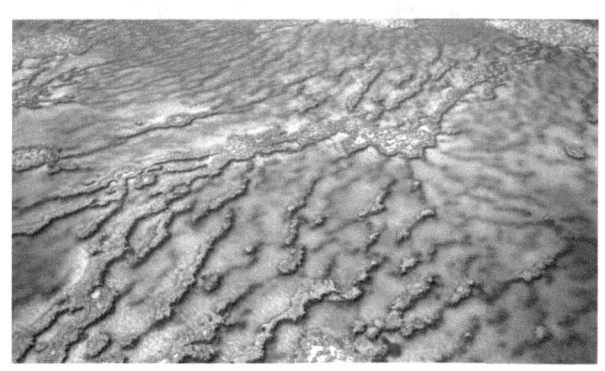

图1-65　大堡礁

（3）布里斯班。

①南岸公园：位于布里斯班河南岸，是一个带状的亲水公园，沿河而建。这里是享受布里斯班亚热带气候的好去处，也是人们露天野餐的好地方。园内有水质清澈的人造海滩和青葱

的林荫草地,游客可以在这里烧烤,可以坐游船欣赏河岸景致,或者是在广场上观看街头表演(见图1-66)。

②布里斯班市政厅:布里斯班的标志,也是澳大利亚比较富丽堂皇的市政厅。这座具有意大利文艺复兴风格的棱柱形塔式建筑建于1930年,钟楼上的大钟每隔15分钟就要敲响一次,这是为了提醒澳洲人,要珍惜时间,不要虚度光阴。布里斯班市政厅外面散发着古老的气息,搭电梯登至内部瞭望台,可以俯瞰市政厅边上的乔治国王广场和布里斯班如棋盘般纵横的街道,还可以欣赏缓缓流经市区的布里斯班河(见图1-67)。

图1-66 南岸公园

图1-67 布里斯班市政厅

③龙柏考拉保护区:位于布里斯班市郊,建立于1927年。保护区有Girl区、Boy区、未婚考拉区、已婚考拉区和老年考拉区。澳大利亚法律规定只有在昆士兰州才允许抱考拉,而在龙柏考拉保护区就有搂抱考拉的机会。除了考拉,游客还可以看到袋熊、袋獾、袋鼠等多种澳大利亚特有的动物,还能亲自给彩虹鹦鹉、袋鼠等动物喂食。此外,园内还有牧羊犬秀、猛禽秀、剪羊毛等丰富精彩的表演活动(见图1-68)。

图1-68 龙柏考拉保护区

(4)黄金海岸。

①冲浪者天堂:位于澳大利亚黄金海岸,是黄金海岸的一个重要区域,有"南半球的迈阿密"之称。这里的岸线平直宽广,岸边海水很浅,海浪很大,非常适合开展冲浪等各种水上运动(见图1-69)。

图 1-69　冲浪者天堂

②可伦宾野生动物保护区：又称可伦宾野生动物园，位于黄金海岸的可伦宾，建于 1947 年，占地面积 27 公顷，为澳洲最好的野生动物园之一，因可喂食彩虹鸟而知名。在这里，游客可以享受与考拉、袋鼠、鳄鱼及其他澳大利亚本土动物接触的难得体验（见图 1-70）。

图 1-70　可伦宾野生动物保护区

③华纳电影世界：华纳兄弟电影世界主题公园位于澳大利亚昆士兰州的黄金海岸冲浪者天堂以北 18 千米处，其以独特的设计风格、诱人的娱乐项目、丰富的表演节目而闻名于世。在黄金海岸的华纳电影世界，游客可以看到，在电影中曾出现的各种被模仿的惟妙惟肖的建筑就在身边环绕，仿佛置身于电影情节中一般，令人难忘（见图 1-71）。

图 1-71　华纳电影世界

3.澳大利亚精选线路分析

在携程网澳大利亚跟团游"产品类型"中选择"半自助"产品,在打开的页面中选择"澳大利亚悉尼+布里斯班9日7晚半自助游(4钻)"线路。该线路涉及的景点主要分布在澳大利亚的悉尼和布里斯班2个城市,主要以海岛风光、国家公园、动物保护区等自然风光为主,辅以城市现代景观,如歌剧院、市政厅、博物馆等建筑。其中以悉尼为线路重点城市,涉及4天的行程,布里斯班的行程仅有2天。其主要特点为:

(1)形态特点:该条半自助游线路是从悉尼入境,布里斯班离境,由南向北做悉尼和布里斯班2个城市的两点线路设计。行程共9天,除去第1天和最后1天接送机,以及悉尼到布里斯班转机以外,6天行程中有4天在悉尼游玩,2天在布里斯班游玩。该产品自由活动时间较多,只有第2天在悉尼有跟团游玩的3个景点,其余均为推荐选择的景点;费用包含往返飞机、转机大交通、接送服务、跟团一日游当地用车、3个景点门票、酒店住宿及酒店早餐的费用,体现出半自助游的特点,即跟团游景点少,用餐及游玩项目选择较为灵活,自由活动时间长。

(2)资源特点:该条线路包含了悉尼和布里斯班的重要景点,悉尼市的城市旅游资源包括悉尼歌剧院、海港大桥、维多利亚女王大厦、达令港,自然旅游资源包括蓝山国家公园、三姐妹峰、回声角;布里斯班的城市旅游资源包括布里斯班市政厅、昆士兰大学、昆士兰博物馆、昆士兰现代美术馆、库塔山瞭望台,自然旅游资源包括龙柏考拉保护区、袋鼠角、摩顿岛。

(3)体验特色:出海巡游、邂逅海豚、惊险滑沙。

(4)餐饮特色:不含正餐,用餐自理。

(5)住宿特色:市区4星、5星酒店,体验当地生活圈。

(6)服务特色:无购物,提供目的地接送服务,全程微信管家,量身定做3段自选航班,可自选特惠签证。

(7)线路展示特点:该条线路为携程自营,页面展示包括主题、行程介绍、点评和预订须知。其中,主题包括线路名称、价格、服务保障、供应商、产品亮点和产品特色图文展示;行程内容有图文行程和日历行程,其中图文行程包括线路图和每日行程的具体内容,涉及的景点既有文字介绍又有图片展示,每日行程按照参观游览的时间顺序标示出景点内容、每个景点的游览时间、早午晚餐的用餐地点以及住宿和交通方式。该线路是以观光为主的旅游线路(见图1-72)。

图1-72 澳大利亚精选线路产品亮点

(8)行程安排：

D1：出发地—悉尼。

D2：【悉尼接机】送到酒店—全天自由活动。

自由活动：推荐悉尼歌剧院、悉尼海港大桥、维多利亚女王大厦、岩石区、达令港。

D3：【世界遗产紫雾蓝山+360度刺激缆车一日游】。

蓝山国家公园（含票）—三姐妹峰（含票）—回声角（含票）。

D4：悉尼全天自由活动。

推荐史蒂芬港观海豚。

D5：悉尼自由活动【推荐可加订堪培拉一日游或者猎人谷酒庄一日游】。

推荐堪培拉、猎人谷。

D6：悉尼—布里斯班【悉尼送机+布里斯班接机】。

D7：布里斯班自由活动。

自由活动推荐：南岸公园—布里斯班市政厅—龙柏考拉保护区—袋鼠角—昆士兰大学—昆士兰博物馆—昆士兰现代美术馆—库塔山瞭望台。

D8：布里斯班自由活动。

自由活动：摩顿岛。

D9：布里斯班—各地【布里斯班送机】。

（二）新西兰观光游产品分析

1. 新西兰产品形态分析

在携程网进行搜索，时间为2021年9月，出发城市为"上海"，分别选择"跟团游"—"新西兰"—"出发地参团"，携程网产品数据库给出了新西兰旅游线路产品的基本形态（见图1-73）。

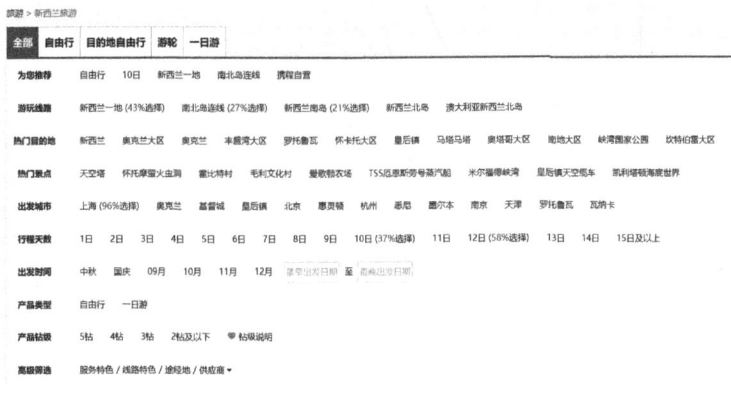

图1-73 新西兰旅游线路产品形态

（1）热门游玩线路：新西兰一地（43%选择）、南北岛连线（27%选择）、新西兰南岛（21%选择）、新西兰北岛、澳大利亚新西兰北岛。

（2）热门目的地：新西兰共有9个热门目的地城市或地区，分别是奥克兰、丰盛湾大区、罗托鲁瓦、怀卡托大区、皇后镇、马塔马塔、奥塔哥大区、南地大区、坎特伯雷大区。

(3) 热门景点：主要热门景点共有 10 个，分别是天空塔、怀托摩萤火虫洞、霍比特村、毛利文化村、爱歌顿农场、峡湾国家公园、TSS 厄恩斯劳号蒸汽船、米尔福德峡湾、皇后镇天空缆车、凯利塔顿海底世界。

(4) 行程天数：涉及新西兰旅游线路的行程天数从 1 日到 15 日及以上，其中 12 日（58%选择）和 10 日（37%选择）行程居多。

(5) 产品类型：新西兰的旅游产品组织形式主要为自由行和一日游。

对"推荐排序"页面的 30 条新西兰观光游线路进行分析，结果显示，30 条线路均为自由行产品，自由行产品费用按游客实际选择的项目计费，仅作行程推荐和费用参考。这些线路产品时间集中在 6~12 日，以 7~8 天、8~9 天和 9~10 天的行程较多，这些线路中有 7 条线路标识出价格，从 10712 元到 21795 元之间，涉及的主要目的地为奥克兰、皇后镇、基督城、惠灵顿、派希亚、罗托鲁瓦。30 条线路中，主要以新西兰南北岛三城（10 条）和双城（7 条）线路为主，共占 17 条，其次为北岛一城（5 条）和双城（4 条）线路，共占 9 条。大部分线路为单通道式，也有部分线路为直线往返式。除了南北岛跨岛城市间需要飞机中转之外，南岛和北岛内部交通主要为自驾方式。

空间分布主要有以下七种形态（见图 1-74）：

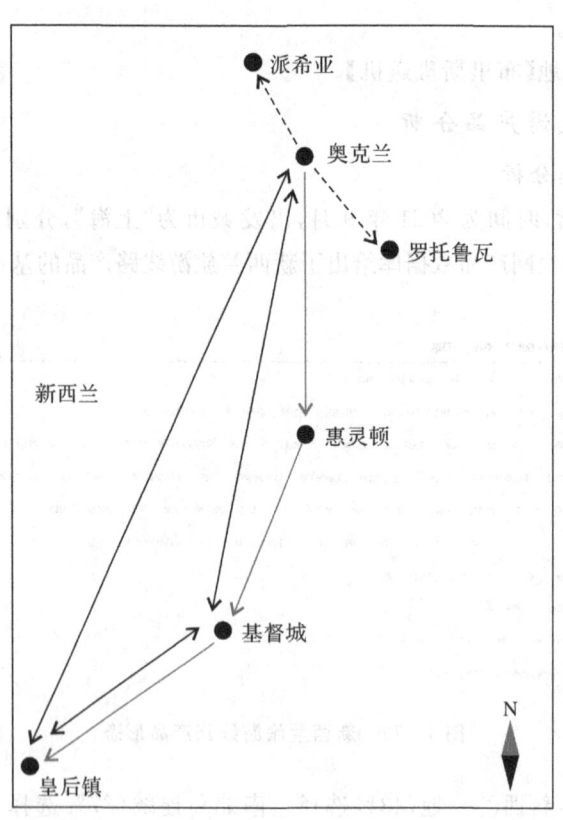

图 1-74 新西兰产品空间形态简图

北岛一城游玩线路：奥克兰。

南岛一城游玩线路：皇后镇。

北岛双城游玩线路：奥克兰—派希亚；奥克兰—罗托鲁瓦。

南岛双城游玩线路：基督城—皇后镇。

南北岛双城游玩线路：奥克兰—皇后镇；奥克兰—基督城；皇后镇—奥克兰。

南北岛三城游玩线路：奥克兰—惠灵顿—皇后镇；奥克兰—皇后镇—基督城；基督城—皇后镇—奥克兰。

南北岛七城游玩线路：奥克兰—罗托鲁瓦—惠灵顿—凯库拉—基督城—但尼丁—皇后镇。

2.新西兰主要旅游资源

(1)奥克兰。

①天空塔：位于新西兰奥克兰市中心的维多利亚街和霍布森街之间。天空塔始建于1996年，于1997年的3月3日正式开幕。天空塔高达328米，是新西兰的标志建筑物，更是南半球最高的建筑物。天空塔与其他的建筑连成一体，组成巨大的天空城。

天空塔是全球独立式的观光塔，是世界高塔联盟的成员之一。塔上在190米处有多层观景台和高倍望远镜，可以方便游客观赏奥克兰的全景；游客还可鼓起勇气站在玻璃地板上观赏足下繁华的市区景色。主观景台内设有电脑，游客可使用它们检索在观景台看到的景点资料。天空塔设有旋转餐厅，用餐时，奥克兰全景可一一展现在眼前。同时，天空塔还有多种语言的广播服务和交互式科技设备，以及视听展览，并且塔上还提供刺激惊险的"Sky Jump"（高飞跳）项目，供游客体验（见图1-75）。

图1-75 天空塔

②凯利塔顿海底世界：是一座由废弃的污水厂改建而成的海洋馆，由新西兰海洋考古学家凯利·塔顿先生经过10年努力完成。海底世界融冰、雪、水于一体。在这里，游客可以探索南太平洋海底的奥秘和自然宝藏，目睹在冰天雪地里玩耍的企鹅，感受大鲨鱼和魔鬼鱼自由自在地从头顶游过的刺激，亲身体验著名新西兰南极探险家罗伯特·斯考特完成人类首次抵达南极的艰辛历程（见图1-76）。

图 1-76 凯利塔顿海底世界

③奥克兰海港大桥:奥克兰极富代表性的景观之一。大桥连接奥克兰最繁忙的港口——怀提玛塔海港南北两岸,全长 1020 米。海港大桥与停泊在奥克兰艇俱乐部的万柱桅杆,组成了一幅壮观美丽的图画。另外,海港货物的吞吐量也是新西兰最多的(见图 1-77)。

图 1-77 奥克兰海港大桥

④伊甸山:位于奥克兰市中心南面约 5 千米处,高 196 米,是奥克兰众多火山锥中较高的一个,是奥克兰最重要的象征之一,也是奥克兰的自然制高点。山顶设有瞭望台,可以欣赏奥克兰的城市风光。伊甸山因奥克兰一位伯爵乔治·伊甸而得名,它曾经喷发过几次,形成于 2 万~3 万年以前。这座山丘由火山喷出物在火山口周围堆积形成,远远望去就像是个倒圆锥形的大碗,其坑底已变成植被茂盛的绿地,十分特别。市区内高耸的现代建筑与绿油油的"田园风光"相互辉映,别有一番情趣(见图 1-78)。

⑤使命湾:奥克兰有名的海滩度假胜地,面对奥克兰港口,以沿海公路与市中心相连,区内依山傍海,尤以朝北面之区段,风景最为秀丽。这里可以开展游泳、风帆、独木舟、游艇等水上活动,是当地民众假日休闲的重要场所。得天独厚的地理位置,让使命湾无论是节假日或是工作日都热闹非凡(见图 1-79)。

图1-78 伊甸山

图1-79 使命湾

⑥奥克兰中央公园：奥克兰最古老的公园，坐落在新西兰的奥克兰市中心，位于皇后街南方，占地800公顷，为奥克兰心脏地带上的一大片青葱绿地；是奥克兰市民们假日休闲最佳的休憩场所，以巨大的草坪、露天剧场、温室花园、精美的雕塑和博物馆而闻名（见图1-80）。

图1-80 奥克兰中央公园

⑦怀希基岛：新西兰著名旅游胜地，位于奥克兰东北17.7千米处，面积92平方千米，属于豪拉基湾海湾群岛，为新西兰第二大岛（仅次于屏障岛屿）。岛上长期居住人口约有8000人。这里以闲适的生活和馥郁醇香的葡萄酒而闻名。对于新西兰人而言，这座岛是新西兰众多岛屿中人口密度最大的一座，这里还是愤世嫉俗的艺术家、嬉皮士、遁世者的天堂。如今，来到这里的游客不再为了逃离生活本身，而只是为了短暂逃离日常生活的喧嚣——只要35分钟轮渡，就可以享受温润的气候、上等的美酒、蜿蜒的海岸线，以及天体海滩（见图1-81）。

⑧奥克兰博物馆：位于新西兰的奥克兰市奥克兰中央公园内，是一所收藏历史和民族文物的博物馆。该馆是一座哥特式建筑，馆内陈设品丰富，共有三层。第一层以展示毛利文化为主，有毛利人独特的民族手工艺品、经复原的毛利人集会场所以及毛利人日用品。第二层是各种动植物资料及标本展，其中最引人注意的是恐鸟的遗骨。第三层展示的是两次大战使用过的武器等（见图1-82）。

图1-81 怀希基岛

图1-82 奥克兰博物馆

(2)怀卡托地区。

①霍比特村:位于新西兰怀卡托地区的玛塔玛塔小镇。霍比特村有44个霍比特人洞穴,每个洞屋的设计都独具匠心,其结构为半圆形地洞木屋,每天都有工匠精心打理这里的一草一木。在景区,游客能看见翠绿的山坡上点缀着明镜般的湖泊,霍比特人洞穴,连同石头拱桥、山间小道、篱笆和花园,构成了一幅带着奇幻色彩的惬意田园画卷(见图1-83)。

图1-83 霍比特村

②怀托摩萤火虫洞:也称萤火虫洞、怀托摩洞,位于新西兰怀卡托怀托摩溶洞地区,因其地下溶洞景观而闻名。地面下石灰岩层构成了一系列庞大的溶洞系统,由各式的钟乳石和石笋以及萤火虫来点缀装饰。萤火虫洞主要由三个各具特色的溶洞组成,即怀托摩萤火虫洞、鲁阿库利洞以及阿拉奴伊洞。游客可以坐在竹筏上在导游的带领下一路漂流,穿越漆黑的洞穴体验怀托摩地下溶洞奇妙而迷人的岩溶景观(见图1-84)。

图1-84 怀托摩萤火虫洞

(3)皇后镇。

①米尔福德峡湾:新西兰峡湾国家公园最大也是最著名的峡湾,河流向内陆延伸22千米,峡湾水面与山崖垂直相交,冰川被切割成V字形断面。峡谷下沉后就形成了现在的景观。在所有的山涧几乎都能见到大大小小的瀑布,在峭壁上,大小瀑布叮咚或者轰鸣,汇成动听的天然交响乐。在峡湾内荡舟,游客可以看到群山合围,峭壁万仞,飞瀑流泉,冰川滢滢,给人以无限美感。米尔福德峡湾被英国作家吉普林称为"世界第八大奇观"(见图1-85)。

图1-85 米尔福德峡湾

②格林诺奇:新西兰的一个湖滨小镇,距离皇后镇只有45分钟的路程。格林诺奇位于瓦卡蒂普湖西端,背靠天然的山毛榉树林和高耸入云、积雪覆盖的高山。这里是路特本(Routeburn)、绿玉(Greenstone)、凯波斯(Caples)、里斯(Rees)和达特峡谷(Dart Valley)等步行道的起点(见图1-86)。

③阿斯帕林山国家公园:位于新西兰的南岛中西部,1964年开辟,面积3167平方千米。该园地跨南阿尔卑斯山广大地区,南邻峡湾国家公园,北以哈斯特河为界。境内有冰川、山脉、峡谷、瀑布、山口,是新西兰几条主要河流的源头。园内大部分森林不予开发,以控制水土流失。该园现分为科学研究、荒原、自然保护和开发四个区(见图1-87)。

图1-86　格林诺奇

图1-87　阿斯帕林山国家公园

④TSS厄恩斯劳号蒸汽船：有着"湖上公主"之称的TSS厄恩斯劳号蒸汽船诞生于1912年——那是一个缔造了包括世界知名游船"铁达尼号（泰坦尼克号）"在内的蒸汽船史上的黄金时代。如今，作为一艘燃煤渡船，它已经航行了100多年，是瓦卡蒂普湖（Lake Wakatipu）上引人入胜的景观，它可以带你穿越时光，纵享20世纪之初的华美欧式风情。航程中，游客可以在甲板上倚栏闲眺，一览皇后镇美丽的湖光山色，也可以登上瞭望塔，偷师船长的精湛掌舵技巧，还可以潜入蒸汽锅炉房内，了解蒸汽引擎的运作原理（见图1-88）。

图1-88　TSS厄恩斯劳号蒸汽船

⑤皇后镇卓越山滑雪场：距皇后镇仅45分钟车程。这里拥有完善的雪道网络以及各种等级的花式跳台，既有适合初学者的宽敞而平缓的坡道，也有适合专业人士的陡峭山坡，可提供新西兰国内的荒野滑雪体验（见图1-89）。

⑥蒂阿瑙湖：新西兰南岛第一大湖，也是新西兰第二大湖，四周环绕着南阿尔卑斯山脉，湖水呈深蓝色。湖泊有4处峡湾，刻画出动人的深谷地形。蒂阿瑙湖将蒂阿瑙划分为两个迥然不同的地带：东面是有着田园风光的平坦地带，而西面是紧邻峡湾茂密树林的崎岖山地。夏季的蒂阿瑙湖非常热闹，人们来此消暑，享受垂钓和游湖之乐。湖畔的步道，绿林茂盛，宛若画中美景再现，相当诗情画意（见图1-90）。

⑦瓦尔特峰高原农场：新西兰最原始的高原牧场之一，坐落于新西兰奥塔哥区瓦卡蒂普湖的西南部，是到皇后镇旅游者不可错过的地方。瓦尔特峰高原农场是一个拥有青山绿水、宁静湖泊和潺潺溪流的人间仙境，这里有爱尔兰牛、驯鹿、绵羊和美兰努绵羊，除了观赏动物、观看

牧羊犬赶羊之外，游客还可以抚摸和喂食绵羊，观看工作人员剪羊毛等节目表演，尽情享受自然草原风光和慢节奏的农场生活（见图1-91）。

图1-89　皇后镇卓越山滑雪场

图1-90　蒂阿瑙湖

图1-91　瓦尔特峰高原农场

⑧皇后镇天空缆车：坐落在皇后镇的鲍勃峰山顶，这里是俯瞰皇后镇市区、瓦卡蒂普湖和远处高山的地点。游客可以搭乘缆车上到山顶。在二楼的观光走廊可以270度俯瞰小镇全景。天空缆车是一个综合性很强的景点，除了观景外，这里还有一家非常出名的餐厅Stratosfare Restaurant，这家餐厅曾被美国广播公司评为"世界最佳景致餐厅"（见图1-92）。

图1-92　皇后镇天空缆车

(4) 基督城。

①基督城国际南极中心：新西兰是离南极最近的国家之一，基督城是人们进入南极的门户。1990年基督城国际机场有限公司为支持南极科学研究建立了基督城国际南极中心，位于基督城国际机场附近。该中心内部按南极的气候及冰雪设计，播放有南极的极地风光录像，提供有关南极日常生活与历史的多媒体视听经历，中心内有南极海洋鱼类馆、南极风暴仿真馆，还可感受到仿真南极风雪逼人的寒气。这里通过复杂的声光模拟及逼真的音像等现代科技手段，把南极大陆令人敬畏的美丽与壮观带给游客（见图1-93）。

图1-93　基督城国际南极中心

②雅芳河：位于基督城的市中心，其落落大方的风采直追剑桥的康河，继承了英式的古典浪漫，又不乏清新优雅。河岸两旁绿草如茵，植满了白杨、梧桐、垂柳等绿荫，加上错落其间的花坛，不难体会花木与当地人们的亲密关系和互相依存的情感（见图1-94）。

图 1-94　雅芳河

③追忆桥：横跨雅芳河，位于新西兰坎特伯雷大区。这座造型优雅的石桥，名字的由来是因为第一次世界大战期间，准备出征的士兵们，由兵营出发向车站集合，通过此桥时，望见潺潺流过的艾芬河水，沉醉在回忆里，因而得名。追忆桥被新西兰历史遗迹机构评定为文化遗产（见图 1-95）。

图 1-95　追忆桥

④阿卡罗阿：阿卡罗阿是一个宁静的充满浪漫情调的法式风格小镇。位于新西兰南岛东部，紧临阿卡罗阿港东岸的法国湾。起初是法国人定居的地方，至今不论是建筑物、街道名称与咖啡馆，均有浓厚的法国风格。阿卡罗阿港是班克斯半岛的岩石海湾，由古代火山口经受海浪冲击侵蚀而成。该区种植水果和经营牛奶场，亦为避暑地和渔港。游客可搭乘"坎特伯雷双体船"，欣赏赫克特海豚与阿卡罗阿港口的如画风景（见图 1-96）。

图1-96 阿卡罗阿

(5)惠灵顿。

①马卡拉海滩：位于惠灵顿的西海岸，在海滩上可以漫步、骑车、游泳、潜水、钓鱼，甚至可以去捉海鲜。这里的游客很少，但很受当地人喜爱，多数时候比较宁静。这里是惠灵顿纯净的海滩，商业化不明显，更多呈现的是海滩的自然状态（见图1-97）。

图1-97 马卡拉海滩

②东方湾：东方湾是惠灵顿的一个区，位于维多利亚山的北坡脚下，距市中心1.5千米。因为它拥有离市中心比较近的海滩，因此，东方湾很受当地人的欢迎，成为人们生活、休闲、度假的好去处。尤其夏天更热闹，餐馆、咖啡厅、酒吧吸引不少来此游玩的人们。这里不仅为爱好游泳的人提供了良好的休闲场所，也是家庭和孩子们娱乐玩耍的好地方，更是派对爱好者们聚会的狂欢地（见图1-98）。

③维塔工作室：世界级的著名特效公司，离惠灵顿市中心不过15分钟路程。整个工作室的面积有65000平方英尺，业务范围包括设计、专业道具造型和修补、生物道具制作、盔甲武器制作、微雕、大型场景、布景和服装、电影特效、原画等。电影《魔戒》《金刚》《阿凡达》等片中的特效均出自维塔的制作团队。它被称为"全球最牛特效工作室"，专为影迷打造的电影幕后之旅，可以让游客走进道具化妆间，了解电影特效背后的故事（见图1-99）。

图1-98 东方湾

图1-99 维塔工作室

④新西兰蒂帕帕国家博物馆：位于惠灵顿的海滨码头，是一处大型的自然博物馆。该博物馆的名字在毛利语中称为"蒂帕帕·东加雷瓦"，意思是"宝藏的容器"。馆内关于毛利文化的藏品十分丰富，还有毛利会堂以及太平洋的艺术展品。博物馆共分六层，其中二到六层分别展示了地质与生物、地貌的变迁、毛利人生存与文化、民俗与艺术、户外雕塑阳台等不同主题。馆内有许多有趣的互动式展示，在地震之屋可以感受地动山摇的震撼，还能与大王酸浆鱿面对面亲密接触，且可观看3D动画了解其生命奥秘。另外，还有专为儿童建造的"探索中心"等设施。除了这些常设展览，博物馆还经常举办一些短期当代艺术和文化展等活动（见图1-100）。

图1-100 新西兰蒂帕帕国家博物馆

⑤凯托克地区公园：连接肥沃的怀拉拉帕平原和惠灵顿港口。如今，大面积的原始低地雨林依然存在。而且，完好的步行道和极具吸引力的河边野餐及停靠房车区更增添了它的魅力。园里有近2500公顷枝繁叶茂的本土森林，包括榉树、芮木泪柏、毛铁心树、希脑树和卡玛希树。公园里还生活着很多珍稀鸟类，如橄榄色鹦鹉、黄冠马尾鹦鹉和相当数量的新西兰猎鹰。哈特河和帕库拉塔希河清澈的河水非常适合游泳。人迹罕至的哈特河峡谷给了划皮划艇的游客一个难得的机会，去穿行于美丽的森林和景区之间。凯托克山步行道可以让人感受长达8千米的山地自行车之旅（见图1-101）。

图 1-101　凯托克地区公园

(6)派希亚。

①岛屿湾：位于新西兰北端。岛屿湾不仅保留着毛利人和欧洲人建造的古建筑，还栖息着海豚、海豹、海鸟等丰富的海洋生物。由于海水常年温暖，这里也是水上运动爱好者的天堂(见图1-102)。

②雷因格海角：位于北岛的西北端。对毛利人来说，它是一个充满了文化和精神信念的地方。雷因格海角的灯塔是新西兰风景的象征，建于1941年。灯塔的光每隔12秒就会闪亮一次，在19海里外都可以看到。如果你从雷因格海角向北看，会看到塔斯曼海和太平洋的交汇处，即使是风和日丽，水面上的洋流漩涡也一样汹涌澎湃(见图1-103)。

图 1-102　岛屿湾　　　　　　　　　　图 1-103　雷因格海角

(7)罗托鲁瓦。

①爱歌顿农场：位于北岛罗托鲁瓦，面积达150公顷。在这里，游客可以与红鹿、火鸡、鸵鸟、羊驼、乳牛、小绵羊以及很多游客从未见过的动物亲密接触，还能亲手喂食它们。农场每天都有剪羊毛、挤牛奶等表演秀，十分精彩，乐趣无穷。爱歌顿农场占地面积很大，游览牧区需要

乘坐观光拖拉机,每车都配有一名讲解员,有中文可选。坐上拖拉机出发,一路上会看到成群结队在路边悠然吃草的奶牛、绵羊和羊驼等,还可以喂食这些可爱的小动物并与它们拍照。除了与各种动物亲密接触,游客还能参观农场果园,一睹成片的奇异果树,品尝口味独特的奇异果。若适逢每年五、六月的采摘季节,游客还可以亲手采摘并且品尝新鲜的累累硕果。结束农场之旅后再去观看农场秀,有当场示范剪羊毛、绵羊拍卖会、牧羊犬表演等,主持人会邀请游客上台亲手挤牛奶和进行喂小羊、喝羊奶竞赛,非常有趣。观看农场秀的游客还能免费参观动物幼崽养育室(见图1-104)。

图1-104 爱歌顿农场

②毛利文化村:罗托鲁瓦不仅以其丰富的地热景观,更以其浓厚的毛利文化吸引着世界各地的游客。罗托鲁瓦是毛利文化的中心,世界各地慕名而来的游客可以在这里的毛利文化村欣赏独特的、撼人心魄的毛利歌舞表演,观看毛利人或古朴或精致的雕刻,了解毛利人的历史、文化和传统。毛利文化村将毛利人的古老房屋,经过修缮后集中在这里,有会议厅、住房和贮藏室等早期建筑。早期毛利人的住房,用蒲草和棕榈树枝搭成,简陋低矮,不能直腰;各种贮藏室均有高脚支撑,工具室则类似我国云南傣族的竹楼,但较矮小;族长的食品室,则离地很高,外形似杂技演员用竹子顶着的椅子。村的中央有一处展览所,内部陈列了毛利人独特的雕刻品,是游客了解毛利族文化的最佳场所。这里不仅有享誉世界的土著文化,还有令人惊叹的地热文化。热泉及泥浆多不胜数,到处蒸气弥漫,传出阵阵浓郁的硫黄气味。置身于地热区内,宛如腾云驾雾(见图1-105)。

③彩虹泉自然公园:罗托鲁瓦著名的旅游胜地,建于1928年。这里饲养着各式各样的鳟鱼,游人可以在最自然的状态下观赏鳟鱼的生态。公园内有许多难得一见的稀有动物,如新西兰的夜行动物负鼠,又名"新西兰活化石"的史前动物冷血爬虫,此外还有特别按照奇异鸟生活环境而建的奇异鸟展览馆(见图1-106)。

图1-105 毛利文化村

图1-106 彩虹泉自然公园

3. 新西兰精选线路分析

以上海作为出发城市,在携程网跟团游产品中,搜索"新西兰"产品线路,在打开页面中选择"新西兰基督城+特卡波湖+皇后镇10日7晚自由行"新西兰南岛双城游玩自驾线路。该线路涉及的景点主要分布在基督城和皇后镇,其旅游资源以冰川、湖泊、河谷、峡湾、温泉、森林公园、高原牧场等自然风光为主,行程中还安排了丰富的体验项目,如天空缆车、蒸汽船、跳伞、喷射快艇、高空滑索、跳台秋千、蹦极、直升机、观光游船、国际南极中心体验等具有当地特色的活动,供客人选择。其特点如下:

(1)形态特点:该条自由行线路安排游客从新西兰南岛基督城入境,由南向北经过6个地区,作环通道式线路设计,行程共10天,除去第1天和最后1天接送机,实际游玩时间有8天,途经基督城、特卡波湖、库克山、皇后镇、但尼丁、奥玛鲁6个地区,其中3天在皇后镇,2天在基督城游玩,全程自驾。

(2)资源特点:该条线路涉及的重要景点有基督城的国际南极中心、追忆桥、维多利亚广场、雅芳河;特卡波湖、好牧羊人教堂、特卡波温泉;库克山国家公园、蓝湖及塔斯曼冰川;皇后镇的瓦尔特峰高原农场、昂森木桶温泉、米尔福德峡湾、格林诺奇;但尼丁的奥塔哥大学、八角广场;奥玛鲁的蓝企鹅保护中心。

(3)体验特色:线路的体验项目主要集中在皇后镇,有很多极限运动项目供游客选择,包括皇后镇天空缆车、TSS厄恩斯劳号蒸汽船、Skydive瓦纳卡跳伞、喷射快艇、Ziptrek Ecotours生态高空滑索、皇后镇高空跳台秋千、内维斯河谷蹦极、瓦纳卡开飞机体验、天堂镇跳伞、格伦诺基直升机体验。除此之外,还有特卡波湖观星、塔斯曼冰川徒步。

(4)服务特色:提供Wi-Fi翻译器、拒签无忧、24小时客服服务。

(5)产品特色:纯南岛自驾经典路线,所选路段公路平坦,行程休息时间充裕,适合新西兰初驾者,可自选沿途7晚住宿,高性价比租车,后续可选多车型升级。

(6)行程安排:

D1:各地—基督城。

D2:抵达基督城,取车初探新西兰。

项目/景点:基督城国际南极中心。

D3:基督城—特卡波湖。

项目/景点:特卡波湖、好牧羊人教堂、特卡波温泉。

D4:特卡波湖—库克山—皇后镇。

项目/景点:库克山国家公园、蓝湖及塔斯曼冰川、皇后镇天空缆车、TSS厄恩斯劳号蒸汽船、瓦尔特峰高原农场、昂森木桶温泉。

D5:皇后镇自由活动。

项目/景点:Skydive瓦纳卡跳伞、喷射快艇、Ziptrek Ecotours生态高空滑索、皇后镇高空跳台秋千、内维斯河谷蹦极、瓦纳卡开飞机体验。

D6:皇后镇自由活动,可选[米尔福德峡湾观光游船]或[魔戒小镇格林诺奇]一日游。

项目/景点:米尔福德峡湾、米尔福德峡湾观光游船、格伦诺基之旅·观光徒步、格林诺奇步道、直升机体验、天堂镇跳伞。

D7:皇后镇—但尼丁。

项目/景点:箭镇、克伦威尔镇、但尼丁火车站、奥塔哥大学、八角广场。

D8:但尼丁—奥玛鲁—基督城。

项目/景点:拉纳克城堡、泰伊里峡谷观光火车、摩拉基大圆石、奥玛鲁蓝企鹅保护中心、蒂马鲁法院。

D9:基督城—各地。

项目/景点:追忆桥、维多利亚广场、雅芳河。

D10:回到温暖的家。

(三)大洋洲旅游区观光游产品形态总结

1. 大洋洲旅游区观光游产品总体特点

通过携程网"旅游"—"跟团游"搜索页面,以"上海"为出发地,对大洋洲澳大利亚和新西兰两国的观光游线路产品形态进行分析;同时,分别根据推荐的30条线路产品,对两国境内线路的空间形态、旅游资源和精选线路特点做综合分析。结果显示,澳大利亚和新西兰的观光游线路产品类型主要为半自助游和自由行产品,行程天数集中在5~12天,以中长线行程为主。具体产品形态特点如下:

(1)产品空间形态特点。根据携程网产品库分析,澳大利亚和新西兰观光游线路均为境内游玩线路,澳大利亚旅游线路主要集中在澳大利亚东海岸,以单通道式线路为主,主要游览城市由北至南为凯恩斯、布里斯班、黄金海岸和悉尼。新西兰旅游线路主要为南北岛跨岛三城或双城单通道式或直线往返式线路,主要游览城市由北向南分别为奥克兰、罗托鲁瓦、基督城和皇后镇。

(2)产品类型特点。澳大利亚和新西兰观光游线路以半自助游和自由行线路为主,半自助游线路费用中包含住宿、游览用车,用餐仅含酒店早餐,景点只含个别经典景区;自由行线路产品中所涉及的吃、住、行、游等费用均由游客自选。同时,澳大利亚和新西兰旅游线路均属于中长线产品,往往行程中涉及境内转机,很多自由行线路中自驾游占了很大比重。

(3)旅游资源特点。澳大利亚气候条件优良,海岸线绵长,以海岛风光、国家公园、动物保护区等自然风光为主,著名景点如大堡礁、蓝山国家公园、黄金海岸海洋世界、可伦宾野生动物保护园等,同时,也有许多风格多样而独特的城市建筑,如悉尼歌剧院、悉尼海港大桥等;新西兰属于温带海洋性气候,拥有广袤的森林和牧场,北岛多火山和温泉,南岛多冰河与湖泊,同时以浓厚的毛利人文化吸引着世界各地的游客,著名的景点有天空塔、怀托摩萤火虫洞、霍比特村、毛利文化村、爱歌顿农场、峡湾国家公园、米尔福德峡湾、凯利塔顿海底世界等。

(4)精选线路特点。选择澳大利亚的半自助游和新西兰的自由行线路进行分析,两条线路均为长线产品,其中澳大利亚半自助游精选线路为单通道式线路,且从悉尼到布里斯班需要转机,新西兰自由行精选线路为环通道式线路,主要为南岛自驾游。半自助游产品和自由行产品的差异主要体现在游客可选择项目的种类和数量方面,自由行产品中的活动项目由客人自选,而半自助游产品费用中包含住宿、游览用车,用餐仅含酒店早餐,景点只含个别经典景区,且往返大交通、正餐及部分游览体验项目需由游客自选。两条精选线路行程中,景点均选择当地经典景区,以自然风光为主,安排的体验性项目独具特色,尤其是新西兰的极限运动项目,数量多,类型多样,可供游客自由选择;同时,除去重点城市安排游玩2~3天之外,大部分城市或地区,仅1天游览。

线路展示包含主题、行程介绍、点评和预订须知等,其中主题包括线路名称、价格、产品特色、服务保障、供应商、产品卖点;行程内容有图文行程和日历行程,每日行程按照参观游览的时间顺序标示,比较规范。

2.大洋洲旅游区旅游资源介绍

澳大利亚:悉尼歌剧院、大堡礁、蓝山国家公园、悉尼海港大桥、可伦宾野生动物保护园、黄金海岸海洋世界。

新西兰:天空塔、怀托摩萤火虫洞、霍比特村、毛利文化村、爱歌顿农场、峡湾国家公园、米尔福德峡湾、皇后镇天空缆车、凯利塔顿海底世界。具体内容见前文。

3.大洋洲旅游区精选线路介绍

选择"新西兰基督城+特卡波湖+皇后镇10日7晚自由行"线路介绍,具体内容见前文。

 实训项目二

携程网出境观光游产品分析报告

1.项目内容要求:从携程网已有的出境观光游产品类型入手,按照所划分的区域,明确所有线路产品的地理位置和区域范围,围绕携程网出境观光游产品形态、旅游资源、精选线路及区域旅游产品总体形态进行分析,撰写出境观光游产品形态分析报告。要求选择的线路经典并具有代表性,能概括出所选区域的基本面貌;善于通过地图标示分析产品空间形态,分析思路清晰;小组报告通过word和PPT两种形式,在课堂上汇报展示并讨论。

2.项目评分标准:本项目考核分为两个部分,所占分值比例为

项目总成绩=出境观光游产品分析报告(占70%)+汇报PPT(占30%)

3.考核评价指标体系:见表1-4。

表 1-4　出境观光游产品分析报告考核评价指标体系

一级指标	二级指标	能力要求
出境观光游产品分析报告	产品形态分析完整度与准确度(30%)	线上调研能力、分析能力、概括与综合能力、文字表达能力、作图能力、团队合作能力
	旅游资源分析完整度与准确度(20%)	
	精选线路分析完整度与准确度(30%)	
	区域产品形态特征总结完整度(20%)	
汇报 PPT	PPT 制作精美度(50%)	PPT 制作能力、汇报讲解能力
	PPT 内容的完整度(50%)	

第三节　主题游产品形态分析

一、主题游市场分析

(一)主题游市场发展现状

1. 市场竞争催生种类繁多的主题游产品

当中国旅游消费者不断成熟,旅行社行业内部竞争逐渐加剧,旅行社企业仅凭垄断经营,抓住一年中的几个出游高峰,哪怕市场上出售的旅游产品千篇一律,既无优势也无特色,也可以获得丰厚回报的时代,一去不复返了。国内旅游企业开始认识到市场细分和产品细分的重要性,于是根据自身实力和对市场的把握来设计打造属于自己的拳头产品。在旅游行业的竞争由单纯的价格战,转入品质和特色比拼阶段后,他们纷纷开始寻找新的卖点,设计具有针对性的主题游产品来抢占市场,参与市场竞争,这样使得大量种类繁多的主题游产品纷纷面世。

2. 主题游产品成为提高竞争力的手段

目前旅游企业推出的主题游产品大致有两大类别,一是同一目的地不同行程的系列旅游产品;二是具有针对性的主题旅游,如婚庆、摄影、教育修学、保健、运动探险、休闲、夏令营等个性化专业化的旅游产品。这其中既有旅行社针对游客的不同需求推出的同一目的地不同行程不同时间段的定制产品,也有团队产品、散客产品及"酒店+大交通"的自由行产品;既有走马观花式的旅游产品,也有休闲度假式的产品;既有经济实惠的产品,也有豪华高档的旅游产品。

在旅游产品严重同质化的今天,推出主题游产品,已经成为各家旅行社提高自身竞争力的重要手段[1]。

---

[1] 张道顺.旅游产品设计与操作[M].4 版.北京:旅游教育出版社,2015.

3. 主题游产品的较强竞争力，得到了市场的广泛认同

在旅游产品还未细分，主题游产品还未出现之前，市场上所销售的线路几乎是同一面孔，消费者根本没有选择余地，而带有个性化的主题游产品出现之后，游客就有了更多的选择空间，出游更加便利。无论是系列化的主题旅游还是专业化的主题旅游，消费者可以根据自己的具体情况，如经济实力、旅游时间、个人爱好等，选到一款适合自己让自己满意的旅游产品。

从目前来看，主题游产品比普通的观光游产品更有特色、更个性、更专业，深受细分市场的青睐，在旅游市场上竞争力较强，已经逐渐被广大消费者所认同和接受。

综上所述，随着旅游市场的逐渐成熟和中国旅游业竞争状况的日益激烈，已经有越来越多的旅游企业开始探讨如何设计开发更能满足旅游市场需求的主题游产品，试图摆脱"产品同质化，削价竞争"的不利局面。有远见的旅行社已经成立了产品研发部，专门负责专题旅游产品的研发。新的主题游产品像雨后春笋一样，不断地被推出市场，针对细分旅游市场开发的新主题游产品，将成为中国旅游产品供给的主流。

（二）主题游市场特点

中国旅游研究院、携程旅游大数据联合实验室联合发布的《2020国内旅游复兴大数据报告》显示，疫情后我国旅游市场出现复兴的趋势，一系列新型优质的中高端度假产品、主题玩法迅速扩大市场份额，引领旅游市场恢复增长。旅游业界应深耕国内，生产适应旅游者需求变化的新产品、新内容，持续推动国内旅游高质量复兴，在这样的背景下，主题游市场显现出如下特点。

1. 传统的旅游发展模式正在消减

从2020年五一旅游市场来看，旅游需求并没有因为新冠疫情消失，只是延后了。但旅游者的需求已经发生变化，新的需求正在积聚。登山、滑雪、潜水主题旅游兴起；私家团、小团崛起成为新常态；定制游走向大众，高端定制分化；预约成为习惯，景区消费从门票转向园内玩乐体验产品；租车自驾游成为年轻人的旅行生活方式[①]。

当前，居民休闲、商务旅行开始与观光旅游交融叠加而形成全新的当代旅游市场，创新的形态和中高端产品更快恢复增长，科技与文化正在成为旅游业发展主动能。中国旅游研究院调查数据显示，国庆中秋长假期间85.00%的游客参与了各类文化休闲活动，其中参观历史文化街区、博物馆、美术馆的游客比例分别为41.80%、40.50%和27.10%。中国旅游研究院院长表示，疫情终会过去，旅游业终会振兴，但是传统的旅游发展模式及其相适应的旅游发展理论，以及资源规划、发展动能和组织方式，将会发生深刻的转变。后疫情时代的旅游业不是简单地回到过去，而是要有新思维、新动能和新模式。

2. 主题游产品呈现多样化趋势

为兴趣爱好出发的主题游时代已经到来，中国自然文化的多样性，为主题旅游提供了无限可能。比如，登山、徒步的群体越来越大，旅游市场的头部人群转向了以户外为代表的

---

① 中国旅游研究院、携程联合发布的《2020国内旅游复兴大数据报告》。

主题旅行。"野奢"主题兴起,从帐篷、折叠椅、房车到 Citywalk、旅拍,追求体验、自由;从道亚、峨乐、"恶魔之眼"、火星基地到独库公路,小众目的地不断崛起;从滑雪到登山,体验成为第一要素。

携程主题游平台的数据显示,2020 年国庆国内主题游产品交易规模同比增长 50%,市场规模快速扩大。2020 年 11 月的前十大热门主题中,滑雪、越野自驾、全球户外名列前三,除了户外、自然、摄影、人文等 4 大类主体产品,以及徒步登山、越野自驾、自然探索、自然野奢、全球摄影、全球旅拍、深度人文、当地探索 8 大主题线路外,还包括滑雪、旅拍、游艇、潜水、直升机、滑翔伞、皮划艇、团建等小品类项目,一个个主题玩法正通过平台对接到更多大众用户。

二、主题游产品案例分析

2022 年 2 月,在携程网设定出发城市为"上海",选择"旅游"—"主题游",可以看到携程网主题游产品分为以下五种类型:

(1) 户外:全球户外、滑雪、徒步登山、潜水、越野自驾、游艇帆船、高空项目、高尔夫、骑行、房车露营、全球海钓。

(2) 自然:自然探索、极地探索、全球摄影、动物观察、自然野奢。

(3) 人文:深度人文、全球旅拍、蜜月婚拍、禅修养生、宗教文化。

(4) 节庆:全球婚礼、体育赛事、马拉松。

(5) 教育:游学、主题团建、投资置业。

本节接下来选择"高空项目""蜜月婚拍""游学"类产品做具体介绍。

(一) 高空项目类主题游产品分析

选择"主题游"的"户外"产品中的"高空项目",共有 22 条高空项目旅游产品。高空项目类主题旅游产品的主要特点如下:

1. 产品类型

高空项目的核心产品类型为户外综合性高空极限项目和高空跳伞项目,主打私家团产品。

2. 热门目的地城市

22 条高空项目线路主要集中在重庆、杭州、苏州、成都 4 个城市,其中 19 条线路分布在重庆,3 条分布在杭州、苏州和成都。

3. 景点资源

(1) 核心资源:重庆的高空项目集中在梦幻奥陶纪景区的户外综合性高空极限项目,杭州、苏州、成都的高空项目主要为高空跳伞项目,主要在杭州千岛湖跳伞基地、苏州澄湖跳伞基地、成都崇州跳伞基地、青城山跳伞基地等开展。

①梦幻奥陶纪景区:位于重庆万盛,距重庆主城 1.5 小时车程,位于重庆万盛黑山之巅,海拔 1300 米,拥有无与伦比的自然景观资源和独特的喀斯特地形地貌。景区以五大类项目为核心全力原创打造,包括有高空极限类、高空刺激类、高空体验类、游乐趣玩类、自然景观类。各种创新的"悬崖、高空、刺激、惊险项目"成就了景区的独特疯狂刺激,更成就了

奥陶纪景区全球独树一帜的原创悬崖景区。其高空极限项目主要包括天空悬廊、悬崖秋千、极限飞跃、跳崖机、高空速滑、步步惊心、高空荡桥、高空漫步、丛林飞跃、七彩流星滑道等。

②杭州建德千岛湖高空跳伞基地：位于杭州建德千岛湖机场内。基地位于千岛湖景区旁，景色秀美。飞机起飞时可俯瞰部分景区。

③天时爱飞苏州澄湖跳伞基地：全国少有的能开展4000米高空跳伞的基地，交通便利，距离上海和苏州市区约1小时车程；满足长三角城市带庞大的跳伞和航空爱好者群体的消费需求。基地位于苏州国际慢城甪直澄湖农业园核心区域，包含千米标准飞行跑道和280亩水上机场，提供休闲观光、户外运动、飞行赛事、飞机销售、飞行体验、主题活动、高空航拍等综合服务。营地致力打造以多机型飞行为特色，结合房车露营、水上项目等，构建成"水陆空"立体式户外运动体育公园。

④成都崇州Toga飞行跳伞运动基地：位于成都市崇州市天宫村11组3号，飞行地点为崇州。跳伞时可从高空俯瞰白塔湖的优美景色，体验跳伞带来的极限刺激。

⑤成都青城山skydive跳伞基地：位于成都都江堰青城山机场。晴空之日，都江堰、青城山、清代古镇、贡嘎山、四姑娘山、大雪塘等川西壮丽景观尽收眼底。

（2）其他资源：如重庆解放碑步行街、李子坝轻轨站、磁器口古镇、中山四路、二厂文创公园、长江索道、洪崖洞民俗风貌区、八一路好吃街、涂鸦一条街、朝天门广场、重庆武隆天坑地缝国家地质公园、仙女山国家森林公园、蚩尤九黎城、乌江赤壁观景台和重庆大足石刻（见图1-107至图1-112）；杭州千岛湖景区。

图1-107　李子坝轻轨站

图1-108　长江索道

图1-109　洪崖洞民俗风貌区

图1-110　武隆天坑地缝国家地质公园

图1-111　仙女山国家森林公园

图1-112　蚩尤九黎城

4. 行程安排

22条高空项目产品为1~6天的行程。其中,19条3~6日行程的线路均在重庆,主要围绕重庆梦幻奥陶纪景区内的高空极限项目而开展,并根据时间的长短,安排重庆城市游玩和重庆周边景区,如武隆天坑地缝国家地质公园、仙女山国家森林公园、蚩尤九黎城、乌江赤壁观景台和重庆大足石刻;另外3条1~2日行程线路均为高空跳伞类项目,主要在杭州、苏州和成都的跳伞基地,围绕高空跳伞活动开展,之后在基地所在的景区或周边度假区自主选择其他游玩项目。

(1)重庆高空项目线路产品特点:所有线路必含梦幻奥陶纪景区里面涉及的户外高空极限项目,游玩时间均为1天;线路中大部分有重庆城市1日游玩(跟团或自由行),且城市游玩景点基本一致,均为当地经典网红打卡地。6日游产品中,武隆天坑地缝国家地质公园、仙女山国家森林公园和梦幻奥陶纪景区均连排3天游览,差异点在于重庆1日游,或放在第1天游玩或放在返程前1天游玩,仙女山国家森林公园的游玩项目有个别不同;3~5游产品中,主要差异点在于资源选择出现了不同,有部分线路用蚩尤九黎城和乌江赤壁观景台替代了武隆天坑地缝国家地质公园、仙女山国家森林公园。

(2)杭州、苏州、成都的高空跳伞产品特点:3条高空跳伞运动产品有2条2日游产品分别在杭州千岛湖和苏州澄湖跳伞基地,另1条1日游产品在成都崇州和青城山跳伞基地。这3条产品的共同特点是费用中仅包含高空跳伞项目的费用,而住宿、交通、餐饮及其他游玩项目需要自费,供应商仅推荐项目以供参考。另外,跳伞基地有多个跳伞俱乐部可供游客选择。

5. 服务特色

(1)重庆的高空项目产品均为私家团,供应商为Wego旅行,行程中无购物无自费,有成团保障,项目中可饱览森林风光、喀斯特地貌,体验刺激的高空项目和骑马乐趣。同时,享多人立减服务、专车服务、精选5钻或4钻酒店。

(2)杭州、苏州和成都的高空跳伞项目产品为跟团游,供应商为斑马旅游。该类产品的服务特色主要体现在:选择专业的航空基地、专业的认证教练;提供旅游专业保险和跳伞专业保险;配备跳伞全套装备;服务包含双人跳伞、单人跳伞、跳伞前的培训、教练团队服务、跳伞飞机乘坐;有多个跳伞俱乐部可供游客选择。

综上所述,携程网高空项目类主题产品目前主要集中在重庆、杭州、苏州、成都4个城市,其中重庆为3~6日的户外综合性高空项目产品,主要类型为私家团,核心资源为重庆梦幻奥陶纪景区里的各类高空极限运动,1天游玩高空项目,其余行程时间安排重庆城市风光、周边森林公园、地质公园等自然风景区作为补充,以增加产品的吸引力;1~2日杭州、苏州和成都的高空跳伞类产品,均为跟团游产品,核心资源为分布在这些城市的高空跳伞基地,主要开展高空跳伞运动,其产品价格构成主要是高空跳伞的费用。由此可以看出,高空项目类主题产品在设计上,至少要有1天的行程内容与各类型高空极限类项目有关,其余行程可根据时间的长短,就近安排当地具有代表性的城市风光、自然景区等资源,以丰富行程内容。

(二)蜜月婚拍类主题游产品分析

在携程网"主题游"的"人文"产品中的"蜜月婚拍"主页面,选择30条蜜月婚拍旅游产品进行分析。其主要特点如下:

1. 产品类型

蜜月婚拍的核心产品类型为"婚拍",主打私家团产品。

2. 热门目的地城市

30条线路涉及丽江、大理、厦门、三亚、上海、青岛、桂林7座城市。产品大多集中在云南丽江和大理,共12条线路;其次分布在海南三亚,共11条线路。4日游线路产品居多,共20条,其次是5日游产品,共6条(如表1-5所示)。

表1-5 蜜月婚拍主题游产品类型及数量

目的地城市	产品数量	6日产品	5日产品	4日产品	3日产品	2日产品
丽江+大理	4	3	1	/	/	/
大理	4	/	/	4	/	/
丽江	4	/	1	3	/	/
厦门	4	/	2	2	/	/
三亚	11	/	2	9	/	/
上海	1	/	/	/	/	1
青岛	1	/	/	1	/	/
桂林	1	/	/	1	/	/

3. 景点资源

(1)核心资源。

①丽江婚纱主题拍摄场景。

特色场景:骑马、情人湖、雪山树、雪山远景。

束河古镇:街拍、四方街、青龙桥、纳西古墙、青龙河畔。

玉龙雪山域:机车、火山头、雪山湖、爱情巴士、天空之镜花海、越野车、藏式公路、湿地火烈鸟、教堂。

②大理婚纱主题拍摄场景。

海西线路:大理古城、洱海海景、环海公路、花海基地(花海、吉普车、水晶球、天空之镜、小巴车)。

海东线路:洱海海景、环海公路、水中树、大理古城/喜洲古镇、苍山远景、兴盛桥、礁石。

③三亚婚纱主题拍摄场景。

经典场景:沙滩海景、椰梦长廊、热带植被、椰林海景、森系园林、夏季泳池、夕阳剪影、季节性花草。

特色场景:火烈鸟、旅行车、浪漫屋、网红秋千、圣洁教堂、婚礼仪式、心形巢、热气球。

赠送场景:夜景拍摄、半水下拍摄、游艇拍摄。

④厦门婚纱主题拍摄场景。

经典场景：沙滩海景、礁石海景、椰树绿荫、环岛路打卡街拍、仙人掌、文艺吊篮、婚礼现场、爱心竹屋、双层巴士、机车、鸟巢茅草屋、浪漫夜景、老爷车、地中海建筑、电影院实景、加油站街拍、网红泡泡屋、嘻哈古装、韩式内景、海天一线泳池。

⑤上海婚纱主题拍摄场景。

经典场景：外滩、南京路、外白渡桥、万国建筑群。

⑥青岛婚纱主题拍摄场景。

经典场景：大学路、天主教堂、麦岛公园、大学路咖啡街、森系绿植、小教堂、海边礁石、浪漫海滩、环海路木栈道、街拍八大关风景区。

⑦桂林婚纱主题拍摄场景。

经典场景：冠岩景区竹筏、森林拍摄、东西巷、冠岩景区（大圩古镇、漓江山水、绿野草地）。

(2)其他资源。

①大理景点：大理古城、洱海、崇圣寺三塔、蝴蝶泉、双廊镇、古镇喜洲牌坊、南诏风情岛（见图1-113至图1-118）。

图1-113　大理古城

图1-114　洱海

图1-115　崇圣寺三塔

图1-116　蝴蝶泉

图1-117　双廊镇

图1-118　南诏风情岛

②丽江景点:丽江古城、白沙古镇、束河古镇、青龙街、四方街、玉龙雪山、蓝月谷、观音峡、拉市海(见图1-119至图1-124)。

图1-119　丽江古城

图1-120　玉龙雪山

图1-121　白沙古镇

图1-122　束河古镇

图1-123　四方街

图1-124　青龙街

③三亚景点:南山文化旅游区、亚龙湾、大东海、天涯海角、三亚大小洞天旅游区、鹿回头风景区(见图1-125至图1-128)。

图1-125　南山文化旅游区

图1-126　亚龙湾

图1-127 天涯海角

图1-128 鹿回头风景区

④厦门景点：厦门大学、南普陀寺、曾厝垵、黄厝海滩、厦门园林植物园、鼓浪屿、风琴博物馆、菽庄花园（见图1-129至图1-132）。

图1-129 鼓浪屿

图1-130 菽庄花园

图1-131 曾厝垵

图1-132 厦门大学

⑤青岛景点：太平角公园、八大关、小鱼山公园、第二海水浴场、天主教堂、公主楼、花石楼、青岛海底世界、五四广场、音乐广场、栈桥（见图1-133至图1-136）。

图1-133 八大关

图1-134 第二海水浴场

图1-135　五四广场　　　　　　　图1-136　栈桥

⑥上海景点：外滩、南京路步行街、东方明珠、外白渡桥、万国建筑博览群（见图1-137至图1-140）。

图1-137　外滩　　　　　　　图1-138　南京路步行街

图1-139　东方明珠　　　　　　图1-140　万国建筑博览群

⑦桂林景点：象鼻山、桂林七星岩、两江四湖、冠岩景区、芦笛岩、漓江风景名胜区、大圩古镇（见图1-141至图1-144）。

图1-141　象鼻山　　　　　　　图1-142　冠岩

图1-143 漓江风景区

图1-144 大圩古镇

4. 行程安排

30条蜜月婚拍主题游产品为2~6天的行程,核心产品为婚拍,涉及大理、丽江、三亚、厦门、青岛、上海、桂林7座城市。30条蜜月婚拍主题游产品以4日产品为主,主要行程大多安排1天婚纱拍摄,1天包车城市游玩;5~6日产品行程除了安排1天的婚拍之外,还会安排1天的包车游览和1天的自由活动,游览地均为当地具有代表性的特色旅游景点。产品费用包含大交通、行程所列酒店或民宿的住宿、餐食、随团摄影师的拍摄服务、中文司机的接待服务,其他费用均需自理。

5. 服务特色

(1)技术团队:旅拍客服总监、旅拍基地管家、旅拍规划师、总监级摄影师、总监级化妆师、总监级设计师。

(2)服装造型:全场服装任选无分区,专业老师提供搭配建议,新娘的婚纱/礼服共3~5套(含妆造),新郎的西装/礼服共3~5套(含妆造)。

(3)拍摄张数:120~180张底片全送,免费提供所有底片PS转档调色。

(4)精修张数:入册精修50张。

(5)婚房产品:送精美相册、宽屏挂件、墙组挂件、台摆。

(6)饰品、拍摄道具:全部免费提供。

(7)接机服务:提供拍摄地24小时接机服务。

(8)专车服务:提供1天当地专车游览。

(9)用车:拍摄当天全程提供外景车服务,且承担场地费、停车费。

(10)住宿:赠送3~4晚蜜月客栈。

(11)餐食:拍摄当天免费提供午餐简餐2份。

(12)拍摄流程:婚拍当天化妆和做造型后出发→前往外景拍摄地→进行拍摄→拍摄过程中立拍立看→现场确认拍摄效果→按服装套数变换造型及妆面→拍摄结束后确认服务满意→拍摄后次日基地选片→精修→设计→制作产品→快递到家。

综上所述,蜜月婚拍主题游产品主要类型为私家团,主要目的地为大理、丽江、三亚、厦门、青岛、上海、桂林7座城市,行程集中在2~6日,以4日行程为主,线路产品主要分布在云南大理、丽江和海南三亚。核心产品为婚拍,可安排1天时间进行。此类产品均在当地有旅拍基地,提供专业的旅拍技术团队和特色服务,包括服装造型、婚房产品、婚拍底片及精修张数,并且赠送3~4晚的蜜月客栈、提供接机服务、1天的游览专车和外景车服务等。拍摄场景选择当地最具特色的美景,有雪山、湖泊、花海、湿地火烈鸟、教堂、街拍、机车、公路、古镇、骑马、巴士、沙滩海景、夏季泳池、浪漫屋、森系园林、网红建筑等,拍摄地类型多样、拍摄风格多样、服装造型多样。此类产品最主要的特点就体现在专业的婚拍服务上,婚拍服务也成为该类产品费用的主要构成之一,其余行程则安排当地知名的旅游景区游览,且5~6日线路还给新人留出了至少1天的自由活动时间,实现了"婚拍"+"蜜月旅行"相结合。

(三)游学类主题游产品分析

选择携程网"主题游"的"教育"产品中的"游学"类产品,在"特色主题"类中的少年壮游、夏令营、出境游学、亲子游、自然博物、优选夏校、语言课堂、全真插班、综合营会、公益志愿、户外挑战、历史人文、科学探索、艺术修养、军旅体验、名校励志、成人游学、体育竞技18类产品中选择"夏令营"产品作为"游学"类产品的重点,对其主页面的30个"夏令营"产品进行分析。夏令营产品的主题类型有户外运动、航空飞行、军事体验三类,数量最多的为军事体验类产品,其次是户外运动类;主要目的地城市为14个,分别是呼伦贝尔、上海、杭州、嘉兴、湖州、敦煌、南京、重庆、深圳、北京、贵阳、武汉、天津、广州,产品主要集中在上海、重庆、广州三地;产品供应商为7家,分别是蛮吉亲子、游美营地、上海嘉景、书蛙研学、千岛湖星空国际营地、自强军事夏令营、皓哲教育军事夏令营,其中21个产品由自强军事夏令营和皓哲教育军事夏令营提供;夏令营产品主要针对的是青少年群体,年龄段在5~19岁,大多数产品集中在6~18岁;产品行程主要为5~7日,共19个产品,14日、15日、20日、30日、45日行程共有11个。

30个夏令营产品中,有28个产品为主题营,活动在营地开展,另外2个产品为非营地户外运动类产品。

1.非营地户外运动类游学产品

(1)呼伦贝尔草原亲子户外游学夏令营。

①产品特色:具体见表1-6。

表1-6 呼伦贝尔草原亲子户外游学夏令营产品

骑马	骑马不花钱,想骑多久就骑多久
滑草	不限时滑草,大人小孩都可以玩
住	全程优选当地亲子酒店
吃	烤全羊宴、草原露天火锅、草原露天烧烤、俄餐等当地特色美食
行	适合亲子游玩的线路设计,拒绝长途坐车疲惫赶路;越野车穿越草原腹地,当地人带你体验景美人少的草原美景
领队	全职亲子领队(资质:青少年成长指导师+研学导师+国家导游证)悉心照料,每期亲子营配一文一武2名领队
服务	全程旅行跟拍服务,签约专业摄影师,全程随行跟拍

续表

玩乐	接地气的30多项民俗活动：草原上的牧民家体验蒙古族生活、亲密接触驯鹿、精彩"马之舞"表演、射箭、喂羊羔、篝火晚会、煮奶茶、挤牛奶等； 20多项亲子互动游戏：破冰游戏（名字接力、猎人游戏）、彩虹伞（找朋友、爬山、蒙古包、抓小羊、放飞梦想、炒菜、猫捉老鼠）、阿水的故事、软式棍球、躲避球、星球大战、战地医生、东南西北跑、拔河比赛、纳斯卡巨画、bingo游戏、亲子草原徒步、定向寻宝、手指操、你画我猜等

②行程安排：该产品为亲子户外游学夏令营产品，在行程安排上围绕呼伦贝尔草原设计线路，边游边学，实现亲子互动、旅游和研学三大特点相结合，且根据不同景区的特色和项目类型，设计丰富多彩的活动内容和游戏形式。每天都有一个主题，分别是：撒欢草原，亲子玩乐；森林课堂，亲子玩乐；户外拓展，亲子玩乐；马术学习，亲子玩乐；民俗体验，亲子玩乐；游牧文明，亲子玩乐。每天的行程内容既有游览体验、活动项目、亲子游戏，还有任务卡，以知识问答、学唱民歌等形式，检验孩子们的学习收获。该产品为全包价产品。

(2)敦煌"全球青少年戈壁徒步挑战赛"夏令营。

①产品特色。

活动特色：该线路的核心产品为徒步赛事＋敦煌研学，除了徒步和研学活动之外，在行程中还安排有戈壁大讲坛和音乐节，其活动目的在于让孩子们在团队项目中领悟合作力，在陌生群体中激发沟通力，在极苦条件下产生毅力，获取解决未知问题的能力，拥有多元文化的认知力，成就孩子未来竞争力。

邀请嘉宾：嘉宾和孩子们一起体验戈壁徒步活动，与孩子们分享经验，为孩子们成长进一步赋能。

赛事保障：30辆救援车全力保障孩子们的安全；106名地勤工作人员确保每项体验达到最佳；36名组委会工作人员无微不至地照顾和鼓励孩子；400组家庭30所国际学校85名中外校长和老师为孩子们加油打气；7台摄影机、2台无人机、10名摄影师，8832张照片180分钟纪录片。

敦煌研学：莫高窟特定开放的研学洞窟，配备专业讲解员，为青少年带来更为深刻的体会，且错开暑期井喷时期，让青少年获得更好的参观体验。

②行程安排。该产品为青少年徒步赛事类夏令营，围绕赛事活动安排出征日、挑战日和决赛日3天行程，在第1天安排团队破冰活动，让团员彼此接触相互熟悉，在经过3天的赛事活动之后，最后1天进行颁奖仪式，使赛事活动完整。同时在徒步线路中安排敦煌莫高窟开展研学活动，并且在每日徒步活动的夜间，安排戈壁大讲坛、戈壁音乐节、篝火烟花秀等团队建设活动，使行程丰富。该产品为全包价产品（见图1-145）。

日期	上午	下午	晚间
7月18日 DAY1	签到日 ARRIVAL DAY 1.交通入住 2.丝路观影 3.团队破冰	团队建设 TEAMBUILDING	团队建设
7月19日 DAY2	敦煌研学日 DUNHUANG STUDY TOUR 1.敦煌莫高窟研学 3.入住戈壁 2.坐大巴前往戈壁 4.徒步练习	出征大典 OPENING CEREMONY	出征大典
7月20日 DAY3	26km 出征日 26KM OPENING DAY 1.徒步初体验 2.徒步知识实践 穿越戈壁 滩、黄羊沟、 3.跋涉峡谷、沙漠 远眺雪山	戈壁大讲坛 "THE GOBI" KEYNOTE	戈壁大讲坛 ——神秘大咖
7月21日 DAY4	22km 挑战日 22KM CHALLENGE DAY 1.汉代烽燧、《天降雄狮》拍摄地 2.领略沙漠、胡杨峡、多坝沟、好汉坡等 3.跋沙峡合、沙漠 远眺雪山	戈壁音乐节 "THE GOBI" MUSIC FESTIVAL	戈壁音乐节 ——才艺表演
7月21日 DAY4	22km 挑战日 22KM CHALLENGE DAY 1.汉代烽燧、《天降雄狮》拍摄地 2.领略沙漠、胡杨峡、多坝沟、好汉坡等 3.团队默契培养	戈壁音乐节 "THE GOBI" MUSIC FESTIVAL	戈壁音乐节 ——才艺表演 2.篝火烟花秀
7月22日 DAY5	20km 决赛日 20KM FINAL SPRINT 1.早起体验夜行 2.团队冲刺	颁奖盛典 AWARD CEREMONY	1.颁发奖牌 见证荣耀 2.感恩团队 收获友谊
7月23日 DAY6	返程日 DEPARTURE DAY 奖牌荣誉，满载而归 抵达机场，挥别敦煌 收获满满，铭记于行		

图1-145 戈壁徒步行程表

2. 营地类主题夏令营产品

携程网"夏令营"产品推荐页面30个产品中，有28个为营地类主题夏令营产品，均在营地开展活动。其中，国际营4个，户外运动营（马术训练营）1个，军事体验营21个，航空飞行训练营2个。

（1）国际营。

4个国际主题营产品有3个为纯美式国际营地，产品供应商是游美营地和欧露克营地，2家供应商均按照国际营地标准建设，引入并传承了美式传统国际营地教育，且在中国发展多年，形成了适合中国青少年学生的课程体系、营地管理体系和安全防范体系。2个供应商产品均有双语情景式教学＋纯美式营地活动，课程体现出多元文化元素，并适当融入中国传统文化，更适合中国青少年的参与。而另一款国际主题营产品，供应商为千岛湖国际星空营地，产品中除了美式体育运动项目之外，营地还开发了独特的营地探险乐园、星空勇士营地和多种国际化室内场馆,可开展特色活动项目,通过丰富的户外运动和体验活动,提升青少年的沟通能力、团队写作能力、创作与创新能力以及批判性思维等,塑造尊重、耐心、友谊、毅力、帮助等核心价值观。

国际营产品的具体特点如下:

①活动项目。综合4个国际主题营产品,营地可开展的活动项目有30~40种,产品中的活动项目主要可划分为4种类型,分别是体育活动、探险活动、艺术科学等工作坊、美式特色活动。

体育活动与美式特色活动:花式棒球、旱地冰壶、马术、射箭、篮球、足球、排球、游泳、躲避球、高尔夫、水火箭、水球大战、嘎嘎球、橄榄球、乒乓球、皮划艇、美式游戏驯鹿的尾巴、色彩大战、网球、拔河、飞盘、卡丁车。

探险活动:真人CS、攀岩、溜索、绳索速降、湖景攀树、飞鼠。

工作坊:音乐、英文戏剧、舞蹈、语言学习、服装设计、烘焙、扎染、自制冰激凌、太阳能小车、轻黏土画、魔术、木工、铁艺、趣味科学、篝火搭建、造纸船。

②营地保障。

餐食管理:以"品类丰富、营养均衡、食物来源可追溯"为原则,一日三餐确保基本营养得到满足,并根据天气冷热变化活动需要,准备姜茶、冰水、绿豆汤等应时饮品,以及保障当季水果、酸奶等食品的丰富供应。

住宿管理:遵循性别分层、分楼、分区域原则;营地住宿,以集体生活空间的设计为特色,旨在让孩子拥有更多独立的生活和社会交往的机会;营员在营地有导师24小时陪同,异性导师不得单独进入营员房间,全力保障营地营房的秩序和安全。

营中服务:16项安全细节全覆盖,保障每位营员体验;中外导师全程陪伴,细心照顾,榜样影响,英语交流;高配比师资,教练与营员比例1:10,生活老师与营员比例1:5,能够快速反应,积极沟通,及时处理各种问题,同时高难度技能教学保证1:1师资配比;营地打造"无电子产品"环境,享受面对面交流的乐趣;专属家长微信群,动态播报营中情况;建立营员专属成长档案,记录每一次活动成长和瞬间精彩。

医疗服务:设有营地医疗等级应急方案。

生活交流:国际营地采取双语教学模式,课程由欧美教师负责,课程中教师会用英语与孩子交流,以提高青少年英语水平。生活是由中国老师负责,用中文交流。

③奖励制度。设置"船长"晋升机制,营员可从水手级逐渐晋升,到水手长、三副、二副、大副,最终成长为船长;每一次成长都会颁发对应等级的晋级勋章,以承担更多的责任与使命;设置提名环节,营地教师会提名表现尤其突出的孩子们,为他们颁发游美荣誉手环,奖励孩子们牢记"尊重、耐心、友谊、毅力、帮助"核心价值观。

④行程安排。4个国际主题营产品均为6~7天,所有活动均在营地开展,每一天都有主题,第1天为开营仪式,破冰活动,最后1天为闭营仪式,为营员颁发证书,合影留念。行程中,白天安排在营地进行各种体育运动、美式特色活动、探险活动以及艺术、科学、商业等多领域工作坊,晚上安排荧光舞会、换装晚会、嘉年华、面具晚会等具有美式风格的活动,提升青少年的各种运动、艺术能力与技巧,以及团队协作精神。此外,游美营地开发的产品中还安排升、降旗

活动,增强营员的仪式感;千岛湖星空国际营地的产品中晚上会安排整理内务,帮助青少年养成好习惯。

(2)马术户外运动营。

30个携程网主题营产品中,有1个以马术为主的户外运动主题营,其营地在浙江乌镇。其产品主要特点如下:

①活动特色。

马术理论知识学习:认识骑术装备,认识马的装备;认识马匹的毛色,认识马的特征;学习马术礼仪及安全知识;了解马的天性,解读马术历史。通过这些马术理论课的学习,从马术安全教育,到西方马术文化、着装规范和礼仪,再到马术基本要领、考级技巧分解,用更专业的课程安排,让营员们在丰富的体验式教育中开启"探索新世界之旅"。

趣味马房实践:安全接触马匹,体验喂马,参观马厩,学习马匹护理,为马刷毛洗澡。

马术体验:全程由教练陪伴,一对一教学,体验骑马驰骋、奔腾跳跃,感受马术的独特魅力,完成挑战任务。

自然运动探险:在乌镇营地开展真人CS、网红秋千、萌宠乐园、缅甸桥、射箭、小火车、溜索、皮划艇、丛林探险、攀岩等趣味性活动。

人工智能创客:带领营员走进精彩AI世界,接触最前沿的空中无人机、3D打印等人工智能技术,把学到的编程系列知识融入人工智能游戏比赛中,掌握破解未来的核心密码。

营地特色活动:开展篝火晚会、面具晚会、荧光派对、水火箭、越野车等特色活动,在欢乐氛围中展现自我,激发艺术潜能。

②行程安排。该产品以马术学习为核心产品,行程共6天,第1天为开营破冰活动,第2到第5天安排丰富的探险活动、户外运动、马术骑乘、人工智能活动,晚上安排舞会和篝火晚会,其中用1天时间开展马术学习和教学活动。

(3)军事体验营。

携程网主题夏令营产品中,有21个为军事体验夏令营。军事体验营产品特点如下:

①活动特色。

军营体验:军校生活体验,从坐姿、站姿、行姿等方面,向军人标准看齐,强化时间观念。

生活自理:内务整理(叠军被、洗碗洗衣服、打扫卫生),学习军人优良作风,从一点一滴做起。

素质拓展训练:丰富多彩的拓展活动项目,在安全的同时,真正做到寓教于乐。

感恩教育:感恩励志主题活动,让孩子学会感恩父母、老师、社会,励志成长,自信自强。

野外生存:野外拉练,让孩子学会吃苦耐劳,坚持到底,求生技能(钻木取火,帐篷搭建)。

自救互救:学习止血包扎固定等,学习自救必备技能,学习心肺复苏。

应急逃生:针对各种火情,选择正确的灭火器和逃生方式。

给父母写信:记录在夏令营期间的点点滴滴。

武器知识:参观武器装备,教官讲解相关知识,提升孩子们的国防意识。

②行程特点。军事夏令营分别有5日、10日、14日、15日、20日和30日等6类产品,行程内容主要为军事训练与军营体验,每一天均有军训主题,其军事项目涉及队列、军姿、军容、军

纪、枪械操作、战术手语、战斗队形、百步穿杨、军体拳、手榴弹投掷、军事特训(徒步拉练、防空袭演练、伤员救护、野外生存、防爆演练)、战术制订、军事地形、军警格斗术、水弹射击、沙盘制作、生化防护实践;体智训练项目有立定跳远、跳绳测试、坐立体前屈、25米×2往返跑、400米测试、投实心球军事训练。除了军事训练和体验活动之外,行程中还安排了其他类型的户外活动,如真人CS、篝火狂欢、户外野炊、农业体验、户外捕鱼、手工制作、泥潭挑战等。根据行程时间的不同,6类产品保留基本的军事训练内容,其他活动的类型和数量进行增减。同时军事夏令营产品比较重视青少年生活能力的培养,安排每天的内务整理和定期集体洗衣服;重视感恩教育和经验总结与分享;第1天有开营活动,最后2天安排军事演练比武、评比军事标兵、闭营仪式、颁发荣誉证书等活动。

(4)航空飞行营。

携程网航空飞行营共2个产品,其中1个产品以航空航天体验为主,另外1个产品以飞行训练为主。其产品特点如下:

①活动特色。

A.产品一。

a.体能训练。

阻力伞:用来减小飞机着陆时滑跑速度的伞状工具;

抗眩晕训练:航天员的体能测试——离心机抗眩晕测试。

b.专业技能操作。

卫星返回舱:孩子们可以在基地看到卫星,听专家讲解卫星相关知识,自己动手组装模拟舱。

c.长征号发射。利用长征号火箭模型,让小朋友自己去体验发射长征号火箭。

d.动手制作专属太阳系。

e.小营员扮演医疗兵角色,模拟战场环境,搭建战地医院,抢救战友,击败来敌,实战射击。

f.参观航天科普展厅,了解航天商业发展。参观迷你版航天装备,结营领取专享证书。

g.安全保障。师生配比1∶6;动手实践内容,根据需要配备手套、护目镜、头盔、护膝等安全护具;营地有医务室,且均配备外伤急救包,轻微外伤均可紧急处理,其他伤病会第一时间通知家长,并及时送往附近医院;为每位队员购买10万元责任险和医疗险;48小时核酸阴性和绿码方可入营,如遇疫情无损取消,教官开营前48小时内核酸阴性报告方可带队。

B.产品二。

a.航空报国爱国教育:深度了解飞机的结构知识,收获独立操纵飞机的实践技能,参观多型号机型及C919国产大飞机飞行模拟器,与战斗机精英飞行员和空军大校近距离对话,增强爱国之情、强国之志和爱国之行。

b.军事素质训练:提高身体素质,行、站、坐姿态良好。

c.飞机结构及仪表教学:深度了解航空航天文化及发展史。

d.飞行模拟器实践体验:赛斯纳172及钻石DA40飞机机型,1∶1模拟器实践飞行体验。

e.真机飞行翱翔天空:乘机飞行,翱翔天空。

f. 配备强大的师资团队：飞行经验及带教经验丰富的战斗机飞行员。

g. 营期保障：小组制辅导，全体工作人员和营员的配比为1∶6，全方位辅导营员生活；餐饮方面，荤素搭配营养均衡，当地特色品质保障，全程提供足量纯净饮用水；四星级标准度假酒店2人间；配备专业随队医护人员，为营员提供医疗帮助和心理辅导，营地距离最近医院仅20分钟车程；常年签约专业旅游大巴并配驾龄丰富的老司机驾车全程护送；行业内全新双保险双保障；营前建立营员家长群，营中全程"图文＋小视频"微信群直播，晚间有专属营员和家长视频通话时间。

②行程安排。2个航天飞行主题营，均为5天行程，第1天举行开营仪式，最后1天举行结营仪式和颁奖授勋，在医疗、师资、安全、保险和食宿等方面都有保障。2个产品的不同之处在于，1个重在航空航天知识与技能学习和体验，另外1个重在飞行技能的学习和体验，同时产品二在晚间活动设计上更为丰富，安排了电影之夜和面具晚会。

3. 夏令营产品总结

携程网的30个夏令营产品，主要分为非营地游学类夏令营产品和营地类主题营产品。这2类产品的共同之处在于有完整的开营仪式和破冰活动、闭营仪式和颁奖活动。除了大交通之外，各项费用均包含在价格中。产品都比较注重青少年的食宿安排、安全保障、师生配比，标准较高，同时注重与家长的互动和联络。同时，能围绕产品主题特点，设计每日的行程活动，做到丰富多彩、类型多样。

其中，非营地游学类夏令营产品中，1个是亲子游学产品，另1个是徒步赛事游学产品，2个产品围绕旅游目的地各景区或赛事站点，边游边学。亲子游学产品利用景区自身项目设计活动，在参观体验的同时，根据青少年身心特点设计游戏环节，增强产品的趣味性，且每天都会安排任务卡检验学习的效果，在娱乐、亲子互动活动中兼具研学特点；徒步赛事游学产品则是围绕徒步赛事设计每天行程，既有徒步训练，也有比赛，夜间还安排篝火晚会、音乐节等活动丰富每天的生活，同时邀请奥运冠军和徒步领域嘉宾一起参与赛事活动，与营员分享经验，开坛励志演讲。

营地类主题营产品分为美式国际营、户外运动营、军事体验营、航天飞行营4种类型，所有活动均在营地进行。其中，美式国际营按照国际营地的建设标准进行建设和管理，配备双语教学，所有课程按照传统美式营地课程模式开设，活动类型分为体育运动、美式特色活动、探险活动、工作坊，开营期间有营员奖励措施。户外运动营以马术训练为特色，并开展其他活动类型，与国际营相似。军事体验营在营地主题营中数量最多，其核心产品为军事训练、军事拓展、军事特训、体智训练，同时根据产品日程的长短安排各类丰富的户外活动；该类产品比较重视青少年的内务整理、生活自理能力和吃苦耐劳、感恩教育，因此比较受家长和学生的欢迎。航天飞行营的特色是在活动项目上安排以航空航天知识技能、飞行训练为特色的活动。

综上，在夏令营产品设计中，找到能够开展特色活动的景区和营地资源非常重要，除此之外，要根据青少年的身心特点和产品主题来设计游戏环节，在行程安排中，要有完整的开、闭营活动，师资配比、安全、食宿均要有保障，且活动类型需多样，内容要丰富。

三、研学旅行产品分析

(一)研学旅行的概念及内涵

我国研学旅行活动最早可以追溯到 2000 多年前的春秋时期,当时的古人就有了"游学"这一活动,大教育家孔子率弟子周游列国、传道授业,是研学旅行的奠基人。16 世纪初的欧洲,也开始出现研学旅行的雏形,被称为"大旅游"(grand tour)。但是,具有现代意义的研学旅行活动始于欧洲,盛于日韩。20 世纪 60 年代后期,日韩相继将研学旅行常规化。我国改革开放以后,国外的"修学旅游团"来华研学旅行,同时国家开始大规模派遣留学生到国外学习,1985 年前后"出国热"在全国迅速升温,20 世纪 90 年代国内开始出现修学旅行、出境游学等教育活动和旅游产品[①]。

2013 年国务院办公厅印发了《国民旅游休闲纲要(2013—2020 年)》的通知,纲要首次提出"逐步推行中小学生研学旅行"的设想。2014 年教育部基础教育司司长王定华在第十二届全国基础教育学校论坛上发表了题为《我国基础教育新形势与蒲公英行动计划》的主题演讲。在会上,他首次提出了研学旅行的定义:研学旅行就是将研究性学习和旅行体验相结合,学生集体参加的有组织、有计划、有目的的校外参观体验实践活动。研学要以年级和班级为单位,同学们在老师或者辅导员的带领下开展活动。研学旅行活动要有主题,以课程为目标,以动手做、做中学的形式,共同体验,分组活动,相互研讨,书写研学日志,最终能够形成研学总结报告检验研学效果。

之后,研学旅行在我国迅速发展,不仅在行业中"井喷式"发展,在学术研究中也是热点。国内外对研学旅行的定义目前尚未统一,国外学者多用教育旅游(educational tourism)一词来表示,将其定义为:参与者以团体形式前往某一地点,其主要目的是从事与该地点直接相关的学习经验的活动;或认为教育旅游包括成人教育旅游和国内大学及学校学生的旅行(语言学校学习、学校远足和交换生项目)。国内学者则将研学旅行分别定义为:①研学旅行是以一个专题为目标,以增长技艺和知识为目的的一种专项旅游活动;②研学旅行外延体现为参与群体、参与形式、参观场景的变化;③研学旅行的两大核心是研究学习和旅游体验;④研学旅行既是研究性体验性学习,又是一种综合实践活动课程,更是以学习共同体的方式开展的集体性学习活动。

2016 年我国发布《教育部等 11 部门关于推进中小学生研学旅行的意见》和《研学旅行服务规范》,从旅游视角提出研学旅行是开展体验式教育和研究性学习的教育旅游活动。从政府相关文件和旅游领域的相关文献可以看出,研学旅行是指面向全国中小学生,以教育为目的、以旅行为载体的教育旅游活动。研学旅行可以看作是旅游和教育相融合的突破性实践,既是旅游业态的创新,也是教育改革的创新。

(二)研学旅行的需求

1. 学校需求

旅行安全是学校关注的首要问题,所以研学内容应符合学校教学目标与学生学科特点,有利于学生综合素质提升。

---

① 吴水田,易静玉.情境认知视角下研学旅行的特征及其教育功能实现[J].江苏商论,2020(4):47-51.

2.家长需求

家长最为关注的是旅行安全,其次是有专业老师带队,活动内容丰富,能够增进孩子知识,促进孩子身心发展,同时交通、住宿、餐饮等接待条件要舒适。

3.学生需求

对于小学生来说,研学内容要新奇有趣,可亲身体验。初中生则要求研学内容具有体验性和知识性。到了高中阶段,学生对研学主题的设计要求更为新颖,内容要丰富,有深入探索研究的意义。

(三)研学旅行的特点

1.研学旅行以教育为目标

研学旅行产品作为一款教育类的旅游产品,其核心价值在于教育功能的实现。在国家层面未出政策规定之前,研学旅行的教育功能取决于具有教育价值的旅游资源,比如国内外名校体验游。现在则明确说明研学旅行是以中小学教育目标为导向的教育旅游,与学段、学科、中小学生素养等密切关联,产品的教育功能也不再是简单地以教育价值的旅游资源来决定,而是对旅游资源进行课程设计,寓教于乐,以实现教育功能。

2.研学旅行基于情境体验

研学旅行既然是体验式教育,必然是把课程带到田野或实验室。本身就具有教育功能的旅游场所成为研学旅行的首选,如博物馆、科技馆、实验室、大学等。在这类真实的社会或学习场所中,信息和知识伴随整个行程,学生用放大镜去观察,更容易引发思考,在与环境互动中建构认知。研学旅行在国内火热以后,研学基地也加快了建设的进度,在研学基地这种仿造适应真实的各类教学环境的学习场所中,学习往往更具有针对性。如锻炼学生体能的户外运动营地、花果蔬菜的种植体验园等,以学生的综合素质为主导,搭建适合学生的学习场所,目的只有一个,即让学生在情境中观察、体验、求知和探索,在与情境的互动中完成意义的建构,产生认知,达到学习的目的。

3.研学旅行在学习共同体中完成

不同于课堂教学强调个体的独立思考,研学旅行更加考验团队的协作能力。研学旅行相当于流动的课堂,研学导师首先与学生组合成为学习共同体,在研学场所中,研学导师起到了学生与情境交互的推介作用,引导学生去思考,而不是直接将知识点灌输给学生。学生和学生之间也是学习共同体,研学旅行要求合作学习、社会学习。如小组活动的实验,在小组合作中,需要学生判断自己在小组中的能力贡献、如何优化各组员的能力、如何分工、如何进行实验等,在完成团队协作以后,往往有更深的感悟和成就感。学生与情境中的其他人也可构成学习共同体。在常规性的具有教育功能的场所中,如博物馆,除了学生群体以外,还有游客群体。学生在与游客的互动中,构成了学生-游客的学习共同体,在这里,学生更可能获得轻松愉快、更贴近日常的学习氛围,产生新的认知。

4.研学旅行反馈于日常生活

研学旅行的核心价值是实现教育功能,而教育的主要目的在于培养符合社会主义核心价值观的人才,从素质教育到高等教育,落脚点都是日常生产生活的发展。研学旅行的主要对象是中小学生,抽象化的课堂教学、模块化的校园生活,使学生远离了生活的原貌,如学生无法从课本上知道乡村的面貌和发展,而研学旅行带学生走进真实的生活,首先让学生感知生活的原貌,构建具体客观的世界观。同时在此环节,引导学生发现问题和解决问题,提高学生应对实际情境的能力和技巧,从而在日常生活中,使学生更加容易处理问题[1]。

(四)研学旅行的意义

中小学生研学旅行是由教育部门和学校有计划地组织安排,通过集体旅行、集中食宿方式开展的研究性学习和旅行体验相结合的校外教育活动,是学校教育和校外教育衔接的创新形式,是教育教学的重要内容,是综合实践育人的有效途径。其意义具体表现如下:

(1)研学旅行是培育和践行社会主义核心价值观的重要载体。

(2)开展研学旅行活动有利于促进学生培育和践行社会主义核心价值观,激发学生对党、对国家、对人民的热爱之情。

(3)研学旅行是全面推进中小学素质教育的重要途径。

(4)研学旅行有利于推动全面实施素质教育,创新人才培养模式,引导学生主动适应社会,促进书本知识和生活经验的深度融合。

(5)研学旅行是学校教育的延伸,适应了学生日益增长的旅游需要。

(6)研学旅行是学校教育与校外教育相结合的重要组成部分,有利于提高学生生活质量,满足学生日益增长的旅游需求,从小培养学生文明旅游意识,养成文明旅游行为习惯。

(五)研学旅行产品的开发

1. 研学旅行产品的概念

研学旅行产品是适应我国研学旅行教育需求,针对学生的不同学段特点和教育目标而设计的,以校外探究式学习、综合实践体验为主要内容的产品与服务。

区别于传统游学、修学旅游、观光考察等旅行形式,研学旅行是由旅游部门、教育部门和学校有目的、有计划地组织安排,通过集体旅行、集中食宿方式开展的研究性学习和旅行体验相结合的校外教育活动,是学校教育由校内向校外延伸的一种创新教育形式,是综合实践育人的有效途径。本质上,研学旅行是以教育为主要目的,以研学内容为主题,以校外旅行为载体的"教育+"产品,而非"旅游+"产品。同时,研学旅行产品也是一个集课程、基地、线路、导师,以及配套服务要素等为一体的综合服务体系。这些构成因素相辅相成,缺一不可,共同服务于研学旅行活动的顺利开展。其中,研学旅行课程是前提和基础,旅行线路是载体和形式,研学导师、辅导员等人力因素是产品价值实现的推进者,研学基地、景区、餐饮、住宿、交通等配套服务要素是研学旅行产品的保障体系[2]。

参照国家文化和旅游部发布的《研学旅行服务规范》(LB/T 054—2016),按资源类型可将研学旅行产品划分为五类,即自然观赏型产品、知识科普型产品、励志拓展型产品、体验考察型产品和文化康乐型产品。

---

[1] 吴水田,易静玉.情境认知视角下研学旅行的特征及其教育功能实现[J].江苏商论,2020(4):47-51.
[2] 博雅方略研究院.如何推进研学旅行产品高质量发展[N].中国旅游报,2019-08-23(6).

2. 研学旅行产品存在的问题

(1) 研学旅行产品形式单一。

研学旅行市场的研学旅行产品多以观光科普为主，缺少深度体验性、探究性的产品。产品设计总的来说比较单一，缺乏针对性。研学旅行产品的设计应综合考虑区域特色、学生年龄特点和各学科教学内容等因素，注重科技、文化的融入及创新，增加产品的趣味性、体验性和知识性。

(2) 研学旅行产品名不副实。

研学旅行是学生集体参加的有组织、有计划、有目的的校外参观体验实践活动，是集研究性学习和旅行体验相结合的活动。而目前大多数研学旅行产品都只是在常规旅行产品的基础上，添加少量研学元素，有的甚至是直接将常规旅行产品"克隆"并套用在研学旅行产品上，如单纯的留学国家研学游、名校参观一日游等，并不能达到研学旅行产品的内涵高度。

(3) 旅游安全仍是制约研学旅行的首要问题。

安全是研学旅行得以开展的首要影响因素。研学旅行产品的消费者主要是学生，其自我保护意识、自我生存意识较为薄弱，危险系数更大，这就更加需要旅游组织者加强安全责任意识，做好行前、行中、行后的安全防范预案，努力规避旅游风险，全力保障学生的身心、财产及行程安全。

(4) 研学导师等专业研学旅行人才仍有缺口。

研学导师是指导研学旅行活动正常开展的关键。随着研学旅行活动的盛行，专业的研学导师成为一大缺口，于是不少旅行社的导游摇身一变成为研学导师，其教学技能、专业素养显然不能达标，为此，国内陆续出现了一些标榜资格认证的研学导师培训机构，且不论这些机构是否有研学导师的认定审核资质，其是否建立了长效培训机构，培训内容是否规范和合乎要求，仍是有待商榷的问题。

(5) 研学旅行产品缺乏评价标准和评估体系。

通常情况下，教育机构开发一项新的教育课程，会依据一定的课程评估标准对课程进行前测和后测，然后运用统计学方法来检验学生课程前后的差异是否显著，从而评判该课程是否有效，而目前的研学旅行产品没有一定的评估标准，也没有任何的监督机制和评估体系。学生参加完研学旅行活动后，在自我认知能力、生活能力、思想道德、组织纪律等各方面有无成效，单纯地通过研学心得分享、研学成果展示、研学作业完成等方式不能客观地论证，也不足以说明研学旅行产品的好坏。因而，为保证研学旅行产品质量，规范研学旅行市场，建立完善的研学旅行产品质量监督体系和研学效果评估机制显得尤为迫切。

3. 研学旅行产品开发的原则

在指导思想上，研学旅行承办方应根据主办方要求，紧密结合不同学段特点、教育目标和地域特色，多层次、分梯度、多维度地设计研学旅行产品，在产品开发中要遵循以下四个原则。

(1) 教育性和知识性原则。

研学旅行产品设计除了要求具有传统旅游产品设计思维外，更要立足教育层面，以实践育人为导向，把课本知识活动化，把活动教育化。

(2)层次性和梯度性原则。

以《教育部等 11 部门关于推进中小学生研学旅行的意见》为指导,应针对不同学段特点和教育目标,设计研学旅行产品。小学一至三年级的研学旅行活动,以乡土乡情研学为主,宜设计知识科普型和文化健康类型的产品;小学四年级至六年级的研学旅行活动,应以县情市情研学为主,宜设计知识科普型、自然观赏型和励志拓展型的产品;初中年级的研学旅行活动,应以市情省情研学为主,宜设计知识科普型、体验考察型和励志拓展型的产品;高中年级的研学旅行,应以省情国情研学为主,宜设计体验考察型和励志拓展型的产品。

(3)地域性和体系性原则。

针对当前研学旅行市场产品同质化现象,各地应充分发挥本地研学资源优势,设计主题化、体系化的地域研学旅行产品。

(4)开放性和灵活性原则。

在研学旅行产品的设计中,要充分运用开放性和灵活性原则,改变已有的学习形态和方式,拓宽学生视野,激发他们的创作热情和创新意识,提升他们的创新能力,以适应国家培养创新型人才的内在需求。

4.研学旅行产品开发的环节

研学旅行教育产品的核心是研学旅行课程,参照美国教育学家泰勒的现代课程理论,研学旅行课程的设计可分为确定课程目标、精选课程资源、组织课程实施、开展课程评价等四个环节。

(1)明确研学旅行课程的目标体系。课程目标是研学课程设计的首要环节,在整个研学旅行活动中具有导向作用。研学旅行课程目标体系包括研学教育目标、在地教育目标和教学细分目标三个方面。

①研学教育目标:指研学旅行课程的设计要以激发学生爱国主义精神、提升学生综合素质、培养学生文明旅游意识为根本目标,以培养学生动手动脑、生存生活、社会交往等能力,促进学生身心健康、体魄强健、意志坚强,形成正确的世界观、人生观、价值观为具体目标。

②在地教育目标:指综合考虑学生需要、年龄特征、学校的育人目标和课程规划、当地社会资源、学科专家建议等多方面信息而确定的研学旅行课程目标。

③教学细分目标:指在国家研学教育目标的引导下,围绕课程目标和主题,设计的若干教学子目标及细分方向。

课程目标设计有两个思路,一是结合学生当前学科知识进行延伸拓展来设计研学旅行课程目标及方向,这样设计的研学旅行课程目标与学科目标一致,二者相互补充,在强化学科教学目标的同时,也有助于帮助学生进一步巩固学科知识。二是围绕学生综合素养发展,结合当地研学课程资源的类型、特点设计研学旅行课程目标与方向,这种方式可形成具有地域特征的个性化研学旅行产品。如杭州西湖研学旅行课程,充分结合西湖特征,将研学旅行课程主题分为自然、历史、人文、科学、艺术等不同方向,同时根据学生身心特点、接受能力和兴趣需求等,设计出多层次、多时段、多主题的西湖研学旅行课程体系。

(2)多主体参与选择设计研学旅行课程资源。研学旅行课程资源是研学旅行课程设计的支撑要素和实施载体。一切具有教育价值、研究价值、科学价值、社会价值,并且可开发运用于研学旅行课程设计的资源都可以成为研学课程资源。

以课程设计者为主导的课程资源开发,主要通过研学资源实地调研、专家评价、模拟游线路设计等方式,精心选择与研学旅行课程相匹配的资源,确定研学旅行目的地和研学旅行线路,并在此基础上,根据研学旅行课程子目标选择和设计供学生以小组为单位进行探究的课程资源。

以学生为主体的课程资源开发,主要鼓励学科教师、研学导师和学生参与,引导他们适当参与研学旅行整体方案设计,把课程资源的设计权交给对方,让学生在研学旅行过程中自主生成课程资源。

(3)明确研学导师在课程实施中的主导作用。研学旅行课程实施的关键是研学导师。区别于传统学校的教师与一些培训辅导机构的教师,研学导师要参与制定学校研学旅行方案,负责制订研学旅行教育工作计划,并在领队老师、辅导员等人的配合下为学生提供优质的研学旅行教育服务。因而,研学导师对教师的教学技能水平和综合素质水平都提出了更高的要求。

在研学旅行课程实施中,研学导师要带领学生严格按照课程目标要求及工作计划内容,深入研学旅行目的地进行实地参观、亲身体验、探究学习,避免"走马观花""旅行暴走"等伪研学行为。

(4)全方位、多角度开展研学旅行课程评价。课程评价的目的是要全面检验研学旅行课程设计及其实施情况与效果,它贯穿研学旅行课程的课前、课中、课后的全过程。研学旅行课程评价的过程实质上是一个确定课程与教学实际达到课程目标程度的过程,主要由教育部门或学校主导进行。

研学旅行课程评价,可分阶段针对课程内容、课程准备、课程推进情况、研学导师表现、学生研习效果等进行多角度评价。目前常用的课程评价方式有研学心得的分享、研学成果的展示、研学成绩的认定等,表1-7即为研学旅行中体验式学习的评价标准。

表1-7 研学旅行中体验式学习的评价标准

评价阶段	教师指导	学生学习	学生学习评价方式
行前: 获取间接经验阶段	方式多元,如通过讲座、视频、网站、学生作品等方式了解知识及知识的形成过程;方式能够调动学生的积极性	了解知识要点;知道知识脉络及形成过程;明确自身需要关注的重点知识	可以通过学生的听课状态、学案学习、学习任务规划等进行评价
行中: 获取直接经验阶段	活动形式与场馆资源和环境契合,活动内容指向课程目标,活动方式有趣;观察学生状态,适时进行指导	多感官观察、感知情境;识别和辨析情境中的多种信息;理解情境中的各种信息及关系,提出问题	可以通过学生的体验状态、参与程度、是否提出有价值的问题、学案学习等进行评价

续表

评价阶段	教师指导	学生学习	学生学习评价方式
行后：整理经验阶段	对经验本身进行概括与提升；用适当的形式激活学生的体验，组织不同经验的深度交流，诊断并指导学生完善自己的经验；对学习过程与结果进行评价；构建学习过程与结果的评价标准，比较不同价值观并做出归纳和总结，适当指导学生的评价	对信息进行梳理，形成观点或作品；分享自己的观点或作品；吸纳他人的观点或作品，完善自己的经验。依据标准对自己和他人做出适当的评价；对评价标准能够提出个人见解	可以通过学生的作品、交流表达、参与程度、学案学习、对标准修改完善的重要贡献度进行评价
应用：检验经验阶段	适时指导学生的应用	将自己的经验应用于新的情境；有意识地进行思考，进一步完善自己的经验	可以通过学生的实践参与、交流表达、学生作品等进行评价

研学旅行课程的具体评价内容主要包括评价原则、成果形式、评价标准、评语编写、建立研学记录袋[①]。

①评价原则。

全面性原则：要从学生发现问题、探究问题和解决问题，自我规划、自我管理和自我发展，合作探究和交流，科学精神、态度和价值观，创新意识和能力，公民意识和社会责任感等方面全面进行评价，包括学生的个性化表现和学生团队的集体表现。

表现性原则：必须依据学生在真实情景中完成任务时所表现出来的理念、态度、能力、知识等，加以研学旅行标准综合评定，即评价学生发展的核心素养。

开放性原则：依据研学内容的广泛性和现实问题情景的开放性，不能设置唯一正确的答案，要兼顾学生达成研学目标的一般情况和在某一方面的特别表现，顾及学生的个别差异进行评价，注重对发散性思维和创新思维的评价。

激励性原则：除了甄别区分功能外，要让学生通过评价认知自己的强项和潜能，激发学生学习的自信心和进取心，促进学生反思和持续发展。

②成果形式。学生的学习结果可以有多种形式，可以是一篇研究论文、一份调查报告、一件模型、一块展板、一场主题演讲、一次口头报告、一本研究笔记，也可以是一项活动设计的方案。不同学段、不同学校、不同学生可以根据实际情况采用最适合自己的方式提供研学成果。

---

① 周维国，段玉山，郭锋涛，等.研学旅行课程标准（四）：课程实施、课程评价[J].地理教学，2019(8)：4-7.

成果表达形式：图画、照片、模型、实物、录音、录像、光盘、网页、诗歌、节目、口头报告、书面报告和论文等。

成果交流方式：班报、刊物、展览会、演讲会、答辩会、研讨会、节目表演、展板、墙报等。

③评价标准。评价标准可以按等级、分数、学分、评语等形式制定，可根据实际情况选择适当的方式。高中阶段实行学分管理，评价标准按学分制定。其他学段可以采用其他方法制定评价标准。

不同评价主体的评价，如自我评价、小组评价、教师评价和社会评价等，可以采用不同的方法制定评价标准。

研学过程各个阶段可以采用不同的方法制定过程性评价标准。研学旅行整体评价的构成比例可参照目标检测40%、过程管理30%、成果评价20%、社会评估10%设定。

④评语编写。评语反映学生在研学过程中客观、真实的表现。导师评价要客观、真实，描述学生的真实表现。评语要充分肯定学生的优点，恰如其分地指出学生的不足，并提出中肯的建议。评语针对学生的特长和独特的优点，应作个性化的描述。

评语编写原则如下：以客观公正为标尺，勾画出学生真实的人格；以鼓励表扬为引线，点燃学生希望的火花；以细腻具体为刻刀，雕镂出学生生动的个性；以亲切生动为雨露，滋润学生干渴的心田；以含蓄委婉为清泉，冲淡学生心头的阴影；以精炼优美为画笔，描绘学生五彩的生活。

⑤建立研学记录袋。研学记录袋记载学生研学过程、学习成就、持续进步等全部表现，包括活动记录、研学成果、评价结果和其他相关资料。

记录袋装有学生自主收集课题的研究方案、活动记录（如观察日志、调查表、访谈记录、实验记录、导学卡等）、研究成果（如研究报告、小论文、作品等）、学生的自我评价、反思和体会，教师、同学和家长的评价等信息资料。

记录袋档案详细记录学生能力培养和素养形成的路径轨迹，记录的资料要求全面、完整和真实。

记录袋的形成也要发挥学生的作用，让学生参与设计制定评价量表和档案袋内容及形式。

记录袋要有学生在研学实践中所获得的体验，如学生的自我陈述以及小组讨论记录、活动开展过程的记录等。

记录袋要有学生学习和研究的方法和技能的掌握情况，如在研学旅行各个环节查阅和筛选资料，对资料归类和统计分析；使用新技术，对研究结果的表达与交流等。

记录袋要反映学生创新精神和实践能力的发展，记录学生从发现和提出问题、分析问题到解决问题的全过程中所显示的探究精神和能力，通过活动前后的比较和几次活动的比较来反映发展过程。

记录袋装有学生的学习结果，如一篇研究论文、一份调查报告、一件模型、一块展板、一场主题演讲、一次口头报告、一本研究笔记、一项活动设计的方案等。

记录袋有对学生研学实践的态度的评价，如是否认真参加每个活动，是否努力完成所承担的任务，是否做好资料积累和分析处理，是否主动提出研究和工作设想、建议，能否与他人合作、采纳他人意见等。

5. 研学旅行线路的开发

(1)研学旅行线路的设计要素。

研学旅行线路是研学旅行活动的实践和形式,其设计要以研学旅行课程为指导,强调线路的主题性、内容的创新性和行程的安全性等三个要素①。

①课程为纲,强化研学线路主题。研学旅行课程是指导研学旅行活动开展的重要行动指南。研学旅行线路的主题、内容及环节设置、目的地选择,甚至人员配备、服务支撑等,均要以研学旅行课程为基础并在其指导下来进行。任何脱离研学旅行课程指导的研学旅行线路只能是传统的旅行线路产品,而非研学旅行产品。

②创新内容,深化研学独特体验。区别于一般旅游线路,研学旅行线路是建立在知识启发性、深度体验性、团体配合性等活动内容基础之上的,以探究性学习为目的的旅行过程,这就要求研学旅行内容设计要有创新性和开拓性。

a. 科普探秘类线路设计。

注重思维启发:激发学生科学兴趣和热情,培养动手动脑能力。

b. 自然生态类线路设计。

注重课堂知识的植入:充分发展生态旅游资源的自然、历史、文化、科学信息与学生的学科知识有机融合嫁接,充分释放该类线路的知识性和美学观赏性。

c. 历史文化类线路设计。

强调浸入式体验:通过文化氛围营造、互动式活动体验,提升历史文化研学的代入感和体验感。

d. 爱国主义教育类线路设计。

强调古今对比融合:让学生在了解革命先烈们的英勇事迹、触摸可歌可泣历史的同时,看到现代国家的富强繁荣,油然而生民族自豪感、历史使命感和爱国主义精神。

e. 励志拓展类线路设计。

强化情感自我认同:以强身健体健康心态为根本,通过名校参观、典型学习、志愿者活动、集体户外拓展等形式,强化学生自我价值认同,培养其积极的人生态度。

③强化安全,保障线路实施。在研学旅行线路设计的过程中,要谨记"安全第一,预防为主"的旅游安全管理工作方针,做好前期实地考察,将安全防范贯穿整条旅游线路。

研学旅行线路的实施要做到行前有预案、行中有保障、行后有总结。行前要有线路备选方案、突发事件应急预案;行中要有安全保障、交通保障、住宿保障、餐饮保障、游览服务保障及教育服务保障;行后应及时汇总分析各方面反馈信息,明确产品中的主要缺陷及发生质量问题的原因,持续优化研学旅行产品设计和服务质量。

(2)研学旅行线路设计。

研学旅行线路由研学旅行地点串联而成,不只是旅行交通路线,更是研学过程逐步展开的探究路线。广义研学旅行线路,可以串联研学旅行基地、营地。狭义研学旅行线路,可以是空间尺度较大的研学旅行基地内部的研学线路,串联研学旅行实践点。研学旅行线路的选定和

---

① 博雅方略研究院. 如何推进研学旅行产品高质量发展[N]. 中国旅游报,2019-08-23(6).

设计,必须符合相关标准[①]。

①线路标准。

a. 所经由的地点、道路能合法开展研学活动。

b. 安全条件、措施与交通服务设施完善,不受自然灾害或人为危害的威胁。

c. 具有研学旅行产品性质,可以作为一次研学旅行的预订产品。

d. 遵照研学旅行课程标准,可以据此完成一次研学旅行的全过程和全部任务。

e. 研学资源、产品和设施集中,具有一定的典型性和代表性。

f. 旅行路线合理,便于开展研学,时程长短适宜。

g. 积累一定的研学旅行经验,研学活动效果好,线路设计比较成熟、稳定。

h. 能兼顾集体旅行与集中研学的良好成效,能避免"只研不旅,只旅不研"的现象发生。

i. 管理、运行、维护的体制、机制完善,能可持续发展。

j. 具有一定的弹性,适用面较广。

k. 设计和投产程序符合规范,由教育主管部门及交通等相关部门批准、监管和评估。

②线路设计。

a. 实地勘探,确定走向、路程和时程,把握好旅行效率与研学效益之间的关系。

b. 规划沿线交通、服务设施,必须支持研学旅行课程的实施,通过教育、交通等相关部门的评审。

c. 设计适应天气变化的沿线休憩、服务设施,配置医疗卫生设施、公共厕所等。

d. 配置研学旅行课程实施所必需的沿线指示、解说设施。

e. 配置安全保障机构,预警、警示设施。

f. 规划管理体制、机制。

③线路类型。

研学线路分专题型和综合型两种。专题型研学线路是研学某一专门主题旅行线路,包括地理类、自然类、历史类、科技类、人文类、体验类等方面的专题线路。综合型研学线路是多学科、多领域综合研学的旅行线路,关键是探究不同主题之间的关系。专题型和综合型研学线路均可用于小学、初中和高中等学段,但其综合程度不同。此外,研学旅行线路分为国家、省、市、县等级别。

6. 研学旅行实践点设置

研学旅行实践点是开展研学活动的具体地点,可在相应的实践点开展不同的研学任务。研学实践点的选择和设置,必须符合研学旅行课程标准实践点选取标准。

(1)实践点标准。

a. 研学旅行线路上,研学资源、产品、设施集中,具有地方特色。

b. 地势较为平坦、相对开阔的地区,能够支持集体集中研学活动。

c. 符合研学旅行线路规划,满足研学旅行课程、专题研学活动开展的要求。

d. 不是人流量大、商业活动较密切的场所。

---

① 袁书琪,李文,陈俊英,等.研学旅行课程标准(三):课程建设[J].地理教学,2019(7):4-6.

e. 不是自然灾害、人为危险经常发生的地方,应急预案、应急设备配置齐全。

f. 向教育和相关部门报备,接受教育部门监管、评估。

(2)实践点研学任务。

a. 依据研学目标,遵照研学课程标准,编制实践点研学任务清单。

b. 围绕实践点研学主题,面对真实情景,激活习得知识,现场收集信息。

c. 体验现实复杂情境,发现与主题有关的问题,提出问题。

d. 应用有关信息、知识,通过思考和实践,分析问题,探究问题机制、成因。

e. 针对现实问题,提出解决问题的措施。

f. 实践点任务的数量和难度应有弹性,以适应不同学段的需求。

g. 研学形式多样化、合作化。

h. 研学成果提高到学科核心素养和学生发展核心素养,促进学生持续发展。

实训项目三

主题游产品分析报告

1. 项目内容要求:从旅游网站已有的主题游产品类型入手,围绕主题游产品类型、热门目的地城市、景点资源、行程安排、服务特色、产品特点等方面进行分析,撰写产品形态分析报告。要求选择的主题游产品经典并具有代表性,能概括出所选产品的主要特征,分析思路清晰,小组报告通过 word 和 PPT 两种形式,在课堂上汇报展示并讨论。

2. 项目评分标准:本项目考核分为两个部分,所占分值比例为

项目总成绩=主题游产品分析报告(占70%)+汇报PPT(占30%)

3. 考核评价指标体系:见表 1-8。

表 1-8 主题游产品分析报告考核评价指标体系

一级指标	二级指标	能力要求
主题游产品分析报告	旅游资源分析完整度与准确度(30%)	线上调研能力、分析能力、概括与综合能力、文字表达能力、团队合作能力
	行程内容与服务特色分析准确度(40%)	
	产品类型特征总结完整度(30%)	
汇报 PPT	PPT 制作精美度(50%)	PPT 制作能力、汇报讲解能力
	PPT 内容完整度(50%)	

第二篇

一日游产品设计实训

第二篇

一 从日常品中攻心

教学内容说明

一日游产品设计实训是在旅游产品设计理论的基础上,以组为单位,通过一日游活动的行前活动准备、行中考察实践、行后总结反思等环节的锻炼,让学生了解地区特色文化与旅游资源,熟悉和掌握不同类型主题产品的设计技巧,在旅游实践中发现问题、分析问题和解决问题,进而理解旅游产品设计的原则,为创新主题游产品设计积累经验。同时培养学生创新意识,使学生时刻关注地方旅游业发展,在实践中感受服务社会的职业精神,着力提升学生旅游产品设计、项目策划、产品调研、组织协调、讲解与宣传等综合能力和创新思维。

 项目实训指导说明

"一日游产品设计实训"的项目主题,主要根据旅游市场发展趋势,结合地方旅游资源而设定。项目数量依据实际教学条件确定,建议以3~4个实践项目为宜,学生选择不同主题分组完成一日游产品设计,并分别组织实施。实践内容按照旅游产品的设计流程,即主题确立—行前资源考察—调查问卷与产品设计方案制订—课前各项资料准备—活动组织与导游讲解—现场讨论与反思,分步骤有序开展。教材中提供了红色主题、研学主题、唐文化主题和亲子主题的一日游产品设计流程和要求,仅供参考。

 学生能力要求

学生应具备项目策划能力、资源整合能力、产品设计能力、创新能力、文案撰写能力、语言表达能力、问卷设计与调研能力、组织协调能力、人际交流能力、导游讲解能力、综合分析能力、宣传文案的编辑与创作能力。

 学时分配

24学时。

 思政元素

1.2022年4月25日,习近平总书记到中国人民大学考察调研时指出:"希望广大青年用脚步丈量祖国大地,用眼睛发现中国精神,用耳朵倾听人民呼声,用内心感应时代脉搏,把对祖国血浓于水、与人民同呼吸共命运的情感贯穿学业全过程、融汇在事业追求中。"习近平总书记的重要讲话,为新时代大学生上好社会实践"必修课"、努力成长为堪当民族复兴重任的时代新人提供了根本遵循。

2.《教育部等部门关于进一步加强高校实践育人工作的若干意见》中指出,坚持教育与生产劳动和社会实践相结合,是党的教育方针的重要内容。坚持理论学习、创新思维与社会实践相统一,坚持向实践学习、向人民群众学习,是大学生成长成才的必由之路。进一步加强高校实践育人工作,对于不断增强学生服务国家服务人民的社会责任感、勇于探索的创新精神、善于解决问题的实践能力,具有不可替代的重要作用。

通过本篇的一日游产品设计实训活动,使学生了解社会和旅游市场,主动思考和学习如何有效开展一次旅游活动,怎样进行准备和调研,学会发现问题、分析问题和解决问题的基本思路,同时在旅游实践的过程中,不断完善自身知识体系,坚定文化自信,增强文化自觉,提升旅游综合素质和职业素养,树立正确的人生观和价值观,培养吃苦耐劳、乐于实践、勇于实践的意志品质。

思政案例

【案例】　基于深度体验的甘肃红色研学游产品开发研究

2019年8月22日,习近平总书记在甘肃考察时强调:"甘肃是一片红色土地,在中国革命历史进程中发挥了不可替代的重要作用。"革命先烈的鲜血染红了甘肃,甘肃的"红色",是革命的颜色。"不可替代"四个字,是习近平总书记对甘肃红色文化重要作用的高度概括,为我们进行红色研学旅行产品的开发调准了"音"、定好了"调"。甘肃红色研学旅行产品的开发,就是通过深度体验,"让文物说话、让历史说话、让文化说话",最终达到让参与者传承红色基因、赓续红色精神的目的。

一、甘肃省红色研学旅游发展条件与优势

(一)资源优势

甘肃红色资源十分丰富,有第一次国共合作时期中国共产党创建的早期组织,有陕甘边革命根据地,有史诗级的红军长征……无论时间空间,无论数量质量,无论内容形式,都独具特色、不可替代。

一是红色遗址遗迹数量众多、覆盖面广。目前,甘肃确定的革命遗址有682处,不可移动革命文物有483处,其中有包括岷州会议、榜罗镇会议旧址在内的重要历史事件所在旧址326个,革命领导人故居34处。甘肃还有全国爱国主义教育基地18个、省级爱国主义教育基地135个,A级以上红色旅游景区14处,中宣部确定的全国爱国主义教育示范基地18处,有"血浴河西""长征丰碑""红色沃土"三条国家级"红色旅游精品线"。

二是红色地标独一无二、影响深远。甘肃华池县是西北最早的红色政权"南梁政府"的诞生地,甘肃会宁是红军长征三大主力胜利会师的圣地,甘肃河西走廊是西路军血战河西的见证地。

三是红色文化独树一帜、特色鲜明。甘肃红色文化遗产遍布全省13个市州的71个县区,形成了蔚为壮观的红色文化遗产链。具体来看,庆阳市的革命遗址最多,在大革命时期、根据地时期、长征时期、解放战争时期都留下了丰富的革命遗址;陇南市和白银市的革命遗址多为红军长征和解放战争时期留下的;张掖市的革命遗址多形成于红西路军血战河西时期;天水、甘南、定西、兰州……红色文化遗产数不胜数,可以说陇原大地是"红色"的。

(二)品牌优势

目前,甘肃全省已培育"红色沃土""长征丰碑""浴血河西"三大红色旅游品牌,并形成了三条红色旅游精品线路;4A级红色景区8处;有包括红军长征红色旅游系列景区在内的16个红色景区进入全国红色旅游经典景区名录。甘肃的会宁红军会师旧址、两当兵变纪念馆、哈达铺红军长征纪念馆、岷州会议纪念馆、八路军兰州办事处纪念馆、华池县陕甘边区苏维埃政府旧址、古浪县红西路军古浪战役遗址等红色革命圣地在全国有一定的知名度。

二、甘肃省红色研学旅行开发现状与存在的问题

(一)甘肃省红色研学旅行产品开发现状

目前,甘肃省红色研学旅游参与者主要是旅行社、景区和社会培训机构,学校较少参与。2016年11月,由教育部、国家发改委等11部门印发的《关于推进中小学生研学旅行的意见》(以下简称《意见》)明确指出,研学的根本目的是"立德树人、培养人才",帮助中小学生"了解国情、热爱祖国、开阔眼界、增长知识",让研学成为"四个教育"(理想信念教育、爱国主义教育、革命传统教育、国情教育)的重要载体。同时,教育部等部门明确研学的性质是"公益性原则",不得"以营利为目的"。从研学游的组织者来看,《意见》明确中小学生研学旅行是"由教育部门和学校"组织安排,具体操作上可以"自行开展或委托开展"。从红色研学产品开发模式上看,旅行社、景区和社会培训机构更多采用定制开发的模式,而学校则要兼顾学生的学习特点、学习目的以及资源获得的便捷性、经济性、安全性等,并且遵循四个原则——教育性、实践性、安全性、公益性。"红色文化+"是甘肃省红色研学旅行产品开发的主要切入点,目前,已经成熟并有一定知名度的红色研学旅行产品主要有:以红色高台为核心打造的"西路军红色征程之旅",以红色会宁为核心打造的"长征会师胜利之旅",以红色南梁为核心打造的"南梁精神红色记忆之旅"等。这些红色研学产品,主题鲜明、特色突出,融实践性、体验性为一体,是成功的理想信念教育和革命传统教育,也是生动的国情教育和爱国主义教育。

(二)甘肃省红色研学旅行产品开发存在的问题

自2012年《甘肃省红色旅游发展规划》实施以来,甘肃红色旅游和红色研学游取得了长足进展,但与陕西、山东、江西、湖南、河南、河北等省相比,仍存在明显的不足。

1.红色研学旅游资源缺乏系统整合与规划

甘肃缺乏对红色研学游整体的规划与资源整合,甘肃红色研学旅游品牌没有形成合力。客观来说,甘肃省红色资源丰富,量大面宽,红色研学资源整合起来难度很大,但这也是机遇,可以借鉴山东省以"沂蒙精神"、陕西省以"游访圣地、问学延安"为核心打造红色研学产品的经验,通过整合相关或相近的红色研学资源,形成红色研学游的"甘肃特色",打造红色研学游产品的"甘肃样板"。

2.红色研学游教育理念未充分体现

研学游,"游"是形式,"研""学"是内容,要做到"研"有深度,"学"有高度。国务院明确指出研学游的目的是"在青少年中开展爱国主义和革命传统教育、国情教育"(《关于促进旅游业改革发展的若干意见》)。教育部指出研学的目的是"帮助中小学生了解国情、热爱祖国、开阔眼界、增长知识"(《意见》)。但是,研学游本身"游学相伴"的特征,容易造成"游"大于"学"甚至只"游"不"学"的情况发生。

3. 红色研学游体验方式单一

研学游要做到研有所学、研有所思和研有所悟，体验方式很关键。目前甘肃红色研学旅游产品，大多缺乏现代化的动态式和参与式的展示，缺乏深入的体验。体验方式单一主要表现在形式和内容两方面。从形式上来说，主要是跟随讲解观看图片或文物、欣赏影视作品或演出，安排相对紧凑，缺乏"悟"的足够支撑，效果欠佳；从内容上来说，红色研学游产品同质化严重，文化差异性不大，缺乏对特色文化的概括和内涵深度的提炼。

4. 红色研学游实践人才的培养机制不成熟

研学游要做到研有所学、研有所思和研有所悟，研学导师很重要。一个优秀的红色研学导师，要有理想信念、家国情怀，还有要积极的情绪和勇于、善于探究的职业素养。研学导师是研学内容的实施者，也是研学效果的主导者，其通过深入研究、主动参与、亲身体验，让红色情景复现，让参与者受到感染，达到深化研学的目的。红色研学游实践人才包括研学游产品的设计开发者和推广者、研学导师等，但目前缺乏对红色研学游实践人才的培训、认定、考核和管理机制。

三、甘肃省红色研学游产品开发思路与对策

（一）甘肃省红色研学游产品开发总体思路

一是以红色文化为主旋律、地域文化为补充，确定一系列主题明确、内涵清晰、影响突出的文物和文化资源。甘肃红色文化资源丰富、禀赋独特，如果开发推广得当，甘肃红色研学游将是一片沃土。因此，甘肃红色研学产品的开发设计，要紧扣文化内涵，从教学目标、课程设置、参与方式、效果呈现，以及针对不同的目标受众进行课程设计与体验项目拓展等方面，让红色故事讲起来、红色声音响起来、红色资源活起来。

二是甘肃红色研学产品建设方案与旅游发展深度融合，使红色文化真正"可游""可感""可知"，真正实现从"旅行"到"研学"的跨越。

三是树立"立足甘肃，面向全国；突出重点，打造龙头；错位互补，各具特色"的发展思路。要因地制宜做好红色研学旅行课程资源开发工作，开发一批育人效果突出、富有地域特色的红色研学旅行活动课程，推动建设一批具有良好示范带动作用的红色研学旅行基地，做到走出去、引进来，与周边地区加强互动交流，打造一批主题多样、形式灵活的红色研学旅行精品线路。

（二）甘肃省红色研学游产品开发对策

1. 以差异化为抓手，整合研学资源

紧紧抓住黄河流域生态保护和高质量发展的重大机遇，以红色旅游景区、红色研学基地和党性教育基地、爱国主义教育基地等为载体，延伸红色研学游产品链，积极推动红色研学游与生态旅游、乡村旅游、工业旅游等有机结合；以会宁县红军长征会师旧址、迭部县腊子口战役遗址、宕昌县哈达铺红军长征纪念馆等在全国有影响力的重点红色景区为核心，发挥重点景区"珍珠链"和重要遗址"葡萄串"的辐射效应，带动甘肃全域红色研学游发展。

一是借鉴陕西"游访圣地、问学延安"的成功经验，整合甘肃省红色旅游资源，着力打造"长征丰碑、红色陇原"的甘肃红色研学文化品牌。"游访圣地、问学延安"的成功，让延安经济实现了"油主沉浮"向"游主沉浮"的华丽转变。总结其经验，第一，延安以红色研学为主题，建设了

一批包括中国延安干部学院、延安党校、南泥湾干部学院等知名干部培训机构和杨家岭革命旧址、枣园革命旧址等全国红色旅游经典景区在内的高质量红色研学游基地。第二，延安的红色研学课程有很强的针对性和体验性。根据不同研学主题、参与者年龄等，研学课程的教学形式多样，如图片展示、现场讲解、观看演出等，使红色景点和演出成了接受思想洗礼的生动课堂。以陕旅集团西安唐乐宫倾力打造的大型红色历史舞台剧《延安保育院》为例，舞台理念和设备极为先进，乐、舞、歌与声、光、电、水、雾的配合恰到好处，让观众有身临其境的感觉。《延安保育院》之所以获得巨大成功，在于深度挖掘第一手珍贵史料，在于独特的视角，还有大胆运用现代舞台剧的表现形式，具有较高的思想性、艺术性和观赏性，让研学旅行活动更具参与性、实践性和体验感。此外，《延安保育院》也完全契合"弘扬延安精神，追寻红色足迹"的主题。

二是完善红色研学旅行实践教育的政策制度体系，将红色研学纳入学校教育体系。《意见》明确提出"将研学旅行纳入中小学教育教学计划"，并且明确了从小学到高中不同的教学目的和课程体系。

三是推动甘肃红色研学游跨省联动，串联陕甘川宁青新西北红色研学游优质线路。以庆阳市为例，其和陕西省咸阳市、铜川市作为陕甘边区的重要组成部分，刘志丹、谢子长、习仲勋等老一辈革命家曾长期在这里战斗和生活，为中国共产党领导中国革命从低谷走向胜利作出了重大贡献，也为我们留下了大量弥足珍贵的革命历史遗存。目前庆阳市与咸阳市、铜川市联手打造了9条"陕甘边红色研学旅游"精品线路，这些线路以红色精神为引领，充分展现革命先烈、仁人志士在保家卫国中作出的重大贡献，为开展红色研学旅游提供了新路径。

2. 以爱国主义教育为核心设计理念，进行红色研学游产品的设计开发，要紧紧围绕教育部"三个有利于"

围绕"有利于促进学生培育和践行社会主义核心价值观""有利于推动全面实施素质教育""有利于满足学生日益增长的旅游需求"来设计产品，避免出现"只游不学"或"只研不游"等情况的发生，真正做到"游"要适度、"研"有深度、"学"有高度。以开展酒泉卫星发射中心和金川集团公司的研学为例，学生不仅可以直接感受大国重器带来的震撼，还可以获得劳动精神和艰苦奋斗教育，更是成功的国情教育和爱国主义教育。

3. 开发体验型红色研学旅行产品并提升服务水平，将"游""学""悟"贯穿其中

一是以红色研学为主题，打造全国教育培训新高地。开发"上新时代党课、学红色精神、传红色基因"干部教育培训基地和红色研学旅行基地，让传统的教育培训"活"起来，让峥嵘的历史"活"起来。以长征文化为例，甘肃长征文化资源丰富，概括起来，主要是"三线、三区、八节点"的空间格局。"三线"是北上会师、奔向边区和西路军征战河西三条主线，"三区"就是北上胜利会师、红色革命根据地和血沃河西，"八节点"就是俄界会议—腊子口战役、哈达铺会议、榜罗镇会议、会宁红军会师、南梁革命根据地、两当红色革命、沈州会议、临泽—高台红西路军旧址。据此，白银市可打造"红军胜利会师系列主题景园"和"西路军系列战役纪念景园"；张掖市可打造"西路军红色基因传承地"名片，打造以中国工农红军西路军纪念馆为核心的长征文化公园；陇南市可以"红军加油站"哈达铺红军长征纪念馆和两当兵变纪念馆为依托，打造"到陕北去"长征文化公园。

二是科技赋能，让红色研学更好传承。借助VR等高科技产品真实还原红色历史事件，打造沉浸式、体验式红色研学产品，让红色研学游成为传承红色基因的精神之旅。

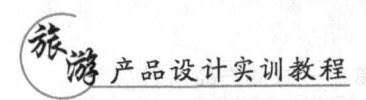

三是体现地域特色,增强时代气息。因此,要挖掘感人故事,优化研学体验;结合热点话题,创新表述方式等。

综上所述,甘肃红色研学游应着力构建具有甘肃特色的红色研学课程体系。《意见》对研学课程体系有明确的要求,从学段来看,小学是四到六年级,初中是七到八年级,高中是一到二年级;从内容来看,"小学阶段以乡土乡情为主,初中阶段以县情市情为主,高中阶段以省情国情为主"。因此,既要坚持市场导向,又要细分红色研学市场。根据不同年龄、不同学段学生的身心特点,设计相应的红色研学游路线和产品。针对小学生,以"童心向党·强国有我"为主旨,在观光和体验的基础上,适当加入一些互动环节,如"唱红军歌、吃红军饭"等,在潜移默化中融入爱国主义教育;针对中学生,以"察往知今启来者·传承精神赋新篇"为主旨,依托现代科技,增加模拟体验和红色知识竞答环节,强化爱国主义教育和党史教育;针对大学生,以"行走陇原大地·厚植革命情怀"和"请党放心·强国有我"为主旨,在更深层次上挖掘红色文化的精神内涵,将红色基因融入血脉。

总之,在红色研学旅游产品开发过程中,要以机制创新,打造红色研学的"甘肃样板";要以内外兼修,打造富有内涵的"甘肃课程";要以提质升级,采取让历史"活"起来的"甘肃行动",从而开辟甘肃红色研学旅游新境界、打造全国红色研学培训新高地,让"红色甘肃"火起来。

(内容节选自:王源远.基于深度体验的甘肃红色研学游产品开发研究[J].社科纵横,2021(6):75-79.)

思考:请根据以上材料,结合当地红色研学旅游资源,尝试分析红色研学旅游产品的设计思路和实践步骤。

一、一日游产品设计目标

一日游产品设计实训活动,要求学生达到以下目标:

(1)以组为单位,学会围绕主题与细分市场,进行资料收集与整合,并能按照旅游线路产品设计原则,设计一日游行程。

(2)掌握旅游产品问卷编制以及行前组织预案的编写要点,能制作旅游产品设计方案PPT并在课堂上讲解演示。

(3)各小组能够按照要求进行分工合作,完成一日游活动的准备、讲解、组织和协调工作。

(4)通过一日游产品的实地考察,能够对相关主题一日游产品的特点及优缺点进行分析和评价,并提出优化方案。

(5)掌握问卷调查的技术和方法,能够在景区开展调研活动。

(6)能够对一日游活动进行总结,撰写微信宣传文案。

二、实训计划

一日游产品设计实训是结合旅游产品设计理论,通过组织学生分组完成一日游主题产品方案的设计、组织、协调、实施和总结的全过程,使学生学会在实践中锻炼反思总结旅游产品设计各环节,通过产品方案的前后对比真正理解产品设计的基本原则和方法,从而为创新主题游产品设计打好基础。

(一)红色主题一日游产品设计

围绕红色旅游主题,结合旅游产品设计原则,对区域内红色旅游资源进行整合,并对吃、住、行、游、购、娱等各要素进行市场调研,设计创新红色主题一日游产品。

1. 产品内容

(1)设计重点:产品主要资源为红色革命遗址遗迹。

(2)推荐景点:如设计西安地区的"红色主题一日游线路",景点资源可包括八路军西安办事处(七贤庄)、西安事变纪念馆(张学良公馆、杨虎城止园别墅)、新城黄楼、高桂滋公馆等。

(3)活动设计应与红色旅游景区、纪念场馆所提供的服务相结合,充分挖掘革命遗址纪念地的教育功能,设计丰富多彩、形式多样的活动,如体验式文化学习活动、农耕活动、餐饮活动、购物活动等,激发游客的爱国情感与参与兴趣。

(4)餐饮点的选择应考虑到地理位置、与旅游景点的远近和餐饮特色。

(5)交通方式采取公共交通。

2. 考察与调研

(1)重点考察革命遗址或纪念馆的功能区布局、服务项目和陈列展品的类型和内容,是否能够利用影视、实景演出、AR导览、角色扮演、互动游戏、文创体验等创新文化活动形式来增强景区吸引力。通过对展馆工作人员的调研,了解红色旅游景区建立运营的基本情况和参观游客的主要类型等信息,探讨景区内开展红色教育主题活动和开发红色旅游产品的可能性。

(2)在革命遗址或纪念馆围绕游客红色旅游资源偏好、参观游览的动机、游玩满意度以及对红色主题一日游产品的看法和建议展开调研。

(3)观察红色主题实施小组的组织、协调、导游讲解等各方面工作,并进行记录。

(4)能够对红色主题旅游产品中的景点、餐饮、主题活动设计以及活动组织进行全面总结、讨论和评价,考察行程内容是否紧扣红色革命教育主题,活动的组织是否具有吸引力,并能对原有产品进行优化;能举一反三,围绕红色旅游主题,针对不同细分市场人群,如中小学生、大学生和各种团队群体提出不同旅游产品的设计思路。

3. 撰写报告

撰写红色主题一日游产品考察报告,内容包括产品设计与优化、导游讲解、考察调研与活动组织四个方面,并以微信公众号形式发布,截图在 Word 文档中,以"姓名+红色主题产品考察报告"为题提交作业。

(二)唐文化主题一日游产品设计

围绕唐文化主题,结合旅游产品设计原则,对区域内唐文化资源与遗址进行整合,并对吃、住、行、游、购、娱等各要素进行市场调研,设计创新唐文化主题一日游产品。

1. 产品内容

(1)设计重点:产品主要资源必须为能够反映唐文化主题的遗址或场馆。

(2)推荐景点:如设计西安地区的"唐文化主题一日游线路",景点资源可包括小雁塔-西安博物院、大唐西市博物馆、大唐芙蓉园、大雁塔-慈恩寺、大明宫遗址公园、曲江遗址公园、大唐不夜城等。

(3)活动设计除了游览唐文化遗址景观之外,还能在参观、游玩、娱乐、购物、餐饮等方面体现出唐文化元素,如唐朝历史文化、唐服饰、唐诗、唐礼、唐风、唐代建筑等,向游客充分展示唐文化的丰富内涵。

(4)餐饮点的选择应考虑到地理位置、与旅游景点的远近和餐饮特色。

(5)交通方式采取公共交通。

2. 考察与调研

(1)重点考察唐文化景区或街区的功能布局、展品、展馆以及各种服务项目和特色活动,充分调研景区的唐文化元素。通过对景区工作或管理人员进行访谈,了解景区的运营现状及景区游客的游玩情况。

(2)在唐文化遗址或景区围绕游客对目的地唐文化旅游资源的偏好、参观游览的动机、游玩满意度以及对唐文化一日游主题产品的看法和建议进行调研。

(3)观察唐文化主题实施小组的组织、协调、导游讲解等各方面工作,并进行记录。

(4)能够对唐文化主题一日游产品中的景点、餐饮、主题活动设计以及活动组织进行全面总结、讨论和评价,考察行程内容是否紧扣唐文化主题,活动组织是否具有吸引力,并能对原有产品进行优化;围绕唐文化旅游主题,针对不同细分市场人群,提出以唐文化为主题的不同产品设计思路;能够对唐文化产品中的资源及周边其他类型资源进行重组,提出更多类型的主题游产品设计思路。

3. 撰写报告

撰写唐文化主题一日游产品考察报告,内容包括产品设计与优化、导游讲解、考察调研与活动组织四个方面,并以微信公众号形式发布,截图在 Word 文档中,以"姓名+唐文化主题产品考察报告"为题提交作业。

(三)研学主题一日游产品设计

以中小学生研学活动为主题,结合旅游产品设计原则和研学游特点,对区域内研学资源进行整合,并对吃、住、行、游、购、娱等各要素进行市场调研,设计创新研学主题一日游产品。

1. 产品内容

(1)设计重点。

①研学景点的选择要突出教育意义,具有历史、文化、科学内涵。

②研学旅行产品应紧扣中小学生的四种关键能力,即认知能力、合作能力、创新能力和职业能力,参照教育部出台的《关于推进中小学生研学旅行的意见》《中小学综合实践活动课程指导纲要》《中小学德育工作指南》精神,参考中小学各学科课程标准要求,把握收集和处理信息、研究课题设立与选择、合作设计活动方案、实施实践活动、活动评价等关键节点,设置研学的活动目标、活动内容、实践形式,实现研学旅行产品安排的科学、规范、高效①。

③对产品打造必须做到:一是研学主题鲜明、健康、向上,唱响主旋律;二是研学内容教育性、时代性强,将社会主义核心价值观、中华优秀传统文化、革命文化、社会主义先进文化、法治

---

① 吴孟宇. 基于关键能力培养的研学旅行线路设计例析[J]. 福建基础教育研究,2019(4):21-23.

意识、国家安全、生态文明、民族团结和新时代楷模事迹等渗透到研学活动中;三是将正确的价值观念和积极的情感融入活动全过程;四是细微之处不放松,将日常行为规范、礼节礼仪作为团队生活的要求。

④合理设立课题,"行动"有方向。在研学产品设计过程中,设计者应能适时给予"直接面向文本和事物的学习"机会,给予基于学情的、有兴趣的、有可能做到的、高质量的问题(即研学课题),促成行前、研中、行后"有的放矢"。

⑤提高思维含量,促进"会探研"。高级认知能力,如思维能力、交流能力、自主发展能力等是研学旅行产品打造的关注点。设计研学旅行产品的关键是培养学生由独立思考、逻辑推理、信息加工等能力组成的思维能力,提高思维含量,所以设计者应关注两点:一是"研学问题的适切度",必须分年级开发,满足学生的"个性化"需求,把握好"度",问题设置必须适合学生的学力和心智,让学生经过深入思考才能完成;二是实践形式的选取,针对不同学段、不同"特质"的学生,可以安排参观、体验、简易观测、技能训练、调查、户外实验、考察等实践形式。

⑥给予合作机会,培育"社会人"。研学旅行产品中的研究课题内容及呈现方式、研究路径、研究方式方法、研究预期成果设置等,都需要充分考虑各个成员团结协作的态度和能力、交流与分享的机会和深度。产品中合作机会的安排,必须做到:基于全体成员讨论的"小组选题",不是个人自主选题;基于成员参与的"小组课题研究方案设计",不是制订"个人研究方案";小组成员"既分工、又合作"地完成研究过程,不是个人"单打独斗";综合、系统地呈现研究成果,不是个人获取信息和想法的展示。

⑦鼓励质疑创新,服务"新时代"。在研学产品设计中,创新能力培养的着力点放在两个方面:一是质疑"旧知",引导学生重新检视教材内容和惯性思维,发展批判性思维;二是鼓励、引导思维发散,增加开放性问题的设置数量。

⑧创设体验平台,助力"有梦想"。产品中研究与体验的内容可以植入"职业规划"。首先,感知职业精神,在受教育中萌发正确的人生价值取向。通过参观展览馆、纪念馆、工厂、农村、研究所,走访各行各业相关人士,了解他们爱岗敬业、精益求精的职业精神,以此教育人、鼓舞人、激励人。在研学产品中,通过提供手工业、现代工业、传统农业、现代农业、服务业等行业的工作岗位,创设生产情境,并指导学生融入工作场景,促成有所感、有所悟。鉴于能力形成具有连续性和阶段性的特点,小学、初中阶段侧重"职业体验",高中阶段则可侧重"职业规划"。

(2)推荐景点:如设计西安地区的"研学主题日活动",景点资源可包括陕西省西安植物园、雏鹰展翅航空文化科普研学基地、西安浐灞国家湿地公园、西安城墙、白鹿原影视科技劳动教育体验基地、终南山古楼观景区、西安博物院、西安世博园、西安麦草人有机农业公园、西安碑林博物馆、陕西历史博物馆、西安半坡博物馆、关中书院、关中民俗艺术博物院、长安区小峪口村非遗文化体验地、西安汉学苑(汉长安城未央宫遗址)、陕西省非物质遗产陈列馆、沣东农博园、陕西科技馆、陕西自然博物馆、大唐西市博物馆等。

(3)活动设计应符合研学目标和不同学段学生的认知能力与身心特点,活动组织应完整地与本次研学活动教育目的保持一致。若设计学生小组活动,要有明确的行前准备、行中组织和行后方案。

(4)餐饮点的选择应安全、卫生,配餐营养丰富,具有团队接待能力。

(5)交通方式采取公共交通。

2.考察与调研

(1)重点考察研学基地的功能布局、展品、展馆以及各种服务项目和特色活动,通过对景区工作或管理人员进行访谈,了解景区的运营现状及研学团队的组织情况。

(2)在景区围绕游客(尤其是研学团队)对研学游的偏好、参观动机、满意度,并对研学主题一日游产品的看法和建议进行调研。

(3)观察研学主题实施小组的组织、协调、讲解等各方面工作,并进行记录。

(4)能够对研学主题一日游产品中的景点、餐饮、主题活动设计以及活动组织进行全面总结、讨论和评价,考察行程设计是否符合学生学段特点,是否能够结合课本有的放矢进行活动设计,并能对原有产品进行优化;围绕研学主题,能够针对不同学段学生,提出不同研学主题游产品的设计思路。

3.撰写报告

撰写研学主题一日游产品考察报告,内容包括产品设计与优化、导游讲解、考察调研与活动组织四个方面,并以微信公众号形式发布,截图在 Word 文档中,以"姓名+研学主题产品考察报告"为题提交作业。

【拓展阅读】　　首批"西安市中小学生研学旅行实践教育基地"名单

(1)大唐芙蓉园景区;

(2)雏鹰展翅航空文化科普研学基地;

(3)陕西省西安植物园;

(4)西安市唐少阳文化研究院;

(5)西安浐灞国家湿地公园;

(6)西安城墙;

(7)白鹿原影视科技劳动教育体验基地;

(8)麦草人有机农业公园;

(9)终南山古楼观景区;

(10)西安爱菊健康文化体验园;

(11)贾平凹文化艺术馆;

(12)9号宇宙;

(13)"飞翔梦"航空体验基地;

(14)西安博物院;

(15)鲸鱼沟竹海风景区;

(16)西安战狼户外拓展训练营;

(17)陕西秦美研学旅行实践教育基地;

(18)西安教育电视台;

(19)八路军西安办事处纪念馆;

(20)西安世博园。

(四)亲子主题一日游产品设计

以亲子游为主题,结合产品设计原则及亲子游市场特点,对区域内相关资源进行整合,并对吃、住、行、游、购、娱等各要素进行市场调研,设计创新亲子主题一日游产品。

1. 产品内容

(1)设计重点。

①亲子游产品的设计要兼顾孩子和父母两方面的旅游需求,既能够让孩子放松身心、陶冶情操、增长知识和阅历、锻炼社交能力,又能满足家长休闲娱乐、增进亲情的需求。在活动设计中,要寓教于乐,家长也要参与进去,与孩子共同发现、共同感受、共同成长,注重亲子互动,促进父母和孩子的情感交流;形式可以一方为主,兼顾另一方,或者二者并重。

②亲子游的景点选择需满足父母和孩子的共同需求,如能满足亲子踏青游园、温泉戏水、农场采摘、手工制作、动植物观察、科学探索等需求的景点。

③不同年龄层孩子的需求和对产品的价值观念是不同的,行程中的活动项目要以亲子合作、亲子互动、生动有趣、操作性强等特点为主。对于学龄前的小宝宝,亲子游的重点是让宝宝们亲身去感知世界,激发孩子的好奇心和求知欲,使父母与孩子在"并肩作战"的互动中,感受到一份独特的天伦之乐,其在行程的安排和专业人员的配备上更需加大投入,以保障活动的安全性;对于已上学的大孩子来说,要注重实现增进孩子知识和增长社会见闻的需求,特别是初、高中生家庭更青睐参与性强的人文娱乐体验产品。

(2)推荐景点:如设计西安地区的"亲子主题一日游产品",景点资源可包括西安植物园、白鹿仓景区、白鹿原影视城、泾阳绿优农场、泾阳龙泉公社、陕西历史博物馆、西安城墙、西安碑林博物馆、沣东农博园、秦岭野生动物园、陕西科技馆、西安浐灞国家湿地公园、西安世博园、西安麦草人有机农业公园、曲江海洋馆、陕西自然博物馆等。

(3)餐饮的选择要合理兼顾成人和孩子的就餐特点,丰富营养的食物更容易满足亲子市场的需求。

(4)交通方式采取公共交通。

2. 考察与调研

(1)重点考察亲子游景区的功能布局和各种服务项目以及特色活动,通过对景区工作或管理人员进行访谈,了解景区的运营现状及亲子游的组织情况。

(2)在景区围绕亲子游客的偏好、参观动机、满意度,并对亲子主题一日游产品的看法和建议进行调研。

(3)观察亲子实施小组的组织、协调、讲解等各方面工作,并进行记录。

(4)能够对亲子主题一日游产品中的景点、餐饮、主题活动设计以及活动组织进行全面总结、讨论和评价,考察行程设计是否符合孩子年龄段特点,活动组织要兼顾父母和孩子的需求,并能对原有产品进行优化;围绕亲子主题,能够针对不同年龄段的亲子家庭,结合区域内资源,提出不同亲子主题游产品设计思路。

3. 撰写报告

撰写亲子主题一日游产品考察报告，内容包括产品设计与优化、导游讲解、考察调研与活动组织四个方面，并以微信公众号形式发布，将截图放在 Word 文档中，以"姓名＋亲子主题游产品考察报告"为题提交作业。

三、实训指南

（一）实践课前准备

1. 课前资料与知识准备

（1）收集目的地所有主题旅游资源。

（2）对收集到的主题旅游资源进行整合与分类。

（3）根据主题旅游资源所处的位置及线路设计原则对其进行组合，看能设计出多少条主题旅游线路。

（4）根据不同的市场人群核心需求，结合收集到的主题旅游资源，针对某些主题线路进行活动设计，看看有多少种思路。

（5）查找国内设计较好的主题游产品，了解其走法和活动设计，看看对自己的主题线路设计有何启发和借鉴。

（6）查找国内外知名的主题旅游景区、展馆、博物馆资料，了解其资源、功能区布局、展陈手段、讲解方式、活动组织，看看对将要去参观的旅游景点有哪些可以借鉴的地方。

（7）思考主题游产品设计的关键点和难点。特别注意：①旅游产品设计首先考虑空间组合形式，即路线的合理性，所以必须借助地图，并能绘制简易线路图。结合导航地图和交通方式，对景点之间的距离和时间精准判断，才能实现线路走法的基本合理。②对于 Citywalk 式线路来说，中午的就餐地点最好选择在参观的景区周边，尽量避免长途跋涉和来回倒车，美食街区、网红餐饮小店、老字号知名店等都是较好的选择。

2. 实践课现场活动需做的活动话题准备

（1）能对小组的讲解进行评价，对比景区讲解员，看看自己需要学习的地方有哪些。

（2）能根据游客的问卷调查与访谈、对景区工作人员的调查以及自己对景区功能区的考察，围绕问卷星数据、访谈及观察结果，现场总结游客旅游需求线路评价结果、景区发展现状、区内参观路线及展示与服务效果。

（3）讨论课前布置的准备内容，了解同学们对主题游产品设计和主题活动设计的准备情况和效果。

（4）现场讨论时，组织小组再次陈述其设计的一日游产品，学生结合考察体验的结果，对一日游产品设计进行全面评价和总结，并能围绕本次一日游产品提出具有针对性的线路走法和活动设计改进方案。

3. 实践课现场活动需做的物质与技能准备

(1)实施组准备。

①进行沿途讲解和景区讲解人员分配:讲解内容围绕重点核心部分进行介绍即可。个人讲解控制在5~6分钟。

②组活动确定后,可以利用空闲时间最后一次踩点确认,实地演练,确保路线行走无误,讲解顺利。

③准备好开展一日游主题活动所用的服装道具(如果有),包括活动时的角色互动,可以提前做些人员准备。

④实践课前,其他活动材料准备。

(2)参与学生的准备。

①利用手机或相机对沿途、景区和调研考察区域的景观、活动现场、文字资料进行拍照,留存照片资料。

②行前写好拍摄脚本,现场根据拍摄脚本,在自由活动时间,利用某种拍摄手法,完成各种短视频素材准备,方便活动结束后的剪辑和编辑。

③以上照片和短视频材料均为公众号宣传文案而准备。

④活动时学生需准备好纸笔,记录考察和问卷调查时的游客与工作人员访谈内容,活动讨论时自己的发言重点,以及同学和老师的精彩观点和灵感,以备公众号宣传文案的撰写。

⑤学会问卷星的使用,调查结束时会用问卷星自带的统计功能,对调查数据进行统计,并会对统计结果进行总结提炼。

(二)小组一日游主题产品实践活动内容与流程

1. 活动组织流程

活动组织流程如下:确定主题与分组—人员分工—网上资料搜集—小组设计主题一日游行程—主题一日游产品PPT制作—编制主题一日活动实施方案及设计实践考察调研问卷—小组产品汇报与班级讨论—方案修改—组织实施—现场调研与讨论—对主题一日游产品进行反思与修改—全面总结一日游实践活动(包括组织、讲解和产品设计)并以微信公众号形式展示。

2. 一日游行程内容设计流程

一日游行程内容设计流程如下:主题游产品命名—相关旅游资源搜集整合及活动项目设计—结合地图确定游览路线及游览时间—确定用餐地点及交通方式—编制一日游行程方案—绘制线路图—确定产品价格。

3. 分组要求

(1)分组:按主题5~6人一组。

(2)任务分工:景点、餐饮、娱乐、交通等资源的收集和整合;行程路线制订、价格调查、行程方案的编制;PPT制作与汇报;主题一日游线路产品实施方案编制;主题一日游产品调查问卷设计;活动组长、协调联络员、导游员、后勤保障与安全等人员配备。

4.一日游主题实践活动要求

(1)一日游线路考察:要求学生通过踩点调研,对行走路线的合理性和可行性进行判断,了解景区、用餐场所与游览形式是否与线路主题切合,行程内容是否具有创新性。

(2)一日游导游讲解情况:要求导游员具有良好的仪容仪表,举止大方,能够正确使用肢体语言,讲解准确流畅,能够灵活运用讲解技巧,服务主动热情。

(3)一日游现场组织情况:考察整个活动的准备、组织、协调、导游讲解、安全保障等各环节的工作情况是否到位。

(4)一日游产品问卷调查:在景区开展问卷调查、深度访谈活动,了解游客对该主题产品的需求,并对数据调查结果进行汇总。

(5)现场讨论与总结:活动结束后,由教师组织在现场对线路行程、导游讲解、组织与问卷调查结果进行讨论和总结,探讨此次主题游产品设计的优缺点,围绕游客需求提出该类主题游产品设计的重点。同时,鼓励学生结合考察实际进行旅游产品设计的延伸思考。例如,如何优化一日游主题产品设计;如何根据主题和细分市场特点开展形式多样的活动;根据该线路并参考线路周边的各种旅游资源如何重新整合,开发出更多类型的主题游产品;设计主题产品的关键点或特别要避免的情况有哪些。

5.一日游主题产品组织实施方案编制要点

一日游主题产品组织实施方案的编制要点如下:

(1)产品主题定位。

(2)主要景点介绍。

(3)产品价格预算。

(4)行程具体安排。

(5)组织流程与分工。

(6)应急事件预案。

(7)特别注意事项。

6.一日游主题产品调查问卷设计要点

一日游主题产品调查问卷设计要点如下:

(1)人口统计特征:性别、年龄、来自地区、教育程度、收入等信息。

(2)对主题游活动的态度:认知、是否喜欢、对参加主题游活动的意愿。

(3)参观当地景区的动机。

(4)能够接受的一日游产品价格区间。

(5)对所设计的旅游产品是否有兴趣,原因是什么。

(6)对该产品设计提出意见和建议。

(三)"红色主题一日游产品设计实践"教学样例

1. 教学内容分析

本课是红色主题一日游线路产品的设计与实践,学生将课堂所学产品设计原则应用于设计实践,了解红色主题线路的设计重点和难点,学会红色旅游资源的搜集、挖掘和整合分类,结合吃、游、购、娱等旅游各要素设计行程。

在组织活动实施过程中,锻炼学生红色主题活动的策划、导游讲解、沟通协调、组织管理、问卷设计与景区调研能力,培养旅游职业素质。同时,使学生能够围绕红色主题一日游产品设计实践,进行评价、总结和反思,发现问题,找到解决问题的方法,并能由点到面,延伸思考跨区域多日红色主题游设计思路,从而从整体上建立各类型红色主题线路产品设计框架。

通过本次红色主题一日游活动的参观实践,拓宽学生的知识面,学习专业展馆讲解员的讲解技巧,使学生了解西安事变的史实经过和八路军西安办事处的发展历程,牢记"八办"精神和党领导下艰苦卓绝的斗争史,激发爱国主义情怀和社会责任意识。

2. 学情分析

本课程授课对象为旅游管理专业本科三年级学生,通过之前旅行社经营与管理、旅游消费者行为学、旅游市场学、旅游资源学、导游业务、全国导游基础知识等课程的学习,已经初步了解了旅游线路产品设计的基本原则,旅游资源和旅游市场的调研方法,但仅限于理论认知,实践经验少,无法以旅游者视角去判断线路产品的市场适用性,更无法理解产品设计如何兼顾合理性、主题特色和丰富性原则,因此所设计产品缺乏针对性和创新性,往往流于形式。

3. 教学目标

(1)知识目标:了解西安及陕西省境内红色旅游资源的主要类型和数量;通过实践理解红色主题旅游线路产品设计的基本原则,学会调研和分析红色旅游市场需求,并能够自主设计红色主题旅游线路。

(2)技能目标:具备创新思维能力、活动策划能力、资源整合能力、线路设计能力、语言表达能力、导游讲解能力、沟通协调能力、组织管理能力、综合分析能力,能够进行PPT制作、微信公众号文案撰写。

(3)素养目标:培养学生团队协作的意识能力、研究探索的科研精神、勇于承担和吃苦耐劳的意志品质、力求专业精益求精的职业素养,坚定民族自豪感和文化自信心,自觉传承红色文化,弘扬爱国主义精神。

4. 教学重点

引导学生以现实旅游需求为导向,深入调研和挖掘区域内红色旅游资源特色,灵活运用旅游产品设计原则,突出红色主题特色,设计符合市场需求、特色鲜明、内容丰富、行程合理的红色主题一日游线路产品。

5. 教学难点

(1)针对学生对红色旅游资源的丰富内涵了解不深,片面认为红色主题线路产品只能设计有关革命战争时期所留下的历史遗址、纪念馆、名人故居等资源,旅游方式仅以参观为主,只面对学生群体,对红色主题产品设计缺乏兴趣,产品设计类型单一的现象,通过实践和案例分析给予观念上的纠正、思路上的拓展和方法上的引导。

(2)明确红色主题游产品设计中的动与静、多与少、主与次、主题突出与内容丰富、市场特色与资源特色、合理性与灵活性之间的关系。

6. 教学方法

(1)任务驱动法:以分组任务带动学生产品设计的主动性,根据不同的任务分工掌握所应具备的知识和方法,在团队协作中提升责任意识,培养组织管理能力。

(2)启发与讨论法:教师在实践过程中,将活动的主导权交给学生,以观察者身份参与其中,活动结束后围绕主题组织学生现场讨论,启发学生观点交流、问题发现和创新设计思路。

(3)案例分析法:将经典的红色旅游产品设计案例引入教学讨论,引导学生与自己的设计实践活动进行对比,分析异同和优缺点,进一步明晰概念、厘清产品设计思路。

7. 教学过程

"红色主题一日游线路产品设计"教学过程见表2-1。

表2-1 "红色主题一日游线路产品设计"教学过程

教学步骤	教学内容	教学要求	设计意图
布置项目任务分组产品设计	确定主题与分组—人员分工—网上资料搜集—实地资源考察—形成红色主题一日游产品方案—制作主题一日游线路产品PPT—编制主题一日游活动实施方案及设计实践考察调研问卷—小组产品汇报与班级讨论—优选最佳活动方案—修改方案	围绕红色旅游主题,结合线路设计原则,对区域内红色旅游资源进行整合,并对吃、住、行、游、购、娱等各要素进行市场调研,设计创新红色主题一日游线路。线路主要资源为西安市红色革命遗址遗迹。活动设计应与红色旅游景区、纪念场馆所提供的服务相结合,充分挖掘革命遗址纪念地的教育功能,设计丰富多彩、形式多样的活动,如体验式文化学习活动、农耕活动、餐饮活动、购物活动等,激发游客的爱国情感与参与兴趣。餐饮点的选择应考虑到地理位置、与旅游景点的远近和餐饮特色。交通方式采取公共交通	以项目任务带动学生学习主动性;以分组形式进行产品设计,发挥学生特长,培养团队合作意识;各组分头设计不同类型的红色主题一日游线路,可供班级进行方案优选,激发学生的竞争意识和设计积极性

续表

教学步骤	教学内容	教学要求	设计意图
布置实践前的准备工作	课前产品设计素材准备	搜集陕西省红色旅游资源,对收集到的旅游资源进行整合与分类;根据资源所处的位置及线路设计原则对其进行组合,看能设计出多少条旅游线路;根据不同的市场人群核心需求,结合收集到的旅游资源,针对某些线路进行主题活动设计,看有多少种思路;查找国内设计较好的红色旅游线路,了解其走法和活动设计,看对自己的红色旅游线路设计有何启发和借鉴;查找国内知名的红色主题旅游景区、展馆、博物馆资料,了解其展陈手段、讲解方式、活动组织,看对即将要去参观的旅游景区有哪些地方可以借鉴;思考相关主题旅游线路产品设计的关键点和难点在哪些方面	实践前的准备工作十分必要,其目的是使学生具体明确实践中要做什么,准备什么,观察什么,思考什么,从而保证现场教学的效果和质量
	实践课现场活动需做的活动话题准备	能对小组的讲解进行评价,对比纪念馆讲解员,我们需要学习的地方有哪些;能根据游客的问卷调查与访谈、对景区工作人员的调查以及自己对展馆功能区的考察,围绕问卷数据、访谈及观察结果,现场总结游客旅游需求评价结果、景区发展现状、区内功能区参观路线及展示与服务效果;现场讨论时,活动组织小组将再次陈述其设计的红色主题一日游线路,同学们应结合考察体验的结果,对一日线路设计进行全面评价和总结,并能围绕本次一日游主题线路产品提出具有针对性的线路走法和活动设计改进方案	
	实践课现场活动需做的材料与技能准备	(1)小组准备工作。 ①进行沿途讲解及景区讲解人员分配:讲解内容把握重点,个人的讲解控制在5～6分钟。②组活动线路确定后,需提前踩点确认,实地演练,确保路线行走无误,讲解顺利,讨论地点选择和时间适合。③准备好开展主题活动所用的服装道具材料,包括活动时的角色互动。④实践课前,准备话筒和导游旗。 (2)学生准备工作。 ①利用手机相机对沿途、景区和调研考察区域的景观、活动现场、文字资料进行拍摄,留存照片资料。②行前写好拍摄脚本,现场根据脚本拍摄,在自由活动时间,完成各种短视频素材准备,方便活动结束后公众号文案的剪辑和编辑。③以上照片和短视频材料均为微信公众号而准备。④活动时做好记录,记录问卷调查时的游客访谈和工作人员访谈、活动讨论时自己的发言重点,以及同学们的精彩观点和灵感,以上文字素材均为公众号文案而准备。⑤学会问卷调查和统计,并会对调查内容进行总结提炼	

续表

教学步骤	教学内容	教学要求	设计意图
实践考察与调研	"寻迹西安事变,弘扬八办精神"大学生红色主题一日游实践教学活动内容:组织学生乘坐地铁抵达景区;经建国路和高桂滋公馆,学生做沿途讲解;在西安事变纪念馆张学良公馆内,学生讲解,教师点评;跟随展馆讲解员参观纪念馆;参观完毕教师布置调研任务;前往八路军西安办事处,学生讲解,教师点评;跟随展馆讲解员参观纪念馆;学生主题活动:"致敬红色精神,我的青春告白",内容包括"红色知识竞答""红色精神感言""我和党旗合个影,给党说句心里话"三个环节;教师布置调研任务,学生活动结束	①重点考察革命遗址或纪念馆的功能区布局、服务项目和陈列展品的类型和内容,是否能够利用影视、实景演出、AR导览、角色扮演、互动游戏、文创体验等创新文化活动形式来增强景区吸引力。通过对展馆工作人员的调研,了解红色旅游景区建立运营的基本情况和参观游客的主要类型等信息,探讨景区内开展红色教育主题活动和开发红色旅游产品的可能性。②在革命遗址或纪念馆围绕游客红色旅游资源偏好、参观游览的动机、游玩满意度、对红色主题一日游线路的看法和建议展开调研。③观察"红色主题一日游"小组的组织、协调、导游讲解等各方面工作,并进行记录	红色主题一日游线路产品及活动方案完全由学生独立策划并组织实施,充分锻炼学生的产品设计能力、组织协调能力、导游讲解能力、考察调研能力、观察思考能力,以及照片和短视频的拍摄技巧
现场教学讨论	在讨论现场,教师重申本次活动的目的、意义、设计要求;学生评价本次活动全过程,提出改进意见;教师总结并启发学生延伸思考不同细分市场红色主题游的设计思路;请学生分别围绕西安市、陕西省境内红色旅游资源,介绍自己设计的旅游线路;集体探讨红色旅游线路设计过程中如何兼顾主题性、合理性和丰富性原则,及红色旅游线路设计过程中应该注意的重点问题	能够对红色主题游线路中的景点、餐饮、主题活动设计以及活动组织进行全面总结、讨论和评价,考察行程内容是否紧扣红色革命教育主题,以及活动的组织是否具有吸引力,并对原有线路进行优化;能举一反三,围绕红色旅游主题,针对不同细分市场人群,如中小学生、大学生和各种团队群体提出不同旅游线路的设计思路	教学讨论环节是对前期学生产品设计工作及学生现场考察效果的综合评判,现场讨论可以及时予以反馈评价、总结和反思,能更好地帮助学生形成头脑风暴、思维碰撞,拓宽设计思路,激发设计灵感

续表

教学步骤	教学内容	教学要求	设计意图
课后撰写红色主题一日游线路考察报告	对本次活动组织以及红色主题一日游线路产品进行反思与总结,形成考察报告	内容包括红色主题一日游活动的内容、对该线路产品设计的反思与评价,以及优化建议,总结红色主题类线路产品设计的特点和重点,评价导游讲解、考察调研与活动组织等各环节,并且以微信公众号形式撰写考察报告	撰写考察报告是实践教学的重要环节,能够锻炼学生的文字表达能力、逻辑思维能力,评价学生的学习效果和课程的教学效果。以微信公众号文案作为作业形式,同时还可以提高学生的公众号图文编辑水平,增加新媒体运营的手段,提升学生未来就职旅游行业的竞争力

8. 教师现场组织学生开展红色主题游产品设计活动讨论方案

(1)讨论的目的。根据该项目现场教学设计方案,教学讨论环节是对本次红色主题游产品设计、组织实施的全面总结,其教学目的是使学生对该类型产品设计具有感性认识,加深对红色旅游资源和红色文化的理解,了解游客需求,评估活动组织效果,从而重新理解旅游产品设计原则中的市场需求原则、合理化原则、主题突出原则和丰富性原则,能够发现产品设计中的问题,实践和理论中的差距,指出优缺点,并能举一反三,由点到面,进行相关主题、不同人群、更大尺度地理空间范围的产品设计,初步掌握红色主题游产品设计方法和原则。

(2)学生准备。①具体负责本次活动的学生组,需要准备现场介绍大学生红色主题一日游活动方案设计思路,同时围绕普通的外地游客设计另一条红色主题一日游产品并进行介绍,其目的是为了更好地对比讨论,使学生理解市场化原则要紧扣相关人群的核心需求进行设计,针对的人群变了,产品呈现的形式和内容就要相应改变。②其他小组学生需在实践课前全面搜集和整理西安市和陕西省红色旅游资源,将其绘制成西安市和陕西省红色旅游资源分布图,并根据资源类型和分布,按照产品设计原则,规划出2~3天的多日红色主题线路,并准备好现场的介绍,作红色主题游产品延伸性讨论之用,其目的是让学生理解,虽然同为红色主题,在设计形式和原则上有互通之处,但红色主题多日游产品并不是一日游产品的简单叠加,在内容、资源类型、行走路线、原则使用的灵活性等方面都有更高的要求,也有细节上的差异,从而提升学生对红色主题游产品设计的全面认识。

(3)教师准备。为了取得良好的现场教学效果,教师在课前需要掌握学生的产品设计方案,并根据以往的教学经验预估学生产品设计实践过程中可能会出现的问题,提前做出教学讨论指导方案,对其流程做出详细的计划。在本次红色主题游产品设计中,学生可能会在以下几个方面出现问题或困难。

①一日游产品的主要问题：

a. 针对性不强，忽视不同细分市场人群需求的差异，设计出的产品千篇一律、大同小异，即市场需求原则掌握不够。因此实施小组的两条线路要进行深入讨论和对比，从而加深学生对市场需求原则的理解。

b. 实施小组在实际踩点后会对原有方案做出修订，内容会涉及选点的数量、类型、行走的路线等，这些内容可以加强学生对于一日游产品设计合理性的认识，需要实施组学生介绍心得，教师引导大家开展讨论，加深印象。

c. 学生对红色旅游资源的内涵挖掘和理解不够，可能会遗漏某种类型的红色旅游资源或认为红色旅游资源不属于历史文化资源，刻板地将其与文化资源割裂。

d. 学生在产品设计实践过程中会认为红色旅游线路中的所有资源都应该是特定革命战争年代遗留下的遗迹，过度强调主题性，一味追求类型统一，会使产品非常单调，将大学生产品和普通背包客产品进行对比，是为了让学生更好地理解产品设计要将主题性和多样性原则相结合。

②在一日游产品讨论的基础上，教师将组织学生进行中大尺度地理空间线路设计的延伸思考，主要是为日后多日游产品设计打下基础。在大尺度地理范围的产品设计中，学生的主要问题如下：

a. 喜欢设计环线走法，而忽视了线路设计中的合理性原则和更多可能性的走法，未能考虑旅途时长、景点停留时间、游客的疲劳度等问题。

b. 搜集到的当地红色旅游资源数量有限，类型单一，未能做到红色主题类资源自然和人文相结合、动静结合、不同类型相结合原则，不了解主题类和非主题类资源如何做到搭配得当、主次分明、内容丰富，对红色旅游资源的内涵和外延理解不够，在设计中不注意结合当地具有代表性的景观，刻板地将工业遗址、乡村振兴、生态农园、科技航天等资源排除在红色旅游产品设计之外，导致所设计产品在资源类型上过度单一，缺乏吸引力。

针对以上问题，教师在组织教学讨论时，要层层递进有意地将问题抛出，主动引导学生发现问题和寻找解决问题的方案。

(4) 讨论的流程。学生评价本次大学生红色主题游活动（可以从沿途和定点讲解、活动组织形式、内容与主题的切合程度等方面进行评价，指出其设计的优缺点），邀请实施组介绍大学生和普通背包客两条线路的设计思路，引导学生对两条线路产品进行对比（重点讨论产品设计的合理性原则、市场需求原则、主题特色和多样性原则），进行中大尺度红色主题产品设计延伸思考，如西安周边红色主题产品设计讨论（包括学生的西安市红色旅游资源和线路产品介绍，师生应用市场需求、合理化、主题性与多样性原则对线路进行讨论）、陕西境内红色主题产品设计讨论（包括学生的陕西省红色旅游资源和线路产品介绍，学生应用市场需求、合理化、主题性与多样性原则对线路产品进行讨论），最后教师全面总结本次活动。

9. 教学总结与反思

本次课程实践教学，遵循以学生为主体，教师为主导原则，以项目任务带动学生分组完成红色主题一日游线路产品的设计、活动策划、考察调研、组织实施、教学讨论等环节，充分调动了学生产品设计的积极性和主动性,激发了学生的竞争意识和团队合作的精神,培养了学生的责任意识和职业素养,使学生受到了爱国主义教育,学习了红色历史文化。在实践考察和教学讨论中,学生对红色旅游资源的丰富内涵和产品设计原则有了更深入的理解,对红色旅游景区纪念馆的发展现状有了更直观的认识,拓宽了设计思路,同时在创新思维、语言表达、讲解能力、组织沟通、调研技巧、文案撰写与PPT制作等方面都有较大的提高,达到了本次实践教学的目的,取得了较好的教学效果。

同时在实践过程中,我们也看到了一些问题,如在延伸产品设计教学讨论中,案例准备较多,讨论时间较长,学生注意力容易分散,可考虑延伸案例选择一个区域具有代表性的产品设计展开重点讨论;现场调研的时间较短,采访样本类型与数量偏少,纸质问卷数据分析费时,今后可考虑适当延长调研时间,采用问卷星线上课前和现场相结合方式采集数据,利用其智能化数据分析功能,实现实时数据结果分析,便于现场讨论;学生的考察报告内容偏重活动流程展示,对活动的评价总结以及体现红色主题产品设计的思考较少,与学生在现场教学讨论时所呈现的思考效果不一致,说明在撰写报告时,学生忽视了作业对产品设计方面的要求,今后教师在布置作业时需重点强调。

(四)学生小组主题一日游活动组织实施方案编制样例

张裕瑞纳城堡酒庄、袁家村休闲赏花一日游活动组织实施方案

(一)实习目的与要求

1. 通过张裕瑞纳城堡酒庄、袁家村、山底村一日游线路的设计与考察,提升学生旅游产品线路设计的能力,并对酒文化休闲赏花类旅游产品组合情况进行调查。

2. 考察行程中所走路线的合理性,景点、设施、餐饮、购物等旅游要素的优劣,并对其进行综合评价,锻炼学生独立组团控团的能力。

3. 进行现场导游讲解,锻炼学生的导游技能与技巧,以及在现实环境中发现问题、解决问题的能力。

4. 开拓视野,获得实践经验,培养团队协作精神与能力。

(二)实习班级、时间与地点

1. 班级:旅游管理专业16级2班。

2. 人数:学生27人,教师3人,共30人。

3. 时间:2019年3月19日(周二)。

4. 地点:张裕城堡酒庄、袁家村、烟霞镇山底村。

5. 负责项目组:"魔仙堡"小组。

(三)活动具体安排

1. 3月19日行程安排

  7:20 学校南门集合;

  7:40 准时出发(路途用时1.5小时,包含堵车时间);

  9:10 到达酒庄(品美酒、拍照、自行游览、现场教学);

9：40 开始游览（游览时间2.5小时）；

12：10 集合（前往袁家村，车程1.5小时）；

13：40 到达袁家村（自行游览2小时，解决午餐，考察袁家村、品关中美食）；

15：40 集合前往山底村；

16：10 到达山底村；

17：10 集合返回学校。

2.费用预算

景区：张裕瑞纳城堡酒庄成人票120元/人，学生票60元/人。

  教师门票　120×3＝360（元）

  学生门票　60×27＝1620（元）

支付方式：微信、支付宝、现金、刷卡均可。

景区联系方式：略。

联系人：略。

交通：校车。

总预算：120×3＋60×27＝1980（元）。

3.情况说明

(1)张裕瑞纳城堡酒庄门票可刷卡、微信、支付宝支付（发票一周后邮寄，含金额小票）。

(2)发票负责人：学生A（行程结束后，由该同学负责跟进发票情况，确保万无一失）。

(3)收款方：张裕瑞纳城堡酒庄。

(4)关于门票：不可当发票（门票上无金额显示）。

4.小组成员分工与活动准备

3月15日：学生B、学生C负责向刘老师借耳麦3套、导游旗2个、院旗1面。

3月18日：学生D统一收取全体男生学生证，学生A统一收取全体女生学生证（收取后由该同学统一保管），学生E在班级群里通知行程信息（确保所有同学全部回复）。

3月18日：参加讲解人员以及活动负责人在明德楼熟悉活动行程安排，确保万无一失；学生B负责给耳麦充电、洗导游旗以及保管所有物料；

参加人员：略。

3月19日：

请同学们出行之前带上笔记本和笔以做记录。

7：20 集合同学，清点人数，组织登车（学生C和学生D）。

7：40 出发；

致欢迎词、行程介绍、景点讲解（学生F）；

组织活动（学生G）。

9：10 组织下车（学生C）；

拿旗带队(学生 B);

协助老师买票(学生 A、学生 C);

后勤人员:随时清点人数,注意特殊情况(学生 B)。

9:40 开始游览、讲解。

酒庄的游览顺序:

辉煌张裕雕塑—爱神广场—酿酒葡萄基地以及鲜食葡萄基地—儿童乐园—主城堡—水系。

注:因 3 月 19 日是周内,所以酒庄只有一个项目可体验(4D巨幕演出,演出时间一小时一次,整点播放)。

主讲:主城堡(预演厅—4D影院—实业兴邦厅—金奖白兰地厅—全球战略厅—百年大事记展厅—瑞纳厅—葡萄酒酿造—化验室—DIY个性化酒标)。

第一部分:(学生 F)总体介绍、张裕雕像、爱神广场、21 个橡木桶、酒庄布局展示、女贞路和"生生不息"雕像;

第二部分:(学生 H)预演厅、4D剧目观看、葡萄酒秘密展厅;

第三部分:(学生 I)实业兴邦厅、金奖白兰地厅;

第四部分:(学生 J)全球战略厅、百年大事记展厅、瑞纳厅;

第五部分:(学生 K)葡萄酒酿造、化验室、DIY个性化酒标;

第六部分:老师点评,现场教学;

第七部分:(学生 F)总结。

12:10 集合登车、清点人数(学生 C),前往袁家村(车程 1.5 小时)。

13:40 到达袁家村(游览 2 小时,解决午餐,考察袁家村);

组织下车(学生 D);

拿旗带队(学生 B);

后勤人员:随时清点人数,注意特殊情况(学生 C)。

15:40 登车前往山底村,组织集合清点人数(学生 B)。

16:10 到达山底村赏花游览,并开展本次一日游产品设计活动的教学讨论。

17:10 组织乘车返回学校(学生 C)。

清查行李:检查车里遗漏物品(学生 A 和学生 B);

全程拍照摄影:学生 E;

主持人:学生 A。

5. 温馨提示

各位同学大家好!欢迎参加"张裕城堡酒庄、袁家村休闲赏花一日游"线路考察活动,"魔仙堡"小组在此温馨提醒您请注意以下事项:

(1)我们将于 3 月 19 日 7:20 在××××学院南门集合,7:40 准时发车,请大家合理安排时间,准时到达,不能迟到。

(2)请同学们出行之前带上笔记本和笔以做记录。

(3)本次旅行全程餐费自理,请大家自行解决早餐,酒庄时间游览时间较长,有需要的同学请自备零食和水。

(4)请大家提前查询天气预报,合理搭配衣服,有必要请带上雨伞(晴雨两用)。

(5)出发前请大家务必带上有效身份证件,防晒用品,晕车药(上车前30分钟请务必服用晕车药且提前告知负责人×××,以安排在前排就座,以免发生意外情况),以及少量现金。

(6)请大家在考察过程中保管好自己的随身物品,注意人身安全,尽量跟随队伍,避免单独行动,有事可与负责人协商。

(7)到达景区后,请大家合理消费,保持景区环境卫生,不得随意丢弃杂物(可自备塑料袋);考察时要注意安全。

最后,希望大家积极配合,让我们的此次线路考察任务能够圆满完成,祝大家旅途愉快!

——"魔仙堡"小组

(五)学生一日游产品活动内容设计样例

"红色筑梦之旅"
——"寻迹西安事变,弘扬八办精神"主题游活动方案

一、学校坐地铁3号线/4号线至大差市地铁口,经建国路和高桂滋公馆(做沿途讲解),到达西安事变纪念馆(张学良公馆)

1.学生A沿途讲解:"山河千里国,城阙九重门。南山与秋色,气势两相高。九天阊阖开宫殿,万国衣冠拜冕旒。天街小雨润如酥,草色遥看近却无。三月三日天气新,长安水边多丽人。春风得意马蹄疾,一日看尽长安花。"

同学们,早上好!欢迎大家来到美丽的古城西安参观游览。我是大家本次活动的沿途讲解员×××。西安,古称长安,十三朝古都所在地,历史悠久,文化灿烂。唐诗里的长安,既有着繁华盛世的气魄,海纳百川的胸怀,也有着小家碧玉的温婉,春风化雨般的柔情。历经千年沧桑,西安早已不见当年的高阁楼台,酒肆店铺,却依旧能在古城的街头巷陌,感受到那个年代所特有的历史气息和文化意蕴。今天就让我们一起穿越时光隧道,去追寻西安古老的城市记忆,倾听那些久已尘封的城市故事。

同学们,现在我们所处的位置,就在西安明城墙内的东南角。西安明城墙,周长13.74千米。人们习惯称城墙内为古城区,其分属莲湖、新城、碑林三个行政区,西安人称其为城三区,著名的西安钟鼓楼就位于古城区的中心。除了东、西、南、北四条主街之外,城区内还分布着或长或短、或宽或窄的数百条街巷。这些街巷大都内敛低调,朴实无华,有着自己的"前世今生"。通过它们的名字,可以感受到古城悠久的历史文化,让我们来听一听这些街巷的地名吧。单说街名:庙后街,红埠街,炭市街,广济街,梆子市街,湘子庙街,西新街,琉璃街,报恩寺街,大麦市街,许士庙街,四府街,糖坊街,案板街,盐店街。再说巷名:窦府巷,早慈巷,学习巷,粉巷,德福巷,冰窖巷,大吉昌巷,芦荡巷,安居巷,火药局巷,光明巷,举院巷,化觉巷。三说地名:甜水井,五味什字,骡马市,竹笆市,鸡市拐,西羊市,木头市,长乐坡,桥梓口,洒金桥,书院门,后宰门,

下马陵。这些街巷地名的含义上至王公贵戚，下至三教九流，既有古刹佛堂诗书礼仪，又有百姓生活市井百态。如后宰门是明代专管王室衣食供给的机构，举院巷是明清时期科举考试的贡院，梆子市街是唐代的福利机构。

同学们，听到这些有趣的地名，你是否也想去一探究竟呢？

好了，现在我们来到了建国路，建国路位于西安古城东南，建国门以北至东大街这一段。清光绪年间此处被称为小差市，与大差市呼应。新中国成立之后，为纪念这一伟大的历史事件，1952年更名为建国路，建国门内相对的建国路街道虽然短小，却承载了厚重的历史。民国时期，发动西安事变的重要人物之一张学良将军的公馆就坐落于此。新中国成立后，这里又曾是西北局机关所在地，而今还有省作家协会等单位仍在这一带①。

在这条不宽的巷子里还有以"建国"命名的六条道路，由北向南，依次为"建国一巷""建国二巷"，直到"建国六巷"。"文革"之前，建国一巷是忠孝巷；建国二巷是启新巷；接着是金家巷，不过它在"文革"中改为先锋巷，继而改为建国三巷，1981年又恢复原名金家巷，待会儿我们要参观的西安事变纪念馆（张学良公馆）就在建国三巷，也就是金家巷；建国四巷是仁爱巷；建国五巷是仁里巷；建国六巷是信义巷。

大家现在看到的这座西式小楼，就是西安事变期间扣留蒋介石的主要场所，如今是陕西省作家协会的办公地点——高桂滋公馆。

高桂滋，陕西定边人，国民党陆军中将。生于1891年，毕业于陕西讲武堂，曾先后参加辛亥革命、直奉战争、长城抗战、中条山战役等著名战役；在西安事变前后积极与中国共产党联络；抗日战争、解放战争与抗美援朝战争中积极与中国共产党合作，毛泽东称其"抗日之役，光荣历史国人同佩"。

这座公馆是高桂滋为作退居之计，在今西安建国二巷一带购地十余亩，1933年聘请天津建筑公司设计的私宅，并于1936年建成。大家仔细观察，高桂滋公馆具有明显的西式折中风格，平面格局和公馆外的喷水池都类似洛可可式风格建筑，带有柱廊和罗马式栏杆，而屋顶则为中国传统的硬山顶。公馆共两层，一层为半地下室，当作储藏室用，二层为大厅、主卧室、会客厅、客房等，主楼前有圆形的喷泉水池及车道，今天的高桂滋公馆也仅留存主楼及配套的喷水池。

西安事变爆发后，蒋介石最初被安置在新城黄楼。12月14日，蒋介石在顾问的陪同下移住高桂滋公馆主楼，此后蒋介石一直居住在此，并在此地与张学良、杨虎城及各方使者进行了多次会谈，直至12月25日蒋介石离开西安，其间他在高桂滋公馆共居住11天。

新中国成立后，高桂滋将军将自己的公馆拍卖，并将全部所得捐献给国家，用所得款项购买了一架战斗机，赠送给中国人民志愿军，支持抗美援朝战争。现在高桂滋公馆为陕西省作家协会办公之地。

西安事变的历史转折，高桂滋将军的爱国豪情，都汇聚于高桂滋公馆一地。它默默无闻，见证着中国近现代的风云沧桑。

---

① 《西安文史资料》委员会.西安老街巷：西安文史资料第二十五辑[M].西安：陕西人民教育出版社，2006.

同学们,现在我们就来到了西安事变纪念馆(张学良公馆),接下来将会由纪念馆的讲解员给大家继续介绍西安事变发生的始末,到此就要跟大家说再见了。有人说西安这座城,就像一本厚重的书,城里的一街一巷、一门一楼、一村一院都有着说不尽的历史和文化典故,如果你还没有听够,没有听好,那么下次来西安别忘了再找小张哦,我一定会带大家走遍西安城的大街小巷,去探寻城市深巷中的传说和故事,谢谢大家!

2. 进入张学良公馆,在别墅前集体合影,到游客中心办理展馆讲解手续。

3. 学生B讲解:各位老师、同学们,早上好!欢迎大家来到西安事变纪念馆,我是大家本次活动的讲解员×××,很荣幸能为大家提供讲解服务。

西安事变纪念馆是以"西安事变"重要旧址张学良公馆、杨虎城止园别墅为基础而建立的遗址性博物馆。1986年12月,在纪念西安事变五十周年之际正式对外开放。其先后被命名为全国首批百个爱国主义教育示范基地、陕西省和西安市青少年爱国主义教育基地和全国百个红色旅游经典景区之一。

我们现在所处的位置就是西安事变旧址之一——张学良公馆,它位于建国路69号,占地面积7703平方米,而杨虎城止园别墅则位于青年路117号,占地面积2331平方米,据此地约4千米,有机会同学们可以前往参观。张学良公馆是由东、中、西3幢砖木结构中西式楼房及20余间平房构成,东楼是机关楼,西安事变发生后,周恩来、叶剑英等率中共代表团就曾居住在这里;中楼是客厅、会议室,当时中共代表团就是在这里与张、杨会谈并与南京政府代表进行谈判;而我身边的这栋西楼就是张学良的居室;从1935年9月到1936年12月,张学良和其家属及其他随从人员一直居住在这里,虽然他只住了短短一年多时间,在这期间却发生了许多改写中国历史的大事件。

1936年12月12日,时任西北剿匪副总司令的张学良和国民革命军第十七路军总指挥、西北军领袖杨虎城在华清池发动了震惊中外的"西安事变",最终迫使蒋介石接受了"停止剿共,一致抗日"的主张。西安事变的和平解决,促进了抗日民族统一战线的形成和发展,开始了国共合作的新时期。

在民族危亡的紧急关头,张学良将军和杨虎城将军以爱国的赤诚之心,秉持抗日救亡的民族大义,毅然发动了西安事变,促成了国共第二次合作,为抗战的胜利做出了不可磨灭的贡献。现在纪念馆内设有"西安事变史实陈列""千古功臣——张学良将军生平陈列"和张学良旧居复原陈列等内容,让每一位前来参观的游客都能铭记那段历史,感受张学良将军的民族大义。

到这里,我的讲解就结束了,接下来就请各位同学跟随我们展馆的讲解员一起走进这段尘封的记忆,聆听张学良将军那些鲜为人知的故事吧!谢谢大家!

4. 纪念馆讲解员带领学生进馆参观。

5. 考察与问卷调研,了解游客红色旅游需求。

二、中午建国路用午餐

三、西安事变纪念馆乘坐地铁4号线五路口站下车,到达八路军西安办事处纪念馆

1. 学生C定点讲解八办概况:同学们!下午好,欢迎大家参观八路军西安办事处纪念馆,我是本次活动的导游员×××,非常荣幸能够带领大家一起参观八路军西安办事处纪念馆。

首先,我给大家简单介绍一下八路军西安办事处纪念馆的基本情况。

现在我们看到的是八路军西安办事处旧址,也称八路军驻陕办事处,位于陕西省西安市北新街七贤庄一号(取魏晋时期竹林七贤的"七贤"二字),院落坐北朝南,共十所,现在建为八路军西安办事处纪念馆。八路军西安办事处为全国15个八路军、新四军办事处中成立最早、坚持时间最长、影响最大的办事机构,1988年国务院公布为全国重点文物保护单位。

八路军西安办事处的历史要追溯到1936年初,我党在七贤庄一号院建立秘密联络处。1936年西安事变和平解决以后,第二次国共合作形成,我党为了便于与国民党讨论共同抗日事宜,在西安七贤庄一号院设立了红军联络处。红军联络处于1937年9月改为国民革命军第八路军驻陕办事处,办公地点也从一号院扩大到三、四、七号院,叶剑英、林伯渠和董必武先后为八路军驻陕办事处党代表。党和军队的主要领导人周恩来、朱德、刘少奇、彭德怀、叶剑英、邓小平等多次在此工作、居住,白求恩、柯棣华、巴苏华、史沫特莱也在此居住过。

抗日期间办事处的主要工作是宣传党的抗日民族统一战线的政策和方针,扩大统一战线,组织抗日救亡运动,并输送进步青年到延安参加革命,培养并逐步壮大革命的力量,同时为陕甘宁边区和前方领取、采购、转运战争物资,支援抗战,为抗战的胜利作出了巨大贡献。这里是中国共产党在国民党统治区设立的合法机关,1946年6月蒋介石发动全面内战后,9月办事处奉命从西安撤回延安,完成了它在西安的历史使命。

现在的纪念馆建于1959年,共有5道院,内有接待室、会客室、办公室、重要领导人的住房、库房、厨房等。馆内收藏有文物四百余件、回忆录六百余篇、照片三千余张。

西安八办在国统区坚持战斗了十年,为抗战胜利作出了特殊的历史贡献,培育出独具特色的革命精神,直到今天仍具有巨大的凝聚力和感召力。沧海桑田,时移世易。虽然西安八办在抗战时期的风雨历程已成往事,但经过岁月磨砺和历史积淀的"西安八办精神"历久弥新,成为鼓舞和激励我们不断奋进的动力源泉。好了,我的讲解暂且告一段落,下面将由我们纪念馆的专业讲解员,带领大家一起参观,学习党史,追忆那段光辉岁月!谢谢大家!

2.在八办办理讲解手续,跟随讲解员参观。

3.学生主题活动:"致敬红色精神,我的青春告白"主题活动。

学生主持人D开场白:亲爱的老师、同学们,大家下午好。我是本次活动的主持人××,今天我们一起参观了西安事变纪念馆(张学良公馆)和八路军西安办事处纪念馆,深切感受到西安事变爆发前后的紧张局势,以及张、杨二位将军不顾自身安危,逼蒋抗日的英雄壮举;体会到西安八办在国统区斗争中所形成的"矢志不渝的理想追求,和衷共济的大局意识,机智灵活的斗争艺术,不怕牺牲的革命气节"的精神,那么接下来让我们以一场"致敬红色精神,我的青春告白"主题活动来汲取革命精神力量,传承红色文化基因。

活动环节:我们的活动共分为三个环节,第一个环节为"红色知识竞答",第二个环节为"红色精神感言",第三个环节为"我和党旗合个影,给党说句心里话"。

为了更好地完成活动,同学们将被分为五个大组,每个大组都有自己的组名,首先有请五个大组举牌亮相,并介绍自己。

①宝塔山组:大家好!我们是宝塔山组!宝塔山是中国革命圣地延安的重要标志和象征,我们一定不负众望,争取最好成绩!

②照金组:大家好!我们是照金组!照金位于陕西铜川,是刘志丹、习仲勋、谢子长等老一辈无产阶级革命家在西北地区创建的第一个山区革命根据地。我们组已经准备好了!

③南泥湾组:(唱一段《南泥湾》)"花篮的花儿香,听我来唱一唱,唱呀一唱,来到了南泥湾,南泥湾好地方,好呀地方"……大家好!我们是南泥湾组!南泥湾是延安精神的发源地,也是中国农垦事业的发源地。勤奋好学,就是我们组的强项,大家说,是不是呀?(组员齐声应到:是)

④洛川组:大家好!我们是洛川组!著名的洛川会议就在延安洛川召开,这次会议为实现我党对抗日战争的领导权和争取抗战胜利指明了方向。我们是明灯,我们是舵手,再难的题也难不倒我们!

⑤马栏组:大家好!我们是马栏组!马栏位于咸阳市旬邑县,被誉为陕甘宁边区的南大门,是中国革命英才培养的摇篮。百年大计教育为本,我们是中国梦的践行者!勇夺第一,舍我其谁!

主持人D:看来大家都摩拳擦掌,信心满满呀!现在就让我们进入第一环节——"红色知识竞答"。本轮共有五个问题,当我读完题目后大家可以以小组为单位进行举手抢答,率先举手的同学获得答题资格,每次答题有两次机会,两次都没有答对的小组,则取消答题资格,重新进行抢答活动。答对则进入下一个题目的抢答。现在开始抢答,请听题,第一题……

(题目内容详略)

答题环节结束,现在进入第二个环节——"红色精神感言",需要每位同学在工作人员给你们发的小卡片上写一句参观的体会,并署上自己的名字,我们将随机抽取两张小卡片,被抽到的两位同学,将被邀请上来念出自己所写的话,并谈谈本次参观中最感动你的地方(在主持人开始宣布第二个活动时,工作人员将准备好的小卡片迅速分发到每位同学手中。写完之后统一收齐,放在准备好的抽奖箱中)。

学生感言:略。

同学们的感言令人感动!作为新时代的青年,我们有责任将这种优良的革命传统和红色精神传承下去。接下来就要开始我们的最后一个环节了——"我和党旗合个影,给党说句心里话"。基于大家今天优异的表现,首先我们将会为各小组颁发学习证书,颁发证书仪式结束后大家需要以组为单位与党旗合影。请你们摆出最具特色的组姿,喊出最具号召力的口号,留下最有意义的青春合影。

好,现在我们先颁发学习证书,念到组名的小组代表上台领取学习证书,有请老师为获奖小组颁发证书。

(学习证书内容详略)

下来,我们正式开始以组为单位,与党旗合影,说出你的心里话!

五个小组与党旗合影。建议五个组的拍照口号如下:

宝塔山组:生在新中国,长在红旗下!

照金组:不忘初心,自强不息!

南泥湾组：一心向党，筑梦前行！

洛川组：一颗红心永相随！

马栏组：愿祖国繁荣昌盛！

主持人D结束语：英烈忠义传万代，后辈敬仰永记心。革命精神不敢忘，振国兴邦抒豪情。在此，我想把周恩来先生的一句话与大家共勉："与有肝胆人共事，从无字句处读书。"最后，衷心祝愿我们的祖国繁荣昌盛，同学们学业有成！今天的主题活动到此就结束了，谢谢大家！

学生活动结束！

4.教学讨论活动：略。

（六）学生调查问卷样例

西安市游客红色旅游需求调查问卷

尊敬的女士/先生：您好！我们是乐随行旅行社，此次进行西安红色旅游线路设计的调研，目的是为了了解游客对红色旅游的需求，以便为您提供满意的旅游产品和优质服务。本次调查不记姓名，所有信息仅供学术研究，涉及个人信息的内容，我们将严格为您保密。非常感谢您参加此次调查活动，请您热心提供您的看法和意见，希望能够得到您的支持。本问卷题项后，若没有特殊说明的均为单选题，您可在选项中画对勾。能倾听您的想法，我们感到非常荣幸，谢谢！

1.您的性别是？

A.男　　　　　　　　　　　　B.女

2.您的年龄是？

A.18周岁以下　　　　　　　　B.18～30岁

C.31～45岁　　　　　　　　　D.46～60岁

E.60岁以上

3.您来自那个城市？

_____

4.您的职业是？

A.教师　　　　　　　　　　　B.学生

C.政府职员　　　　　　　　　D.企业员工

E.个体经营者　　　　　　　　F.农民

G.其他

5.您对红色旅游是否感兴趣？

A.非常感兴趣　　　　　　　　B.感兴趣

C.一般　　　　　　　　　　　D.不太感兴趣

E.不感兴趣

6.您对下列西安市哪些红色旅游景点有了解？

A.葛牌镇区苏维埃政府纪念馆　　B.汪锋故居纪念馆

C.西安烈士陵园　　　　　　　　D.甘西革命英烈纪念馆

E. 蓝田特别支部纪念馆　　　　F. 西安革命公园
G. 蓝田胡达明烈士墓　　　　　H. 杨虎城止园别墅
I. 华清池五间厅、兵谏亭　　　J. 西京招待所
K. 高桂滋公馆　　　　　　　　L. 新城黄楼
M. 杨虎城烈士陵园　　　　　　N. 其他_____

7. 您参观游览过西安市哪些红色旅游景区？
_____
_____

8. 在您决定出游时,是否愿意选择红色旅游线路？
A. 十分愿意　　　　　　　　　B. 可以考虑
C. 没想好　　　　　　　　　　D. 不太愿意
E. 不会考虑

9. 在进行红色旅游的过程中,您更注重以下哪方面？（多选）
A. 知识的获取　　　　　　　　B. 导游人员的讲解
C. 景点的选择　　　　　　　　D. 线路的趣味性
E. 深度体验性　　　　　　　　F. 其他_____

10. 下面是我们设计的"红色筑梦之旅一日游"线路,请您对这条线路的设计思路进行评价。

"西行漫记,重温古城脚下的红色故事"
——张学良公馆＋永兴坊＋城墙＋回民街城市一日漫游

8:30—10:00　出发地—3号地铁线/4号地铁—建国路—高桂滋公馆

步行途径建国路,建国路位于西安古城内东南一隅,建国门以北至东大街。唐代,这里属于唐长安城崇仁坊;明代,这里是合阳王朱䤪的府邸。清光绪年间,此处被称为小差市,与大差市相呼应。中华人民共和国成立后,为纪念这一伟大历史事件,1952年更名为建国路。

在这条不宽的巷子里还有以"建国"命名的六条道路,由北向南,依次为"建国一巷"忠孝巷,"建国二巷"启新巷,"建国三巷"先锋巷,"建国四巷"仁爱巷,"建国五巷"仁里巷,"建国六巷"信义巷。稍后我们将游览的张学良公馆就位于建国二巷上！

接下来我们将途径高桂滋公馆,高桂滋公馆位于建国路,是一座西式折中风格的建筑物。它始建于1933年,为国民党军八十四军军长、爱国将领高桂滋将军的公馆。1936年12月12日西安事变爆发后,它成了蒋介石在西安的住所,蒋介石在此经历了最难熬的11天。值得一提的是,蒋介石住过的东耳房,在很长一段时间都是著名作家陈忠实先生的办公室。

如今的高桂滋公馆依然是陕西作协的办公地点,并没有对外开放。但是这座民国公馆,同样见证过中国的近现代史。

10:00—11:15　参观张学良公馆

张学良公馆位于碑林区建国路60号,由自西向东三栋北向独户式住宅所组成,是爱国将军张学良曾经的居住地,是震惊中外的西安事变发生地。西安事变爆发后,周恩来、叶剑英等率中共代表团也曾在这里居住。

11:15—13:00　张学良公馆—顺城巷—永兴坊

沿着充满历史的顺城巷,到永兴坊品尝当地特色美食。顺城巷,巷若其名,是一段在城墙内侧顺墙而成的街巷,集中了风格迥异的青旅、食店、酒吧、咖啡屋,更有一些秦腔或相声曲艺社,院门半掩静待听客到访,给古城的历史气息中增添了一份现代化的文艺气息。

在城市高楼的间隙里,沿着城墙根,可深入城市的小脉络当中。漫步前行,中午我们到达品尝当地特色美食的永兴坊。永兴坊主要以关中牌坊和具有民间传统的建筑群组合,形成古里坊式布局,展示古长安城的街坊式形态和历史生活气息。通过华阴老腔、提线木偶、陕北说书等非遗表演,带你感受关中传统民俗。

在永兴坊中,还有一些具有当地特色的美食。其一是关中八大怪之一的辣子一道菜与羊肚的完美结合——"辣子涮羊肚";其二就是被选入省级非物质文化遗产的子长煎饼。

13:30—16:00　步行前往西安明城墙景区参观游览

永兴坊品尝美食之后,我们将从中山门登上城墙,一直向城墙南门方向游览。西安明城墙是中国现存规模最大、保存最完整的古代城垣,全长13.74千米,是在明太祖"高筑墙、广积粮、缓称王"的政策指导下,在隋、唐皇城的基础上建成的。在城墙上,我们可以选择租自行车游玩,回味古城历史,俯瞰城市风光,城墙骑行一定会带给您不一样的体验!

16:00—18:00　途径书院门—关中书院—宝庆寺华塔—于右任故居

从南门下城墙后,就来到了书院门。西安人所说的"书院门",指的是从碑林到关中书院门口的一条步行街,书院门的地名起源于在步行街里面的关中书院。书院门位于南门内东侧,东至安居巷,接三学街。

关中书院是明、清两代陕西的最高学府,也是全国四大著名书院之一,西北四大书院之冠。冯从吾先生曾在此传道授业,追随者众多,听众多达上千人。20世纪30年代,邓颖超、彭德怀曾在此进行过抗日民族统一战线的宣传活动。

在漫行过程中,我们还能看到宝庆寺华塔,其位于今西安南门内书院门北侧。宝庆寺修建于隋文帝仁寿年间。唐文宗时以五色砖在寺内作塔,故宝庆寺也称华塔寺。五代时殿宇毁于兵火,唯塔存。新中国成立后,政府对宝庆寺华塔进行了整修,是陕西省重点保护单位。

于右任故居位于西安书院门52号,原占地面积2008平方米,现仅恢复了700多平方米,内有两个院落。于右任先生是中国近现代政治家、教育家和书法家,他的故居虽没有华丽高大的建筑,却能让你感觉出一种古朴凝重,体会到一位伟大民主革命先驱"天下为公"的博大襟怀。

18:00　到达回民街就餐(1.5小时)

西安回民街是西安著名的美食文化街区,是西安小吃街区。回民街所在北院门,原为清代官署区,现在作为西安风情的代表之一。晚上的回民街有着与白天不同的精彩,整条街被浓厚的市井气息笼罩,道路两旁遍布挂着电灯、汽灯的各种摊铺,主要贩卖糕饼、干果、蜜饯、小吃。

在这里,你可以吃到当地特色美食,如米家泡馍馆、老铁家灌汤包、贾家胡辣汤、老金家水盆羊肉……花式美食冲击你的味蕾,打开"吃货"的幸福之门。

20:00　观看青曲社演出(一场演出2.5小时)

满足了味蕾的需求之后,带着品尝美食的幸福感,接下来我们一起走进具有关中特色的夜间生活,聆听青曲社的陕派相声表演。青曲社的名字蕴含"青云直上,曲故情长"的意思。其主要成员为相声演员苗阜、王声,他们在老曲艺精髓的基础上开拓创新。青曲社已在国内占有一席之地,是陕派相声的代表。

22:30 演出结束,愉快回到酒店

(1)您是否对此条红色旅游线路感兴趣?

A. 很感兴趣 B. 比较感兴趣

C. 一般 D. 不太感兴趣

E. 没兴趣

(2)您是否会参加该条线路安排的行程?

A. 十分乐意 B. 乐意

C. 看情况 D. 不太乐意

E. 不乐意

(3)您对我们所设计的红色旅游线路有何看法和建议?

_____

_____

谢谢您配合此次问卷调查,祝您生活愉快!

 实训项目四

一日游产品设计方案

1. 项目内容要求:①小组一日游产品设计方案,包括组产品设计 PPT、活动实施方案、产品调查问卷;②实践活动表现,内容包括小组活动表现和个人活动表现。③一日游产品设计实践活动总结,要求以微信公众号文案形式提交,内容包括活动组织工作、导游讲解及产品设计方案总结。

2. 项目评分标准:本项目考核分为三个部分,所占分值比例为

项目总成绩=小组一日游主题产品设计方案(占 50%)+实践活动表现(占 30%)+个人一日游主题产品设计实践活动总结(占 20%)

3. 考核评价指标体系:见表 2-2、表 2-3、表 2-4。

表2-2 小组一日游主题产品设计方案考核评价指标体系

一级指标	二级指标	三级指标	能力要求
小组一日游主题产品设计	小组线路设计PPT(50%)	与主题的相符程度(30%)	项目策划能力、资源整合能力、线路设计能力、创新能力、PPT制作能力、语言表达能力
		线路创新性(20%)	
		行程的合理性与丰富性(30%)	
		PPT制作(20%)	
	活动实施方案制订(25%)	方案的完整性(50%)	活动规划能力、方案撰写能力、文字表达能力
		方案的针对性(50%)	
	产品调查问卷设计(25%)	问卷的完整性(40%)	问卷设计能力
		问卷的针对性(40%)	
		问卷的规范性(20%)	

表2-3 实践活动表现考核指标体系

一级指标	二级指标	三级指标	能力要求
实践活动表现	小组活动表现(50%)	组织协调(40%)	组织协调能力、团队意识、人际交流能力、导游讲解能力、灵活应变能力
		团队配合(40%)	
		导游讲解(20%)	
	个人活动表现(50%)	组织纪律(20%)	组织纪律性、集体意识、问卷调查能力、人际交流能力、语言表达能力、综合分析能力
		实地调研(40%)	
		参与讨论(40%)	

表2-4 个人一日游主题产品设计实践活动总结评价指标体系

一级指标	二级指标	三级指标	能力要求
个人一日游主题产品实践活动总结	微信公众号制作效果（15%）	制作规范性（50%）	微信公众号版面编辑能力、文案撰写能力
		制作精美性（50%）	
	组织工作总结（15%）	分析完整性（50%）	总结与分析能力、逻辑思维能力、文字表达能力
		分析深入性（50%）	
	导游讲解总结（15%）	分析完整性（50%）	
		分析深入性（50%）	
	产品设计方案总结（40%）	分析完整性（50%）	
		分析深入性（50%）	
	文字表达（15%）	文字表达流畅（50%）	
		层次逻辑清晰（50%）	

第三篇

创新主题游产品设计实训

教学内容说明

"创新主题游产品设计实训"是在"一日游产品设计实训"的实践基础上,要求学生进行多日主题游产品创新设计,是学生旅游产品设计理论和实践能力的综合应用与锻炼。

 ## 项目实训指导说明

要求学生根据某一细分市场人群的核心需求,选择相应的资源,依据旅游产品设计原则进行多日游产品设计。要求该产品具有主题性和创新性,并按照市场需求、旅游资源、旅游产品可行性、行程内容、产品问题评估、产品总结评价、产品价格、旅游线路图绘制等撰写设计方案,且能对产品进行包装、设计宣传单和制作短视频。

 ## 学生能力要求

产品设计创新能力、市场分析能力、宣传单设计能力、短视频制作能力。

 ## 学时分配

8学时。

 ## 思政元素

《"十四五"文化和旅游发展规划》中指出:"坚持创新驱动。突出创新的核心地位,把创新作为引领发展的第一动力,全面推进模式创新、业态创新、产品创新,大力发挥科技创新对文化和旅游发展的赋能作用,全面塑造文化和旅游发展新优势。"

《"十四五"文化和旅游发展规划》中指出:"丰富优质旅游产品供给。创新旅游产品体系,优化旅游产品结构,提高供给能力和水平。""推动乡村旅游发展,推出乡村旅游重点村镇和精品线路。发展专项旅游和定制旅游产品。完善自驾游服务体系,推动自驾车旅居车营地和线路建设。发展海洋及滨海旅游,推进中国邮轮旅游发展示范区(实验区)建设。推进低空旅游、内河旅游发展。发展康养旅游,推动国家康养旅游示范基地建设。发展冰雪、避暑、避寒等气候旅游产品。认定一批国家级滑雪旅游度假地。发展老年旅游,提升老年旅游产品和服务。"

《"十四五"文化和旅游发展规划》中指出:"提升旅游的文化内涵。依托文化文物资源培育旅游产品、提升旅游品位,让人们在领略自然之美中感悟文化之美、陶冶心灵之美,打造独具魅力的中华文化旅游体验。深入挖掘地域文化特色,将文化内容、文化符号、文化故事融入景区景点,把优秀传统文化、革命文化、社会主义先进文化纳入旅游的线路设计、展陈展示、讲解体验,让旅游成为人们感悟中华文化、增强文化自信的过程。提升硬件和优化软件并举,提高服务品质和改善文化体验并重,在旅游设施、旅游服务中增加文化元素和内涵,体现人文关怀。"

学生应认真学习、深刻领悟《"十四五"文化和旅游发展规划》的精神内涵,了解国家"十四五"期间旅游业发展的远景目标,并在具体的旅游产品设计过程中,结合我国丰富的旅游资源,拓宽设计视野,将历史、科技、生态、工业、红色、乡村、非遗、研学等多元素融入产品设计中,提升产品设计能力,设计出符合时代主旋律、符合人民文化需求的优秀作品。

思政案例

【案例一】　　　　　石家庄市推出7大主题10条乡村旅游线路

河北省石家庄市以发展特色乡村旅游为路径,带动民众创业增收,推动美丽新农村建设。河北省石家庄市深入贯彻落实中央和省委、省政府关于乡村振兴的战略部署要求,积极推动乡村旅游进一步融入乡村振兴大局。

到目前为止,全市共有17个县(市、区)183个村开展乡村旅游,其中,全国乡村旅游重点村6个,河北省乡村旅游重点乡镇1个,河北省乡村旅游重点村17个,培育了一批生态美、生产美、生活美的乡村旅游目的地。

为持续优化乡村旅游产品供给,引导乡村旅游产品体系更新升级,以"两山"理念为指导打造乡村振兴新样本,6月29日,石家庄市文化广电和旅游局在平山县北庄村以"加快乡村旅游发展,全面推进乡村振兴"为主题,组织开展了2022年文化旅游进乡村暨乡村游线路发布活动,发布红色乡村游、乡村振兴游、乡村体验游、乡村采摘游、乡村度假游、乡村研学游、太行天路游7大主题共10条线路。

一、红色乡村游

线路1:拦道石(中共中央北方分局陈列馆)→西柏坡镇北庄村(歌曲《团结就是力量》诞生地)→西柏坡景区→李家庄(中共中央统战部旧址)→天桂山(白毛女艺术陈列馆)→沕沕水(新中国第一座水力发电站)→井陉矿区中央人民广播电台旧址。

线路看点:西柏坡是闻名全国的革命圣地,中共中央在这里召开了全国土地会议,领导了解放区的土地改革运动,指挥了三大战役,召开了党的七届二中全会,提出了"两个务必";平山县拦道石在抗日战争时期是中共中央北方分局驻地;歌曲《团结就是力量》在北庄村诞生;随着中共中央进驻西柏坡和"五一口号"的发布,李家庄村(中共中央统战部旧址)见证了中国统一战线从战略策略走向政治制度的历史跨越;平山县北冶乡是"白毛女"原型诞生地,电影《白毛女》在此拍摄;沕沕水发电厂是我党我军兴建的第一座水力发电厂,"新中国第一盏明灯从这里点亮";井陉矿区横涧乡天户村是中央人民广播电台旧址。

线路2:宋家庄抗战遗址纪念馆→正定县岸下村→车谷砣村→井陉矿区万人坑纪念馆→豆腐庄惨案纪念馆→六市庄烈士墓园→长沙烈士纪念碑→太行一分区司令部旧址。

线路看点:宋家庄位于深泽县白庄乡,宋家庄大战是我国抗战史上一次以少胜多的典型战役,电影《冲破黎明前的黑暗》就是以此次战斗为原型创作的;岸下村位于正定县正定镇,已建成以红色旅游为主,生态观光、农业采摘、制造加工并举,环境优美的新农村;灵寿县车谷砣村,是红色教育基地,建设成为绿色振兴样板村;井陉矿区万人坑纪念馆以实地、实物再现井陉矿

工的苦难史、斗争史,介绍矿区民族工业的发展史;去赵县六市庄烈士墓园、豆腐庄惨案纪念馆看一看,铭记历史、砥砺前行;到赞皇县长沙烈士纪念碑、太行军区第一军分区司令部旧址一游,追忆抗日战争的烽火岁月。

二、乡村振兴游

线路3:梁家沟村→李家庄美丽乡村→东方巨龟苑→东土门村→鹿泉区岸下村→塔元庄村→肥晶国庄园→西贾庄山楂小镇→周家庄农业特色观光园→深泽县白庄乡小堡布艺。

线路看点:梁家沟村地处西柏坡中心地带,近年来走出了一条适合山区特色的新农村建设路子;李家庄是一座具有太行风情的红色旅游村,2019年被列为全国乡村旅游重点村,同年获得"中国美丽休闲乡村"称号;到东方巨龟苑景区感受大自然的美好;去土门关驿道小镇,感悟古驿道历史的厚重,品尝各地的特色美食;去鹿泉区岸下村,那里有保留完好的古村风貌和石窑古旧民居;走进正定县,到塔元庄同福乡村振兴示范园,观赏旅游生态园;约上朋友到藁城区肥晶国庄园采摘樱桃,去晋州市西贾庄采摘山楂,到周家庄农业特色观光园观光,会有不一样的感受;到深泽县城东北小堡村学布艺,体验非遗韵味。

三、乡村体验游

线路4:古树里生态休闲园区→藁城现代农业观光园→栾城南留村慧灯庄园→柳林屯村(柳林小镇)→中国蜜蜂博物馆(河北馆)→德裕古镇(观枣驿站)→原村土布→花果山乡村文化体验。

线路看点:晋州市古树里生态休闲园区,以"古树、乡趣、生态"为主题,着力展现晋州梨文化;到藁城现代农业观光园,进行旅游观光、农事体验、科普教育、温室采摘等;栾城南留村慧灯庄园是集农业示范、生态旅游、果蔬采摘、餐饮娱乐等功能于一体的现代都市生态观光园;柳林屯村位于栾城区东部,近年来初步开发了太空庄园、百果园等现代农业庄园;到中国蜜蜂博物馆(河北馆),了解赞皇养蜂业的发展史,品尝甜美的蜂蜜;去德裕古镇采摘赞皇大枣;到原村产业园,体验非物质文化遗产项目原村土布纺织技术;赴花果山农业开发公司,在2300亩樱桃核心示范区享受采摘乐趣。

四、乡村采摘游

线路5:梨岩山庄生态采摘园→矿区甘林苹果谷→谷家峪村→善福农场→坤山农场生态园→安定生态采摘庄园→董庄梨园→谢庄、南庄梨园。

线路看点:井陉县梨岩山庄目前有绿化山场2000余亩,一年中有三季可以进行不同品种瓜果的采摘活动;到矿区甘林苹果谷采摘园,可以感受到美丽乡村新变化;到鹿泉区谷家峪村观赏香椿产业,还可深入体验古窑历史文化;平山县善福农场果蔬品种丰富,还有水产养殖、特种养殖;灵寿县坤山农场生态园种植有机苹果(烟富十号)400亩,另有其他果类可采摘;安定生态采摘庄园可谓是"百果园",园中还有农家院、饭店;赵县拥有万顷自然风景区赵州梨园,吸引了大批游客游览,先后带动了董庄、谢庄、南庄等村庄的发展。

线路6:古梨园采摘→梨产品加工厂→范台村草莓科技馆→苏园→土门南沟(秦家庄)休闲采摘→松会葡萄园休闲采摘。

线路看点:先到赵县谢庄村古梨树区采摘,再到韩村工业开发区参观梨产品加工厂,在游玩中了解各种梨产品的生产过程;到栾城区范台村草莓采摘基地,品尝甜美的草莓;栾城区苏园是集观光农业、休闲娱乐、无公害果蔬采摘等于一体的综合性农业旅游示范园；赞皇县秦家庄村户户建起了采摘园，可体验采摘乐趣；到拥有8000亩地的松会葡萄园采摘优质葡萄，尽享采摘乐趣。

五、乡村度假游

线路7：廉州湖生态风景区→吴兴樱花小镇→森林河趣那公园→野生原度假村→白鹿温泉→绵蔓河湿地公园→矿区贾庄古镇度假区→梨岩村精品特色民宿→南横口精品民宿→吕家村特色民宿。

线路看点：在藁城区廉州湖生态风景区不仅能旅游观光、露营度假，还可以进行水上运动；到正定县吴兴赏樱花；在森林河趣那主题公园拍照、赏花、采摘、餐饮、娱乐休闲；到河北野生原度假村避暑、纳凉；到白鹿温泉高温氡泉泡一泡；去绵蔓河湿地公园运动、休闲娱乐，观亭廊、赏花海；到矿区贾庄古镇度假区、井陉县梨岩山庄、南横口、吕家村住特色民宿，品咖啡、观星空、吃农家特色美食、欣赏实景演出，感受千年古村落特有的民俗风情。

线路8：驼梁→漫山花溪谷→神树湾田园生态旅游区→新乐赤支桃花源→国御温泉度假小镇→轩鑫农业生态园→天台湖→嶂石岩地质奇观。

线路看点：平山县驼梁景区是国家4A级旅游景区，是一处野生公园、生态旅游区；灵寿县的漫山花溪谷，因一条清溪流贯溪谷、山岳花园点缀溪旁而得名；行唐县神树湾景区总占地2.6万亩，景点众多，有千年枣林、欢乐湿地、养心谷等；新乐市赤支桃花源致力于打造以"爱心浪漫"为主题的休闲、农业、旅游、观光、亲子园区；藁城区国御温泉度假小镇是集温泉沐浴、养生保健、膳宿会务、休闲娱乐于一体的温泉度假景区；到元氏县轩鑫农业生态园，一年四季都可以采摘到不同的果实；天台湖景区（原平旺水库）山清水秀，碧波荡漾，水鸟成群，美不胜收；来到赞皇县嶂石岩，这里拥有天然回音壁，嶂石岩地貌与张家界地貌、丹霞地貌并称为"中国三大砂岩地貌"。

六、乡村研学游

线路9：鸭梨观光园→石家庄军姐田园生态农业观光园→派尔理想国→苏东坡祖籍纪念馆→天康三苏土布→君乐宝奶业小镇→泓润生态园→豌豆农庄→冷水鱼养殖基地→段家楼正丰矿→卧虎岭农业生态观光园→窑洞山庄。

线路看点：晋州市鸭梨观光园实现了梨果经济与观光旅游深度结合，充分体现生态、休闲、科普三大功能；藁城区"军姐田园"集生态农业、科普教育、亲子体验于一体，适宜家庭游；走进派尔理想国，感受传统文化，这里是研学游的好去处；到栾城区苏东坡祖籍纪念馆感受诗词的魅力；天康三苏土布是当地企业，获评河北省巾帼乡村旅游示范点、石家庄市中小学研学旅行基地等称号；君乐宝优致牧场地处鹿泉区，是将牧场、牛奶文化与工业旅游有机融合的特色园区；来到平山县泓润生态园，除生态农业旅游观光外，农业科普教育和推广也是其特色；走进井陉县豌豆农庄，这里是开展儿童和青少年研学实践、夏令营、拓展训练等活动的好场所；威州冷水鱼养殖基地是大型冷水鱼养殖基地，可观赏百亩养殖产业园，体验垂钓的乐趣；"一座段家楼，百年井陉矿"，段家楼是具有西洋风格的园林式建筑群，游客可了解中国近代民族工业史；卧虎岭农业生态观光园有农业观光科普、亲子游乐、农事体验、山乡美食等活动；睡在山巅、枕在云边，来井陉窑洞山庄，给心灵放个假。

七、太行天路游

线路10：陶瓷水镇南横口→天长宋古城（东关《督堂还乡》实景剧）→太行天路西线→高家坡乡村大集→史家驿站文创特产购物中心→石韵小镇于家石头村→梦里老家大梁江→井陉太行天路东线→吕家剧境艺术村→天路一号营地→苍岩山。

线路看点：井陉县南横口陶瓷水镇，是中国传统村落、河北省乡村旅游重点村；天长宋古城位于井陉县天长镇东关村，这里有千年古城、卵石城墙、文物古迹、实景演出；《督堂还乡》实景剧以井陉民间吹打、民俗表演为主，服装华丽，阵容强大，场面壮观，为游客呈现一场视觉盛宴；太行天路西线起点高家坡村，是"网红打卡地"，这里还有小火车风光游览、儿童游乐场、观星台等旅游项目；史家驿站是集合井陉文创产品及农副土特产品的展销地，是旅游购物场所；走进于家石头村，观赏完整的古村落，感受明清文化，这里共有六街七巷十八胡同；去看看享有"太行深处的大宅门"之美誉的大梁江，再到剧境艺术村吕家村走一走，这里有古宅古建、石碾石磨、古法榨油、红色文化、南山书屋、遍山红叶、石窑咖啡、特色民宿，在这里或品味，或读书，或休闲；晚上到天路一号营地，这里是集草地帐篷露营、肆野创意市集等多功能于一体的户外活动场地；到国家级风景名胜区苍岩山，感受"五岳奇秀揽一山，太行群峰唯苍岩"的秀美。

（资料来源：石家庄市推出7大主题10条乡村旅游线路[EB/OL].（2022-07-06）[2022-07-11].https://www.mct.gov.cn/whzx/qgwhxxlb/hb/202207/t20220706_934489.htm.）

【案例二】 全国首个唐风市井文化街区"长安十二时辰"开市

2022年4月30日上午10时，由陕文投集团携手永兴坊文化产业集团、娱跃文化联合打造的全国首个唐风市井文化街区"长安十二时辰"在西安曲江曼蒂广场开市。"长安十二时辰"项目以全唐市井文化生活体验为核心定位，通过营造"全唐"概念的消费场景，实现可沉浸、可触摸、可消费的文旅新体验。该项目在建筑、软装、人物、故事、音乐、器物等方面全方位还原唐朝文化，让市民游客一步走进唐朝。

据了解，"长安十二时辰"体验区共3层，涵盖长安小吃、主题文创、特色演艺、沉浸游戏、场景体验等多元业态，并在商业空间注入电视剧《长安十二时辰》IP和唐代市井文化元素，多维打造集唐风市井体验、主题沉浸互动、唐乐歌舞演艺、文化社交休闲等于一体的沉浸式唐风市井生活街区。

据介绍，"长安十二时辰"项目在循环变化中将大唐盛世繁华景象和市井日常生活进行呈现，形成"十二时辰业态各异，一年四时景致不同"的独有效果，打造出了以"12"为维度的系列亮点体验内容，如"12处长安场景""12条长安街巷""12道经典菜品""12味地道小吃""12个长安礼品""12位唐朝人物""12场特色演艺""12场沉浸故事""12个唐朝节日"等，形成了九个系列共计108个项目亮点内容，并进行多层次、多角度、多方位呈现，打造出一处淋漓尽致、多彩至极的唐朝时空。"长安十二时辰"开市当日，众多市民游客前来打卡，并盛赞这里还原了大唐盛景，有望成为古城西安的又一张文化名片。

陕文投集团党委书记、董事长表示，"长安十二时辰"项目是创新融合影视IP与商业IP，打造文化旅游品牌的有益实践；也是以文旅新项目满足新时代文旅消费新需求的实际行动；更是植根陕西文化沃土，坚定文化自信，打造精品项目，讲好陕西故事、中国故事的创新探索。

（资料来源：黄博.全国首个唐风市井文化街区"长安十二时辰"开市[EB/OL].（2022-05-02）[2022-07-11].http://wenhua.youth.cn/whyw/202205/t20220501_13660978.htm.）

【案例三】　　　　　　　　中国旅游兴起"微度假"

中国旅游韧性强劲，活力涌动，在跌宕起伏中旅游消费呈现出新趋势：时间短、路程短、体验性强的"微度假"改变着旅游业传统的发展格局，开辟出一条新路径。

何为"微度假"？相较于疫情前较长时间的旅游度假模式，微度假以本地为中心，基于兴趣爱好或某种体验，在周末或假日进行短期休闲度假。虽然目前出境游和国内长线游受限，但却不能阻挡人们出行的渴望。微度假应运而兴，恰逢其时。与其说微度假是新的旅游产品，不如说是新的生活方式。

一、"住宿＋"带动微度假

比起以前旅游需求的"我看过、我来过"，现在的游客更在意"我体验、我喜欢"。马蜂窝旅游近日发布的《2021"微度假"风行报告》指出，"80后""90后"是微度假主力人群，占比超过80％。越来越多的微度假游客愿意为高品质的服务与体验买单。剧本杀、野餐、游乐园等是年轻人与朋友微度假时喜欢的玩法，而沉浸式体验艺术节、观赏建筑等文化活动，则是一人行微度假的偏好。

伴随着"宅酒店"度假模式的日益盛行，住宿对于微度假不再意味着满足"一屋一床"的居住需求，在马蜂窝旅游平台上，多达49.8％的用户对住宿所附加的特色体验抱有极大期待。以温泉、乐园、亲子、浪漫为主题的度假型酒店深受游客喜爱。"千店千面"的民宿也趁势而为，发挥其非标特性，通过民宿＋采摘、民宿＋宠物、民宿＋剧本杀等"民宿＋"体验将自身打造成为微度假场景。

记者从途牛旅游网获悉：近期冰雪主题度假酒店热度走高，酒店＋滑雪、酒店＋滑雪＋温泉、酒店＋滑雪＋温泉＋一日游等集滑雪、娱雪、山地运动、康养于一体，配套一站式的设施与服务，将简单的冰雪观光游创新为复合式的休闲度假游。"酒店＋X"的微度假模式突破了酒店的局限性，融入冰雪、温泉、节庆等元素，满足了游客多元化和个性化的需求。

二、"老地方"探索"新世界"

探索身边的未知美景，在熟悉的"老地方"探索"新世界"，游客好奇的脚步带动本地游和周边游市场蓬勃发展。微度假，让本地游客爱上熟悉的老地方，其实并不容易，要有新意连连，要有惊喜不断，要挖掘生活中的美好和温暖。

北京市文化和旅游局近日评选出的50条北京优秀微旅行线路，包括城市副中心、精彩夜游、"会馆有戏"、建筑主题、网红打卡地、电影艺术之旅、博物馆（美术馆、艺术馆、纪念馆）之旅线路、"书香北京"慢生活休闲线路、文化探访和"漫步城市公园"多种类型。这些微旅行丰富多彩，为游客呈现出多面立体的北京风貌，熟悉中透着新意，犹如新朋老友汇聚一堂。

广东省政府日前印发《关于促进城市消费的若干政策措施》，提出在"促进商旅文体融合"方面，要打造资源共享、更具影响力的"游购广东"主题线路产品。广州一些酒店推出多元产品，比如中国大酒店携手观光巴士，推出"赏粤旅程"，游客在酒店门口即可乘坐城市观光双层巴士，游览广州景点，探寻岭南特色文化。

日前，上海组织了文化旅游公共服务进街镇系列活动——城市微旅游活动，让市民更好地了解上海，发现城市之美，感受家门口的好去处。活动以居民社区为圆心，深挖社区周边的景区景点、红色场馆等。16条微旅游线路以"一江一河""建筑可阅读""红色之旅""绿色生态"等为主题,受到市民游客喜爱。

三、多样休闲悦动生活

中国的旅游休闲正在发生着深刻的变化。中国旅游研究院近日发布的《中国旅行服务业发展报告2021》指出,疫情之下的旅游休闲需求,呈现出从国际向国内、由远程至近程的显性"内"化特征,以及从多点打卡到多元玩法,从追求形式到探究内涵的隐性"内"化特征。寻找身边的美好,向生活场景要资源,发现并满足那些过去被忽视的需求,成为新的市场机会。旅游活动正在从体验一条完整的路线,细化为随时随地可展开的碎片式休闲。持续一两个小时,集主题、社交、审美、文化于一体的新产品已经为市场所验证,既能满足外地游客的碎片化需求,也能成为当地人的日常休闲选择。

求新、求异、会玩始终是旅游爱好者的需求。露营成为2021年最热门的微度假玩法之一。截至2021年10月,马蜂窝旅游平台上关于露营的新增内容同比增长215%,由露营衍生的露营+飞钓、露营+桨板瑜伽、洞穴露营+探险等是2021年流行的体验。

体育运动对年轻人的吸引力不断增强。周末用一场体育运动来释放工作压力,结交同好,甚至"为一项运动,赴一座城"在年轻人当中已蔚然成风。疫情之后,人们重视健康的生活方式,徒步、爬山、马拉松等成为微度假的热门选择。

(资料来源:赵珊. 中国旅游兴起"微度假"[EB/OL]. (2021-12-10)[2022-07-11]. http://sd.people.com.cn/n2/2021/1210/c386909-35044935.html.)

思考:请根据上述材料,结合身边的旅游新玩法、新体验,谈一谈在旅游产品设计过程中如何体现产品的创新性和丰富性。

一、旅游产品设计目标与要求

1. 目标

(1)能够围绕某一主题和细分市场,独立完成创新型多日主题游产品的设计和文案撰写。

(2)为设计好的主题游产品进行包装,能够制作产品宣传单和视音频。

2. 要求

(1)旅游产品设计:针对某一细分市场或某区域旅游资源特色,进行主题游产品设计,地区和行程时间不限,要求主题特色鲜明、具有创新性,行程安排合理,内容丰富,定价准确,能绘制线路图。

(2)宣传单和视音频制作:给设计好的旅游产品进行包装,制作宣传单和视音频,要求要素完整,制作精美。

二、旅游产品设计方案主要内容

(1)旅游产品市场需求分析:内容主要包括目标市场所处宏观环境或背景分析,以及目标市场人群的核心需求分析,其目的是准确把握目标市场的内外部环境特征和需求特点,了解其规模与潜力,以便更有针对性地进行主题产品定位。

(2)旅游资源分析:围绕主题列出对目标市场人群具有吸引力的各类旅游资源,并对资源的基本情况进行介绍与分析。

(3)旅游产品可行性分析:内容包括两个方面,一是旅游产品行程安排的合理性,主要根据产品设计原则,对行程中所涉及的吃、住、行、游、购、娱等旅游要素及活动安排的合理性和必要性进行阐述和分析,以明确旅游产品的设计思路是合理且可行的;二是分析与同类型产品相比的创新性,即竞品分析,也就是对市场上存在的同类型产品特点进行总结和分析,并与自己设计的产品进行对比,分析异同,突出所设计主题游产品的创新性。

(4)旅游行程内容:按照要求规范列出每日行程内容,包括按时间顺序所游览参观的景点;重点描述景区特色及游客所能得到的体验感受,字里行间应体现出资源或活动的吸引力;明确用餐地点、住宿类型(甚至特色)、交通方式等要素。

(5)旅游产品问题评估:从市场细分与定位、产品特色、创新性、内容的丰富度、竞争力及市场潜力等方面进行评估,总结出问题和不足,为未来产品的改进指出方向。

(6)旅游产品总结评价:对旅游产品的内容和特色进行全面概括总结。

(7)确定产品价格:对行程中所涉及的吃、住、行、游、购、娱等各要素的费用进行计价,最后核算出产品总价格。

(8)旅游线路图绘制:利用地图工具绘制产品线路简图,图中需体现行程中所涉及的各旅游景点,以及线路空间分布形态特点。

三、案例分享:学生个人创新主题游旅游产品设计方案样例

[公益行]清迈大学生六天五晚双飞助学之旅①

【需求分析】

随着经济的发展和人们生活水平的提高,旅游也成为人们日常生活中的一部分,出境旅游更是愈发火热。根据2018年1月8日召开的全国旅游工作会议,2017年我国出境旅游市场为1.29亿人次,比2012年增长了4580多万人次,按可比口径年均增长9.17%。对于大学生而言,出境旅游也渐渐进入了他们的生活,但是市场上的出境旅游大多针对观光游客,走马观花式的旅游难以满足大学生出境的目的与需求。而针对大学生出境旅游的项目也多为研学游,项目较少且缺乏特色,难以满足大学生对当地文化历史、民俗风情等的求知欲望与体验需求。在这种情形下,许多大学生选择自行前往某一国家或地区进行独自的深度体验游,还有一小部分同学将目光放在了目前还尚未成熟的国际公益旅游上。

公益旅游(voluntourism)是公益活动者(volunteer)和旅游(tourism)两个词的结合。公益旅游也叫"公益旅行"或者"义工旅行",主张旅行者在旅游中承担一些社会责任。旅行者前往观光地后,不仅进行观光活动,还有部分时间是用来在当地做公益活动。

据市场调查,知道公益旅游的大学生还不到大学生总数的1/4,真正理解其公益性内涵的更是少之又少。正是由于我国公众对于公益旅行了解的缺失,公益旅游在国内仍然处于起步阶段,并未被当作主要旅游产品进行推广和宣传,造成了大学生群体没有足够的信息渠道来了

---

① 该案例选自西安文理学院2015级旅游管理专业张语嫣的主题游产品设计方案《[公益行]泰国清迈大学生六天五晚双飞助学之旅》。

解它。此外,公益旅游在国内与志愿者服务有着密切的关系,大多数大学生把公益旅游当作是志愿者服务,并未将其看作是一种独立的旅游形式。但有些大学生群体对公益旅游持比较积极的态度,认为公益旅游给人们在旅游过程中创造了一个奉献社会的平台,倡导互相帮助的精神,是参与社会公益活动的好方式和援助社会弱势群体的好机会。同样,根据调查,只有极少数的大学生参加过公益旅游,但大部分的大学生仍愿意选择公益旅游作为他们的旅游方式,说明大学生对公益旅游的态度是积极的。这反映出大学生对公益旅游的认可,也反映出大学生公益旅游市场具有一定的潜力[1]。

  本产品来自一位朋友参加完国际义工项目后所写的游记,文中详细地描写了她从报名参加这类项目到最后结束返程的全过程。在文中,她对于义工活动中的公益项目表示了肯定。据她文章描述,他们的教学活动给当地孩子留下了很深的印象,每位成员都因为自己的奉献而感到快乐,并且更深层次地感受到了当地人民的淳朴与热情,也了解到了当地人民生活的艰苦,这是他们曾经去各地观光旅游都不曾有过的经验。他们都表示这对他们而言是难忘且丰富的经历。而根据市场调查,旅行社很少推出公益类旅游产品。将这类有意义的活动与旅游结合并完善起来,成为一个完美的公益旅游项目,便是此次清迈公益旅游产品的设计思路。

  2017年8月4日,"2017首届中国旅游营销峰会"在北京召开,会议中,来自旅游界和跨界而来的900多位嘉宾,分享了自己对于旅游业未来营销趋势的见解。值得注意的是,伴随着旅游业的不断发展,除了定制游、亲子游、自由行、文化旅游等逐渐成为潮流之外,更多特色的旅游行程越来越被旅游者青睐,特别是比较小众的公益旅游、老年游学等成为新风尚。其中,公益旅游作为一种新型的文旅模式,将旅游与公益项目结合起来,让人们带着爱心与责任去旅行,在深入体验当地风土人情的同时,为当地人民生活贡献自己的力量。不少旅行机构都在尝试与一些公益组织合作,让旅游更有意义、更有回忆、更有价值。而作为新一代的年轻人,贪图享乐显然不是当代大学生的自身追求,他们更乐于奉献,渴望奉献,希望通过自身的努力能对社会奉献自己的绵薄之力,同时他们对于这个世界又是充满好奇的,比起"看一看",他们更渴望能够亲自"走一走"。所以,公益旅游类产品开发极具意义,且它的开发又有其需求的特点。经调查发现,大学生参加公益旅游的动机多种多样,包括提升自我动机、猎奇动机、利他动机、亲和动机、文化动机等,主要表现为:

  第一,对于当代大学生而言,公益行为是他们所乐于参与的,且公益活动的类型与性质对于他们的选择也有着至关重要的决定作用。据了解,奔赴边远地区支教的大学生人数在与日俱增。据行业内有关人士粗略估计,一般大学生支教社团的规模在10人左右,每年暑假有大小约1万~3万支大学生乡村夏令营社团,大学生支教人数约10万~30万。由此可见,对于大学生而言,他们更为偏向于支教类型的公益活动。

  第二,根据当代大学生出游目的和偏好,大多数大学生更乐于深度游以及体验游的模式。他们对于不同的文化以及风土人情十分好奇,希望离开熟悉的环境前往他地,在锻炼自己的环境适应能力之外,与世界各地不同的人进行文化交流与思想碰撞,同时与他们建立新的友谊,

---

[1] 胡真子,郑岩.大学生公益旅游现状与特点分析[J].对外经贸,2013(6):81-82.

且在与随行的伙伴交往的过程中培养个人的参与意识以及合作意识。因此,能否满足他们的交友以及猎奇心理,是大学生做出选择的因素之一。

第三,大学生有着创造社会价值的需求,他们希望在旅行过程中能通过自己传播祖国文化,学习其他民族的文化,促进文化的交流与发展。除此之外,他们希望通过自己的努力,能将所学发挥作用,在满足旅游需求的同时也能帮助他人,从而获得价值感。

第四,时间、金钱方面的需求。通过调查发现,外界因素对大学生公益旅游行为具有显著影响,其阻碍作用主要为经济条件和时间。作为还未能步入社会的大学生来说,完全的经济独立对他们而言仍有一定的困难,他们愿意为旅游行为所投入的金钱也相当有限。与此同时,根据调查,时间的选择也是大学生所关注的重点之一,为协调旅游与学习之间的关系,更多的大学生倾向于将旅游时间放在寒暑假。

第五,安全方面的需求。公益旅行全程中的安全问题也是家长及大学生考虑的重点之一,独自一人前往陌生国家,交通安全、住宿安全、食品安全甚至个人人身安全都是需要有保证的。如何平平安安地前往目的地,并且顺顺利利地返回,是公益旅行成功的基本保障,也是大学生选择该项目的重点考虑因素之一。

【资源分析】

1. 项目团队

本次公益旅行活动是本旅行社与××国际义工组织联合举办。××国际义工组织于2012年7月在香港成立,并在香港及北京注册为公司。该公司定位为社会型企业,其主要创始人都有丰富的国际义工活动经历,也是专业社工出身,对义工活动有切身的体验和深刻的思考,并且非常认可国际义工活动对参与者及所服务地区对象的益处。该公司致力于推广国际义工活动,项目地覆盖斯里兰卡、马尔代夫、尼泊尔、印尼、泰国、柬埔寨、菲律宾、老挝、澳大利亚、冰岛、中国台湾和四川等地,涵盖支教帮扶、动物保育、文化体验、环境保护、专长课程等项目内容。

该项目由××国际义工组织联系当地资深全陪,选择的人员具有资深教育资格。全陪在本次公益旅行活动过程中可协助学生进行交流等,同时可担任全程旅游活动的向导。

2. 活动学校

活动选择的学校是与××国际义工组织长期合作的学校,该学校为当地正规机构,并且经过严格的审查和考察,完全可以保证参与者在工作时的安全。××国际义工组织每年向该学校输送大批义工志愿者,帮助当地学生提高语言技能,且与该学校合作至今,从未发生过意外。

该学校三年级至六年级的学生为主要帮助对象,此年龄段学生已经具备相应基础知识,并且有一定的简单英语基础,能够与志愿者老师之间完成一些简单的英语交流,在一定程度上减轻了志愿者老师教学的负担。

3. 清迈夜间野生动物园

位于素贴山下的清迈夜间野生动物园占地近百亩,是泰国最大的动物园。园中除了有各种珍奇动物外,还有风景花园、瀑布和湖泊,风景非常优美,在山顶上还可以俯视整个清迈城。清迈夜间野生动物园利用肉食动物喜好夜晚活动的特性,开辟了夜间游览项目,坐上最多可搭乘24人的小车,可近距离观察狮子、老虎、熊、野狼等动物,是一次难得而又刺激的经验。虽然它是夜间动物园,但其实白天也开放,有美洲虎小径徒步区和 Day Safari 活动。不过,动物园最精彩的部分还是在晚上,可以观赏到食肉动物的夜行活动,还能看到老虎秀、人妖歌舞秀等内容,比较划算。

4. Ran-tong 大象营

Ran-tong 大象营不同于以往的大象演艺营地,而是具有公益性质的大象保护营地,目的是为了保护、拯救被虐待的大象,所以该营地很注意保护大象的天性。营中每只大象都很有自己的个性,甚至每周都有自己的假期,不用每天都接待游客。在营地里面,游客与大象不同于以往的观赏者与被观赏者的关系,更像一种朋友的关系,游客帮助小象洗澡,给大象喂食,与它们在河边嬉戏玩闹。

5. 兰纳民俗博物馆

兰纳民俗博物馆位于古城内,三王纪念碑对面,展示了诸多关于兰纳民间文化的图片及实物资料,包括刺绣、木雕、象牙雕、玉饰、银饰、乐器以及饮食文化等,是了解兰纳人民生活风情以及历史发展的绝佳之地。在参观时,要注意保持场馆清净。

6. 清迈大学

清迈大学是泰国北部首屈一指的高等学府,创立于1964年。校园中有草木繁茂的绿地,树林掩映在宁静的水池中,环境非常优美。大学主校区坐落在素贴山的东边,很多游客在前往素贴山时会顺便来参观一下。参观大学要花费50泰铢,乘指定的观光车,中途不允许下车或者去线路以外的地方,但到净心湖可以下车停留10分钟。观光车大约30分钟一班,有中文讲解。校园中的佛楼就像一座小型的寺庙,在外面可以看到大象石雕,里面有佛像,但一般不能进去。净心湖有着十分漂亮的景色,湖中倒映着素贴山的轮廓,宁静美好。坐在观光车上看校园,还常会见到身着校服、骑着摩托车的男女学生,整个学校充满了清新的感觉。

7. 周日夜市

清迈周日夜市是清迈规模最大的夜市,顾名思义,只有周日才有。其贯穿整个清迈古城,从帕辛寺一直到塔佩门广场,将近1千米。夜市中各种各样的小吃、特色饰品、衣服、明信片、钥匙扣、手链……价格又便宜,选择也很多,这是周末来清迈,晚上必逛的地方。

基于以上分析,本产品的定位为针对大学生群体所设计的以助学及动物保护为核心的泰国清迈一地六日五晚公益旅游产品。

【可行性分析】

1. 行程安排的合理性

本款公益旅游产品是以公益为主的深度游产品,核心性质是公益性。为保证这款产品的吸引力和影响力,对产品的义工合作方、学校以及公益项目,我们都进行了严格把控,既要考虑到大学生的能力水平、经济水平,又要唤起他们的公益意识、公益能力,同时要保证教学内容的合理性以及连续性,保证老师、学生双方都能从中有所收获。同时,根据六天的时间要求,合理安排每天的教学任务。所以,我们首先根据当地儿童的语言掌握能力和固有的中文、英文基础,参考各类教学机构,制定出一套完整的短期教学安排。考虑到大学生出游心理以及疲劳周期,在教学期间我们也合理安排了一些轻松舒适的游览项目,同时为了防止项目重复,我们在公益教学的基础上又增加了大象援救活动,从而满足参加者对于项目多样性的需求。除此之外,简单的义工助学活动难以对大部分大学生产生吸引力,因此,在公益之余我们又增添了包括丛林飞跃、厨艺制作等参与度较高的活动项目,让整个行程丰富多彩,不会显得枯燥乏味。

针对本次行程中的三天教学任务,考虑到第一天需要与当地学生建立友情、互相熟识,以便后期教学任务的有序开展,故在第一天的教学中,我们安排了整日的教学环节,而其他两日都将助学活动安排在上午,给旅游者充足的时间认识、了解这座小城。同时考虑到上午教学任务的艰辛,下午我们尽量选择轻松愉快、距离较近的参观游览类项目,而将距离较远、体力消耗较大的项目放在后面完整的两天里。为迎合清迈安静的小城氛围,本项目整体活动时间较为宽松,让习惯了快节奏的当今大学生静下心来享受宁静的小城生活,得到真正的身心上的放松。

2. 与同类型产品相比的创新性

根据市场调查,目前市场上推荐公益旅游类项目的行程几乎为零,现有的义工组织对于义工项目的设计也仅仅只是教学上的安排,属于半自助式旅游,缺少相关旅游参观类活动,整体行程较为单调,并且在旅游者安全上难以得到保证。同时由于资源较少,在教学质量、教学完整度上难以得到全面的保障,在整个市场上的口碑参差不齐。本项目从出发到最终的返程全程有领队陪同,同时在泰国当地也有全陪老师进行指导,在旅游者安全方面最大程度上给予保证。除此之外,本项目在公益活动之余增添了众多游玩项目,迎合了当代大学生对新鲜感、体验感的追求,让大学生真正在本次行程中有所付出、有所收获。

【具体行程】

1. 本次活动特色

(1)与当地儿童亲密接触,交流学习,圆你一个义工梦。

(2)特色泰北厨艺课程,进行美食文化的碰撞与交流。

(3)夜游清迈野生动物园,近距离了解动物真实的另一面。

(4)清迈特色双条车全程接送,畅游最真实的"泰北玫瑰"。

(5)合理的行程及时间安排,环境舒适的酒店及良好的饮食保障。

(6)无强迫自费、含小费、无任何附加费。

(7)送泰国七日电话卡一张(价值40元),与家人全程沟通无忧。

2. 品质行程

D1　长沙—清迈:千人火锅、周日夜市

早上10:00于长沙黄花国际机场出境大厅集合,由领队统一安排团队出境手续(请认××××旅行社红色导游旗),上午乘坐FD481次航班前往清迈。下午接机后在酒店会议室进行简短的教学任务安排以及相关礼仪指导,分发教学任务大纲,并进行模拟课堂培训,同时进行简单的分组并分发每组教学任务,确保教学任务顺利展开。晚餐前往清迈规模最大的夜市——周日夜市,品尝当地特色千人火锅,举行欢迎仪式,晚餐结束后可自行游览周日夜市,让你随意淘,放心淘。结束后乘车返回酒店休息。

　　　　　　　　　　　　早餐:自理　中餐:酒店自助餐　晚餐:千人火锅(酒店外用餐)

　　　　　　　　　　　　　　　　　　　　　　　　　　　住宿:清迈皇家兰纳酒店

　　　　　　　　　　　　　　　　　　　　　　　　　　　景点:周日夜市

D2　清迈：中文教学、玩偶制作、清迈大学

早上在酒店餐厅享用自助早餐后，在酒店大厅集合，乘当地特色双条车前往当地小学进行简单的中文教学，分组帮助当地学生学习中文发音、简单对话以及相应基础汉语知识。课程后与孩子进行简单的文字游戏，帮助孩子巩固加深所学汉语知识，同时与孩子构建友谊，通过寓教于乐的方式进行中外文化的交流与传播。中午在学校食堂用餐，体验最真实的当地学生的一日生活。下午与各组学生共同学做可爱的微笑陶土玩偶，体验与学生一同动手做手工艺的乐趣。晚上前往宁曼路清迈大学，悠闲漫步于夜晚宁静的校园主干道，感受异国学子别样的校园生活，也可前往宁曼路夜市感受清迈大学生的夜间娱乐生活（可前往清迈大学邮局自费寄明信片于国内）。行程结束后回酒店休息。

　　　　　　　　　　　早餐：酒店自助餐　中餐：学校食堂　晚餐：自理
　　　　　　　　　　　　　　　　　住宿：清迈皇家兰纳酒店
　　　　　　　　　　　　　　　　　景点：清迈大学、宁曼路夜市

D3　清迈：兰纳民俗博物馆、清迈古城、塔佩门

早上在酒店餐厅吃早餐，用过早餐后于酒店大厅集合，乘双条车前往当地小学进行当日的教学任务，包括对前一日学习内容进行一个简单的考察，尔后进行儿歌教学任务。学生与老师互教本国语言儿歌，结束前进行小组评比，选出优秀组并给予相应奖励。中午享用完午餐后驱车前往兰纳民俗博物馆，通过参观兰纳民间文化的图片和实物资料，了解当地传统泰北人的文化与历史。晚上驱车前往清迈古城，游览清迈古城中现存最完整的一座城门——塔佩门。塔佩门也是清迈的迎宾大门，古朴而独具特色的城门吸引了数以万计的游客。从塔佩门出发，沿途遍布无数酒店和餐厅，选择一家小店静坐，看着来往行人并放空自己，享受小城特有的宁静惬意。同时，你也可品尝当地特有美食：杧果糯米饭。行程结束后自行返回酒店（晚餐自理）。

　　　　　　　　　　　早餐：酒店餐厅　中餐：学校食堂　晚餐：自理
　　　　　　　　　　　　　　　　　住宿：清迈皇家兰纳酒店
　　　　　　　　　　　　　　　　　景点：兰纳民俗博物馆、清迈古城、塔佩门

D4　清迈：泰北厨艺课程、清迈夜间野生动物园

上午在酒店餐厅用完早餐后，出发前往当地小学进行日常中文教学，并与小朋友合作排练个人节目，作为三天公益教学的闭幕节目。节目排练结束后，小朋友将首日制作的陶土玩偶赠予各志愿者。除此之外，当地义工组织为志愿者颁发国际义工证书。至此，志愿者的此次志愿活动圆满结束。

中午与当地学生告别后前往当地特色农家进行特色泰北厨艺课程学习，跟着当地厨艺大师，学习地道泰国美食制作方法，并且与同行伙伴共同分享自己的厨艺果实。其中，酸甜可口是泰北清迈的小城味道。

厨艺课程结束后，驱车前往泰国最大的动物园——清迈夜间野生动物园，可乘坐电车游览园区，观看长颈鹿、考拉、狮子、熊猫、企鹅等动物，同时可在喂食区与长颈鹿、梅花鹿等食草类动物亲密接触。全园以人性化的园区设计给游客提供了良好的动物园游览体验。游览结束后驱车返回酒店。

早餐：酒店餐厅　　中餐：厨艺课程制作　　晚餐：自理
住宿：清迈皇家兰纳酒店
景点：清迈夜间野生动物园

D5　清迈：丛林飞跃、Ran-tong大象营

上午在酒店餐厅用早餐，用过早餐后在酒店大厅集合，一同驱车前往清迈最具特色、惊险刺激的项目——丛林飞跃——超多平台，最长索道长达900米，全程惊险刺激，带你感受不一样的飞跃之旅。项目结束后，选择就近农家进行午餐，品尝当地丛林深处最正宗的泰式美食。下午驱车前往Ran-tong大象营，帮助小象洗澡，为大象准备食物，用一种更具爱心的方式与它们温柔的接触、交流。同时，用自己的行动传递爱心，拒绝大象表演。晚上返回酒店后自由活动，可游览清迈夜景，晚餐自理。

早餐：酒店餐厅　　中餐：特色农家乐　　晚餐：自理
住宿：清迈皇家兰纳酒店
景点：丛林飞跃、Ran-tong大象营

D6　清迈—长沙

早上在酒店餐厅用早餐，后驱车前往清迈机场乘坐FD480次航班返回长沙，下午抵达长沙黄花国际机场。

早餐：酒店餐厅　　中餐：自理　　晚餐：自理
住宿：无

【产品价格】

计价（略）。

【问题评估】

此款产品在出境游方面仅限于清迈一地，对于充满好奇心的大学生而言，地点较为单一，比起市场上七日六晚全泰游览产品，缺乏曼谷、芭堤雅、普吉岛等地的观光游览，故在此方面的竞争处于劣势。

此款产品由于尚未在市场普及，学生及家长对于公益旅游方面的知识了解较少，出于行程质量、行程安全等方面的考虑，本产品难以在第一时间被学生及家长接受。因此，此款产品需要通过后期宣传，重点强调产品的安全性及公益性，以让顾客更放心地选择该类产品。

【总结评价】

"清迈大学生六日五晚双飞助学之旅"产品的创新性强，市场重复率低，且产品针对性强，主题特色鲜明，具有较强的公益性和市场竞争力，在同类产品市场上独树一帜，因此只要重视产品后期宣传以及强调安全保障，未来投入市场将有巨大的发展前景。

 实训项目五

创新主题游产品设计方案

1. 项目要求：①主题游产品设计方案，内容包括市场需求、旅游资源、旅游产品可行性、行程内容、产品问题评估、产品总结评价、产品价格、旅游线路图绘制。②宣传单设计和视音频制作。宣传单要素包括产品名称、广告语、行程简介、价格、设计单位和联系方式；短视频制作不超过1分钟，画面包含产品主题、产品所含旅游资源及活动内容、制作单位和联系方式。

2. 项目评分标准:本项目考核分为两个部分,所占分值比例为

项目总成绩＝主题游产品创新设计(占 50%)＋主题游产品宣传单与视音频制作(占 50%)。

3. 考核评价指标体系:见表 3-1、表 3-2。

表 3-1　主题游产品创新设计评价指标体系

一级指标	二级指标	能力要求
主题游产品设计方案	旅游产品的创新性(15%)	主题产品设计能力、设计创新能力、市场分析能力、规范书写能力
	主题与线路的符合度(10%)	
	市场分析的合理性(15%)	
	行程设计的合理性(20%)	
	内容的丰富性和要素的完整性(30%)	
	书写规范性(10%)	

表 3-2　主题游产品宣传单与视音频制作评价指标体系

一级指标	二级指标	三级指标	能力要求
主题游产品宣传单与视音频制作	宣传单制作(50%)	宣传单要素的完整性(50%)	宣传单设计能力、视音频制作能力
		宣传单制作的精美度(50%)	
	视音频制作(50%)	视音频创意(50%)	
		视音频制作的表现力(50%)	

附 录

"旅游产品设计"课程教学效果调查问卷

同学们,为了解课程教学的真实效果,特设置本问卷,请在相关选项上打钩或填写相关内容,如无特殊说明一律单选。本问卷为不记名问卷,谢谢大家的支持与帮助!

1. 你觉得自己学习本课程的重要目标是什么?(通过考试获取学分/拓宽专业知识与能力/其他_____)
2. 你是否对本课程有兴趣?(有兴趣/一般/无兴趣)
3. 你觉得老师是否能主动听取学生的想法和建议?(能/一般/不能)
4. 你觉得老师是否能设法了解学生在课程学习中遇到的困难?(能/不清楚/不能)
5. 你觉得老师是否会努力地使课程变得有趣,以便提高大家的学习兴趣?(会/一般/不会)
6. 你觉得老师是否能及时指正并反馈自己作业中出现的问题或不足?(能/一般/不能)
7. 课程学习中,你觉得老师是否会鼓励并提供机会方便同学们之间的讨论?(会/一般/不会)
8. 你是否能跟上课程教学进度,并明白教学内容的重点?(能/不能)
9. 你认为老师是否在课程之初就明确了他/她对大家的期望?(明确/不明确)
10. 你在课堂上要听明白老师的讲解是否困难?(困难/不困难)
11. 你是否能清楚地了解每次项目作业的要求和目标?(都能/有些能,有些不能/全都不能)
12. 通过项目任务的训练,你认为是否从中得到了能力的锻炼?(得到了/一般/没得到)
13. 通过本课程学习,你是否有收获?(很有收获/有一定收获/不清楚/收获很少/没有收获)
14. 总体而言,你对本课程教学是否满意?(很满意/满意/一般/不太满意/不满意)
15. 你认为通过本课程学习,自己在哪些方面有所提高?(学习能力/沟通表达能力/思维方式/专业知识面/实践操作能力/自信心/其他_____/无帮助)(此题可多选)
16. 你认为学习本课程对自己未来的工作或生活是否有帮助?(有/不知道/无)
17. 你希望哪些内容应在本课程的教学中予以加强?(若没有,可填"无")
_____
18. 你认为老师在本课程的教学过程中,应加以改进的方面有哪些?(若没有,可填"无")
_____
19. 在教学过程中,你最喜欢或认同该教师的哪些方面?(若没有,可填"无")
_____

参考文献

[1] 吴国清.旅游线路设计[M].3版.北京:旅游教育出版社,2015.
[2] 张道顺.旅游产品设计与操作[M].4版.北京:旅游教育出版社,2015.
[3] 张素娟,宋雪莉.旅游产品设计与操作[M].北京:化学工业出版社,2012.
[4] 龚维佳,程双幸,唐建军.旅游线路开发与设计[M].合肥:合肥工业大学出版社,2012.
[5] 孙国学,赵丽丽.旅游产品策划与设计[M].2版.北京:中国铁道出版社,2016.
[6] 戴斌,张杨.旅行社管理[M].4版.北京:高等教育出版社,2020.
[7] 郭盛晖,周健,冯淑玲,等.中国旅游资源赏析与线路设计[M].北京:北京理工大学出版社,2016.
[8] 王丽娟,韩静,高丽敏,等.中国旅游地理[M].北京:中国经济出版社,2016.
[9] 许晓光,叶璐.世界旅游地理[M].天津:天津大学出版社,2018.
[10] 史晓明.旅游产品设计经营实战手册[M].北京:中国旅游出版社,2015.
[11] 张振家.旅游线路设计[M].北京:清华大学出版社,2017.
[12] 王颖,易兰兰.旅游线路设计[M].北京:中国农业科学技术出版社,2019.
[13] 胡华.旅游线路规划与设计[M].2版.北京:旅游教育出版社,2015.
[14] 陈兰,杨琳曦,王宁,等.旅游产品开发[M].北京:清华大学出版社,2021.
[15] 陈世才.玩家创意:旅游产品的设计与创新[M].北京:北京理工大学出版社,2010.
[16] 陈启跃.旅游线路设计[M].上海:上海交通大学出版社,2010.
[17] 万剑敏,徐玉萍,孙冰.旅行社产品设计[M].北京:旅游教育出版社,2008.
[18] 夏正超,余云建,陈良辰.旅行社产品设计[M].大连:东北财经大学出版社,2020.
[19] 余昕,薛佳.旅行社产品设计[M].北京:高等教育出版社,2016.
[20] 熊晓敏.旅游圣经:出境旅行社专业运营实操手册(上)[M].北京:中国旅游出版社,2014.
[21] 邓爱民.现代旅游发展导论(课程思政版)[M].武汉:华中科技大学出版社,2022.
[22] 徐明,谢彦君.旅游学概论[M].北京:北京国际文化出版公司,1995.
[23] 陈志学.导游员业务知识与技能[M].北京:中国旅游出版社,1994.
[24] 马勇,舒伯阳.区域旅游规划:理论·方法·案例[M].天津:南开大学出版社,1999.
[25] 许春晓.湖南旅游业空间结构研究[M].长沙:湖南地图出版社,2001.
[26] 林南枝,陶汉军.旅游经济学[M].天津:南开大学出版社,2000.
[27] 吴为廉.景园建筑工程规划与设计[M].上海:同济大学出版社,1996.
[28] 中国旅游研究院.中国国内旅游发展年度报告2019[M].北京:旅游教育出版社,2019.

[29]中国旅游研究院.中国出境旅游发展年度报告2019[M].北京:旅游教育出版社,2019.
[30]宋瑞.旅游绿皮书:2019—2020年中国旅游发展分析与预测[M].北京:社会科学文献出版社,2020.
[31]宋瑞,金准,李为人,等.旅游绿皮书:2020—2021年中国旅游发展分析与预测[M].北京:社会科学文献出版社,2021.
[32]《西安文史资料》委员会.西安老街巷:西安文史资料第二十五辑[M].西安:陕西人民教育出版社,2006.
[33]吴凯.旅游线路设计与优化中的运筹学问题[J].旅游科学,2004(1):41-44,62.
[34]楚义芳.关于旅游线路设计的初步研究[J].旅游学刊,1992(2):9-13,57-60.
[35]朱镇,黄秋云.大尺度旅游线路的设计质量评价体系与检验:以欧洲出境观光游为例[J].旅游学刊,2019(1):23-32.
[36]王伟,梁留科,李峰,等.短期旅游线路产品中的游旅比研究:基于河南省内短期线路的统计分析[J].经济地理,2015,36(2):189-194.
[37]黄潇婷,朱树未,赵莹.产品跟随行为:旅游时间产品规划方法[J].旅游学刊,2016,31(5):36-44.
[38]管宁生.关于游线设计若干问题的研究[J].旅游学刊,1999(3):32-35.
[39]李山,王慧,王铮.中国国内观光旅游线路设计中的游时研究[J].人文地理,2005,82(2):51-56.
[40]张玲.中医药养生旅游市场开发研究[D].合肥:合肥工业大学,2016.
[41]勾四清.高校旅游产品设计人才培养模式构建初探[J].当代旅游,2017(7):122
[42]杨晓.研学旅行的内涵、类型与实施策略[J].课程·教材·教法,2018,38(4):131-135.
[43]吴孟宇.基于关键能力培养的研学旅行线路设计例析[J].福建基础教育研究,2019(4):21-23.
[44]文红,孙玉琴.对开发修学旅游市场的思考[J].怀化学院学报,2005,24(1):50-54.
[45]白长虹,王红玉.以优势行动价值看待研学旅游[J].南开学报(哲学社会科学版),2017(1):151-159.
[46]朱洪秋."三阶段四环节"研学旅行课程模型[J].中国德育,2017(12):16-20.
[47]吴水田,易静玉.情境认知视角下研学旅行的特征及其教育功能实现[J].江苏商论,2020(4):47-50.
[48]朱国兴.区域旅游线路开发设计:以皖南旅游区为例[J].皖西学院学报,2001(4):105-108.
[49]袁书琪,李文,陈俊英,等.研学旅行课程标准(三):课程建设[J].地理教学,2019(7):4-6.
[50]周维国,段玉山,郭锋涛,等.研学旅行课程标准(四):课程实施、课程评价[J].地理教学,2019(8):4-7.
[51]公克迪,田璐.构建冰雪体育旅游全域产业链[J].中国名牌,2021(7):71-73.
[52]王源远.基于深度体验的甘肃红色研学游产品开发研究[J].社科纵横,2021(6):75-79.
[53]胡真子,郑岩.大学生公益旅游现状与特点分析[J].对外经贸,2013(6):81-82.

[54]博雅方略研究院.如何推进研学旅行产品高质量发展[N].中国旅游报,2019-08-23(006).

[55]胡和平.不断推动文化和旅游发展迈上新台阶[EB/OL].(2021-02-08)[2022-06-07].http://theory.people.com.cn/n1/2021/0208/c40531-32025506.html.

[56]完善产品体系 推动融合发展:业界聚焦《"十四五"旅游业发展规划》系列报道之五[EB/OL].(2022-02-23)[2022-06-07].https://www.xuexi.cn/lgpage/detail/index.html?id=4937575384012343382&item_id=4937575384012343382.

[57]旅业链接TLD.冬奥会落幕,遗产资源将如何造福旅游业?[EB/OL].(2022-03-18)[2022-06-30].https://baijiahao.baidu.com/s?id=1727544472365020574&wfr=spider&for=pc.

[58]陈志勇.用心上好社会实践"必修课"[EB/OL].(2022-06-16)[2022-06-16].http://www.qstheory.cn/dukan/qs/2022-06/16/c_1128738827.htm.

[59]教育部等部门关于进一步加强高校实践育人工作的若干意见[EB/OL].(2012-01-10)[2022-06-07].http://www.moe.gov.cn/srcsite/A12/moe_1407/s6870/201201/t20120110_142870.html.

[60]文化和旅游部.文化和旅游部关于印发《"十四五"文化和旅游发展规划》的通知[EB/OL].(2021-06-03)[2022-06-07].http://www.gov.cn/zhengce/zhengceku/2021-06/03/content_5615106.htm.

[61]石家庄市推出7大主题10条乡村旅游线路[EB/OL].(2022-07-06)[2022-07-11].https://www.mct.gov.cn/whzx/qgwhxxlb/hb/202207/t20220706_934489.htm.

[62]黄博.全国首个唐风市井文化街区"长安十二时辰"开市[EB/OL].(2022-05-02)[2022-07-11].http://wenhua.youth.cn/whyw/202205/t20220501_13660978.htm.

[63]赵珊.中国旅游兴起"微度假"[EB/OL].(2021-12-10)[2022-07-11].http://sd.people.com.cn/n2/2021/1210/c386909-35044935.html.

[64]艾瑞咨询.2019年中国在线出境游行业研究报告[EB/OL].(2019-09-27)[2022-07-11].https://www.sohu.com/a/343883129_483389.

[65]陈子萍.2018年中国研学旅游行业发展现状和市场前景:研学旅行纳入学校教育教学计划[EB/OL].(2019-02-10)[2022-07-11].https://www.qianzhan.com/analyst/detail/220/190201-af769394.html.

[66]中国旅游研究院、携程联合发布"国内旅游复兴大数据报告"[EB/OL].(2020-11-19)[2022-06-07].https://www.163.com/tech/article/FRQI6QSK00097U7R.html.

[67]北京博雅方略研究院.博雅出品|《研学旅行》产品手册[EB/OL].(2020-08-14)[2022-06-07].https://www.sohu.com/a/413101262_808363.